MONUMENT

A

LA GLOIRE NATIONALE.

DE L'IMPRIMERIE DE C.-F. PATRIS, rue de la
Colombe, nº 4, quai de la Cité.

MONUMENT

A

LA GLOIRE NATIONALE,

OU

Collection générale des Proclamations, Rapports,
Lettres et Bulletins des Armées françaises, depuis
le commencement de la guerre de la révolution,
en 1792, jusqu'en 1815.

> Non est quercus solida, nec fortis, nisi
> in quam frequens ventus incursat; ipsâ
> enim vexatione constringitur, et radices
> certiùs figit.
>
> SENEC. *De Prosper.*

TOME SECOND.

PARIS,

PATRIS, imprimeur-libraire, rue de la Colombe, n° 4,
quai de la Cité;
CHAUMEROT jeune, libraire au Palais-Royal, galeries
de bois, n° 188.

18..

MONUMENT

A LA GLOIRE NATIONALE.

~~~~~~

M. d'Abancourt, ministre de la guerre, paraît dans la même séance, à la barre de l'assemblée, et dit :

J'obéis au décret de l'assemblée, qui me mande pour rendre compte d'un fait. Il est effectivement venu chez moi un officier, qui m'a dit avoir obtenu un décret pour la formation d'une compagnie franche. Je lui ai répondu que je ne pouvais donner aucun ordre sans que le décret m'eût été adressé officiellement, et je lui ai donné rendez-vous pour le lendemain ; mais le décret ne m'était pas encore parvenu. Je l'ai reçu depuis. L'officier vous a dit qu'il s'était présenté chez moi, et qu'on lui avait refusé la porte ; cela est possible. En temps de guerre, il est indispensable qu'un ministre de la guerre se renferme quelques instants, pour suivre sa correspondance avec les généraux. Je n'avais point l'adresse de cet officier, et je devais envoyer aujourd'hui à la section des Tuileries, pour en prendre information, et prier M. Garnier de vouloir bien passer chez moi.

Je viens de recevoir une lettre de M. Arthur Dillon, en date du 29 de ce mois, et d'après laquelle je m'empresse d'annoncer à l'assemblée na-

tionale, que les ennemis ont évacué Bavay le 28.
M. Chazot s'y est porté sur-le-champ avec un corps
de troupes qui est déjà renforcé de manière à dis-
puter dorénavant ce poste à l'ennemi. Le général
se loue extrêmement de la bonne conduite des
troupes, et du courage qu'elles ont montré dans
toutes les affaires de postes; ce qui a sans doute
forcé l'ennemi à quitter une position dans laquelle
il ne comptait peut-être pas trouver une résistance
aussi opiniâtre. Les travaux et les approvisionnements pour les places du Quesnoy, de Landrecies et
d'Avesnes se suivent avec activité. Quant à Maubeuge, *l'état respectable, sous tous les points,*
du camp retranché et de la place, me donne
l'assurance que les ennemis n'oseront l'attaquer
qu'avec de grandes forces qui, dans mon opi-
nion, ne pourraient se flatter d'un succès.

Telles sont les propres expressions de M. Arthur
Dillon: il me paraît qu'elles sont propres à calmer
les inquiétudes qui s'étaient manifestées pour cette
partie de nos frontières. J'ai donné les ordres les
plus précis aux généraux et aux chefs des administrations, pour prendre les mesures les plus actives,
et déployer, contre toute aggression, la contenance
fière d'hommes libres qui ne craignent pas le
nombre des ennemis. Je saisis cette occasion d'assurer à l'assemblée que je ne néglige rien pour
m'élever à la hauteur des circonstances actuelles;
mais les plus grands efforts seraient vains, s'ils n'é-

taient pas soutenus par une confiance entière : je me sens en état de la justifier par le dévoûment le plus complet pour l'intérêt de la nation et la gloire de ses armes, en défendant la plus belle cause qui puisse armer un peuple libre.

M. Dumas. Il n'est pas inutile de vous rappeler, en ce moment, les inquiétudes et les soupçons qu'avaient occasionnés les premiers mouvements de l'ennemi. C'est par la constance qu'ont mise les généraux à suivre le bon plan qu'ils avaient tracé, que l'ennemi, désespérant de les tromper plus long-temps, a été forcé d'évacuer Bavay. Cette leçon servira sans doute à ceux qui perdent tout par d'injustes méfiances.

L'assemblée nationale aux gardes nationaux de Paris, et à leurs frères d'armes les gardes nationaux des divers départements du royaume, venus à Paris pour se rendre au camp de Soissons, ou pour se réunir aux armées qui sont sur les frontières.

CITOYENS-SOLDATS,

Les représentants du peuple, dont la vive sollicitude veille sans cesse sur toutes les parties de l'empire, croient devoir vous annoncer eux-mêmes le danger qui vous menace. Les ennemis de la constitution redoublent leurs efforts pour détruire votre force en la divisant. C'est au nom de la liberté que vous adorez, c'est au nom de la loi à laquelle vous avez juré d'être fidèles, qu'ils osent semer parmi vous de funestes dissensions. Changeant à chaque instant de masque et de langage, saisissant avec art toutes les circonstances, ranimant toutes les préventions, enflammant tous les esprits, ils voudraient, de méfiances en méfiances, de divisions en divisions, vous entraîner au crime, et vous forcer à tourner vos armes les uns contre les autres. Ils voudraient amener au milieu de vous l'anarchie et les discordes civiles, ces terribles précurseurs du despotisme ; ils voudraient vous livrer sans défense aux puissances liguées contre votre liberté, votre indépendance et votre bonheur.

Citoyens-soldats, voilà le précipice dans lequel on veut vous faire tomber. Les représentants de la nation viènent de vous le montrer ; ils ne le redoutent plus pour vous. Votre civisme, votre fidélité, l'intérêt de la patrie, le vôtre, tout les assure qu'avertis des perfidies tramées contre votre propre sûreté, aucune force ne pourra vous vaincre, parce qu'aucune séduction ne pourra vous désunir.

Le duc de Brunswick, de son côté, adressait aux habitants de la France la déclaration suivante:

LL. MM. l'empereur et le roi de Prusse, m'ayant confié le commandement des armées combinées qu'ils ont fait rassembler sur les frontières de France, j'ai voulu annoncer aux habitants de ce royaume les motifs qui ont déterminé les mesures des deux souverains, et les intentions qui les guident.

Après avoir supprimé arbitrairement les droits et possessions des princes allemands en Alsace et Lorraine, troublé et renversé le bon ordre et le gouvernement légitime ; exercé contre la personne sacrée du roi, et contre son auguste famille, des attentats et des violences qui sont encore perpétués et renouvelés de jour en jour; ceux qui ont usurpé les rênes de l'administration, ont enfin comblé la mesure, en faisant déclarer une guerre injuste à S. M. l'empereur, et en attaquant ses provinces situées aux Pays-Bas. Quelques-unes des possessions de l'Empire germanique ont été enveloppées dans cette oppression, et plusieurs autres n'ont échappé au même danger, qu'en cédant aux menaces impérieuses du parti dominant et de ses émissaires.

S. M. prussienne, avec S. M. impériale, par les liens d'une alliance étroite et défensive, et membre prépondérant lui-même du corps germanique, n'a donc pu se dispenser de marcher au secours de son allié et de son co-état ; et c'est sous ce double rapport, qu'il prend la défense de ce monarque et de l'Allemagne.

A ces grands intérêts, se joint encore un but également important, et qui tient à cœur aux deux souverains; c'est de faire cesser l'anarchie dans l'intérieur de la France, d'arrêter les attaques portées au trône et à l'autel, de rétablir le pouvoir légal, de rendre au roi la sûreté et la liberté dont il est privé, et de le mettre en état d'exercer l'autorité légitime qui lui est due.

Convaincu que la partie saine de la nation française abhorre les excès d'une faction qui la subjugue, et que le plus grand nombre des habitants attend avec impatience le moment du secours pour se déclarer ouvertement contre les entreprises odieuses de leurs oppresseurs, S. M. l'empereur et S. M. le roi de Prusse, les appèlent et les invitent à retourner sans délai aux voies de la raison et de la justice, de l'ordre et de la paix. C'est dans ces vues, que moi soussigné, général commandant en chef les deux armées, déclare :

1°. Qu'entraînées dans la guerre présente par des circonstances irrésistibles, les deux cours alliées ne se proposent d'autre but que le bonheur de la France, sans prétendre s'enrichir par des conquêtes.

2°. Qu'elles n'entendent point s'immiscer dans le gouvernement intérieur de la France, mais elles veulent uniquement délivrer le roi, la reine et la famille royale de leur captivité, et procurer à S. M. très-chrétienne la sûreté nécessaire pour qu'elle puisse faire sans danger, sans obstacle, les conventions qu'elle jugera à propos, et travailler à assurer le bonheur de ses sujets, suivant ses promesses et autant qu'il dépend d'elle.

3°. Que les armées combinées protègéront les villes, bourgs et villages, et les personnes et les biens de tous ceux qui se soumettront au roi, et qu'elles

concourront au rétablissement instantané de l'ordre
et de la police dans toute la France.

4°. Que les gardes nationales sont sommées de
veiller provisoirement à la tranquillité des villes et
des campagnes, à la sûreté des personnes et des
biens de tous les Français, jusqu'à l'arrivée des
troupes de LL. MM. impériale et royale, ou jusqu'à
ce qu'il en soit autrement ordonné, sous peine d'en
être personnellement responsables; qu'au contraire,
ceux des gardes nationales qui auront combattu contre les troupes des deux cours alliées, et qui seront
pris les armes à la main, seront traités en ennemis,
et punis comme rébelles à leur roi, et comme per-
turbateurs du repos public.

5°. Que les généraux, officiers, bas-officiers et
soldats des troupes de ligne françaises, sont également sommés de revenir à leur ancienne fidélité,
et de se soumettre sur-le-champ au roi, leur légitime
souverain.

6°. Que les membres des départements, des
districts et des municipalités seront également
responsables, sur leur tête et sur leurs biens, de tous
les délits, incendies, assassinats, pillages et voies
de fait qu'ils laisseront commettre, ou qu'ils ne se
seront pas notoirement efforcés d'empêcher dans
leur territoire; qu'ils seront également tenus de
continuer provisoirement leurs fonctions, jusqu'à
ce que S. M. très-chrétienne, remise en pleine liberté, y ait pourvu ultérieurement, ou qu'il en ait

été autrement ordonné en son nom dans l'intervalle.

7°. Que les habitants des villes, bourgs et villages, qui oseraient se défendre contre les troupes de leurs majestés impériale et royale, et tirer sur elles, soit en rase campagne, soit par les fenêtres, portes ou ouvertures de leurs maisons, seront punis sur-le-champ suivant la rigueur du droit de la guerre, ou leurs maisons démolies ou brûlées. Tous les habitants, au contraire, desdites villes, bourgs et villages, qui s'empresseront de se soumettre à leur roi, en ouvrant leurs portes aux troupes de leurs majestés, seront à l'instant sous leur sauve-garde immédiate ; leurs personnes, leurs biens, leurs effets, seront sous la protection des lois, et il sera pourvu à la sûreté générale de tous et chacun d'eux.

8°. La ville de Paris et tous ses habitants, sans distinction, seront tenus de se soumettre sur-le-champ et sans délai au roi, de mettre ce prince en pleine et entière liberté, et de lui assurer, ainsi qu'à toutes les personnes royales, l'inviolabilité et le respect auxquels le droit de la nature et des gens obligent les sujets envers leurs souverains ; leurs majestés impériale et royale rendent personnellement responsables de tous les événemens, sur leurs têtes, pour être punis militairement, sans espoir de pardon, tous les membres de l'assemblée nationale, du district, de la municipalité et de la garde nationale de Paris, les juges de paix et tous autres qu'il appartiendra ; déclarent en outre, leurs dites majestés; sur leur foi et parole d'empereur et roi, que si le château des Tuileries est forcé ou insulté, que s'il est fait la moindre violence, le moindre outrage à leurs majestés le roi, la reine, et à la famille royale, s'il n'est pas pourvu immédiatement à leur sûreté, à leur conservation et à leur liberté, elles en tireront une vengeance exemplaire et à jamais mémorable, en livrant la ville de Paris à une exécution militaire et à une subversion totale, et les révoltés coupables d'attentats, aux supplices qu'ils auront mérités. Leurs majestés impériale et royale promettent, au contraire, aux habitants de la ville de Paris, d'employer leurs bons offices auprès de sa majésté très-chrétienne, pour obtenir le pardon de leurs torts et de leurs erreurs, et de prendre les mesures les plus vigoureuses pour assurer leurs personnes et leurs biens, s'ils obéissent promptement et exactement à l'injonction ci-dessus.

Enfin, leurs majestés ne pouvant reconnaître pour lois en France, que celles qui émaneront du roi jouissant d'une liberté parfaite, protestent d'avance contre l'authenticité de toutes les déclarations qui pourraient être faites au nom de sa majesté très-chrétienne, tant que sa personne sacrée, celle de la reine, et de toute la famille royale, ne seront pas réellement en sûreté, à l'effet de quoi leurs majestés impériale et royale invitent et sollicitent sa majesté très-chrétienne de désigner la ville de son royaume, la plus voisine de ses fron-

tières , dans laquelle elle jugera à propos de se retirer avec la reine et sa famille, sous bonne et sûre
escorte qui lui sera envoyée pour cet effet, afin que
sa majesté très-chrétienne puisse en toute sûreté
appeler auprès d'elle les ministres et les conseillers
qu'il lui plaira désigner, faire telles convocations
qui lui paraîtront convenables, pourvoir au rétablissement du bon ordre, et régler l'administration
de son royaume.

Enfin, je déclare et m'engage encore, en mon
propre et privé nom, et en la qualité susdite, de
faire observer partout aux troupes confiées à mon
commandement une bonne et exacte discipline,
promettant de traiter avec douceur et modération
les sujets bien intentionnés qui se montreront paisibles et soumis, et de n'employer la force qu'avec
ceux qui se rendront coupables de résistance ou de
mauvaise volonté.

C'est par ces raisons que je requiers ou exhorte
tous les habitants du royaume, de la manière la
plus forte et la plus instante, de ne pas s'opposer
à la marche et aux opérations des troupes que je
commande, mais de leur accorder plutôt partout
une libre entrée et toute bonne volonté, aide et
assistance, que les circonstances pourront exiger.

Donné au quartier-général de Coblentz, le 25
juillet.

Signé CHARLES-GUILLAUME FERDINAND, *duc de
Brunswick Lunebourg.*

Exposé succinct des raisons qui ont déterminé sa majesté le roi de Prusse à prendre les armes contre la France.

Berlin, le 26 juin 1791.

Sa majesté prussienne croit pouvoir se flatter que les puissances de l'Europe, et le public en général, n'auront pas attendu cet exposé pour fixer leur opinion sur la justice de la cause qu'elle va défendre. En effet, à moins de vouloir méconnaître les obligations que les engagements du roi et ses relations politiques lui imposent ; dénaturer les faits les mieux constatés, et fermer les yeux sur la conduite du gouvernement actuel de France, personne sans doute ne pourra disconvenir que les mesures guerrières auxquelles sa majesté s'est décidée à regret, ne soient la suite naturelle des résolutions violentes que la fougue du parti qui domine dans ce royaume lui a fait adopter, et dont il était aisé de prévoir les conséquences funestes.

Non contents d'avoir violé ouvertement, par la suppression notoire des droits et possessions des princes allemands en Alsace et Lorraine les traités qui lient la France à l'Empire germanique ; d'avoir donné cours à des principes subversifs de toute subordination sociale, et par là même, du repos et de la félicité des nations, et cherché à répandre en d'autres pays, par la propagation de ces principes, les germes de la licence et de l'anarchie qui ont bouleversé la France; d'avoir toléré, accueilli, débité même les discours et les écrits les plus outrageants contre la personne sacrée et l'autorité légale des souverains; ceux qui se sont emparés des rênes de l'administration française, ont enfin comblé la mesure, en faisant déclarer une guerre injuste à sa majesté le roi de Hongrie et de Bohême, et suivre immédiatement cette déclaration, des hostilités effectives, commises contre les provinces Belgiques de ce monarque.

L'Empire germanique dont les Pays-Bas autrichiens font partie, comme cercle de Bourgogne, s'est trouvé nécessairement compris dans cette aggression. Mais d'autres faits encore n'ont que trop justifié la crainte des invasions hostiles, que les préparatifs menaçants des Français aux frontières avaient depuis long-temps fait naître en Allemagne. Les terres de l'évêché de Bâle, partie incontestable de l'Empire, ont été occupées par un détachement de l'armée française, et se trouvent encore en son pouvoir et à sa discrétion. Des incursions des troupes de la même nation, ou des corps de rébelles rassemblés sous leurs auspices, ont désolé le pays de Liége. Il est à prévoir, avec certitude, qu'aussitôt que les convenances de la guerre paraîtraient le conseiller, les autres provinces de l'Allemagne éprouveraient le même sort; et il suffit de connaître leur position locale, pour sentir le danger imminent auquel elles sont sans cesse exposées.

Il serait superflu d'entrer dans le détail des faits qu'on vient d'alléguer. Ils sont notoires, et l'Europe entière en a été, et en est encore journellement témoin. On se dispense également de discuter ici l'injustice évidente de l'aggression des Français. S'il était possible qu'il restât quelques doutes à ce sujet, ils seront entièrement levés pour quiconque voudra peser, avec impartialité, les arguments victorieux renfermés sur ce point dans les pièces diplomatiques du cabinet de Vienne.

S. M. prussienne s'est plû à conserver pendant long-temps l'espoir, qu'enfin, après tant d'agitations et d'inconséquences, les personnes qui dirigeaient l'administration française, reviendraient à des principes de modération et de sagesse, et écarteraient ainsi les extrémités auxquelles les choses en sont malheureusement venues. C'est dans cette vue salutaire, qu'elle chargea, dès le commencement des préparatifs militaires de la France aux frontières de l'Empire, fondés sur l'asyle accordé par quelques états aux émigrés français, son ministre à Paris, le comte de Goltz, de déclarer au ministre de S. M. très-chrétienne, comme le chargé d'affaires de S. M. l'empereur, alors régnant, avait également eu l'ordre de le faire : « Qu'elle envisagerait une invasion des troupes françaises sur le territoire de l'Empire germanique, comme une déclaration de guerre, et s'y opposerait de toutes ses forces ». Le même ministre, d'après les ordres qu'il en avait reçus, se joignit à plusieurs reprises aux représentations du susdit chargé d'affaires, en donnant à connaître de la façon la plus expresse, que le roi marcherait invariablement, à l'égard des affaires de France, sur la même ligne avec S. M. apostolique. L'événement a fait voir combien peu l'attente du roi, quant à l'effet qu'il se promettait de ces déclarations énergiques, était fondée ; mais au moins, le parti dont les déterminations fougueuses ont amené les hostilités, ne pourra-t-il jamais prétexter cause d'ignorance sur les intentions de S. M., et c'est à lui plus particulièrement, mais généralement aux principes manifestés publiquement par les deux assemblées nationales ; principes qui attaquent tous les gouvernements, et voudraient les ébranler dans leurs bases, que la France aura à s'en prendre de l'effusion du sang humain et des malheurs que les circonstances actuelles ont déjà attirés et pourront attirer encore sur elle. Unie avec S. M. apostolique par les liens d'une alliance étroite et défensive, S. M. prussienne aurait agi d'une façon contraire à ses engagements, en demeurant spectatrice tranquille de la guerre déclarée à ce souverain. Elle n'a donc pas hésité de rappeler son ministre de Paris, et de se porter avec vigueur à la défense de son allié. Membre prépondérant du corps germanique, elle doit encore à ses relations en cette qualité, de marcher au secours de ses co-états, contre les attaques qu'ils ont déjà éprouvées, et dont ils sont encore journellement menacés. C'est ainsi, sous le double rapport d'allié de S. M. apostolique et d'état puissant de l'empire, que S. M. prend les armes; et c'est la défense des états de ce monarque et de l'Allemagne, qui forme le premier but de ses armements.

Mais le roi ne remplirait qu'imparfaitement les principes qu'il vient de professer, s'il n'étendait les efforts de ses armes, à une autre sorte de défense dont les sentiments patriotiques lui imposent également le devoir. Chacun sait comment l'assemblée nationale de France, au mépris des lois les plus sacrées du droit des gens, et contre la teneur expresse des traités, a dépouillé les princes allemands de leurs droits et possessions incontestables en Alsace et Lorraine; et les déductions que plusieurs de ces princes ont eux-mêmes fait publier, ainsi que ses délibérations et les arrêtés de la diète de Ratisbonne sur cette importante matière, fourniront à tous ceux qui voudront en prendre connaissance, les preuves les plus convaincantes de l'injustice des procédés du gouvernement français à cet égard, lequel n'a proposé jusqu'à présent, pour en dédommager les parties lésées, le tout, en adoptant un langage péremptoire et des mesures menaçantes, que des indemnités entièrement insuffisantes et inadmissibles. Il est digne du roi et de son auguste allié, de faire rendre justice à ces princes opprimés, et de maintenir ainsi la foi des traités, base unique de l'union et de la confiance réciproque des peuples, et fondement essentiel de leur tranquillité et de leur bonheur.

Il est enfin un dernier but des armements du roi, plus étendu encore que le précédent, et non moins digne des vues sages et bienfaisantes des cours alliées. Il tend à prévenir les maux incalculables qui pourraient résulter encore pour la France, pour l'Europe, pour l'humanité entière, de ce funeste esprit d'insubordination générale, de subversion de tous les pouvoirs, de licence et d'anarchie, dont il semble qu'une malheureuse expérience aurait déjà dû arrêter les progrès. Il n'est aucune puissance, intéressée au maintien de l'équilibre de l'Europe, à laquelle il puisse être indifférent de voir le royaume de France qui formait jadis un poids si considérable dans cette grande balance, livré plus longtemps aux agitations intérieures et aux horreurs du désordre et de l'anarchie, qui ont, pour ainsi dire, anéanti son existence politique; il n'est aucun Français, aimant véritablement sa patrie, qui ne doive désirer ardemment de les voir terminées; aucun homme enfin, sincèrement ami de l'humanité, qui puisse ne pas aspirer à voir mettre des bornes, soit à ce prestige d'une liberté mal entendue, dont le fantôme éblouissant égare les peuples loin de la route de leur vrai bonheur, en altérant les heureux

liens de l'attachement et de la confiance qui doivent
les unir à des princes, leurs pères et leurs défenseurs, soit surtout à la fougue effrénée des mé-
chants qui ne cherchent à détruire le respect dû
aux gouvernements, que pour sacrifier, sur les débris des trônes, à l'idole de leur insatiable ambition
ou d'une vile cupidité. — Faire cesser l'anarchie en
France, y rétablir pour cet effet un pouvoir légal
sur les bases essentielles d'une forme monarchique,
assurer par là même les autres gouvernements contre
les attentats et les efforts incendiaires d'une troupe
frénétique, tel est le grand objet que le roi, conjointement avec son allié, se propose encore, assuré dans cette noble entreprise, non-seulement
de l'aveu de toutes les puissances de l'Europe, qui
en reconnaissent la justice et la nécessité, mais
en général du suffrage et des vœux de quiconque
s'intéresse sincèrement au bonheur du genre humain.

S. M. est bien éloignée de vouloir rejeter sur la
nation française en entier la faute des circonstances
fâcheuses qui la forcent à prendre les armes. Elle
est persuadée que la partie sans doute la plus nombreuse de cette nation estimable, abhorre les excès
d'une faction trop puissante, reconnaît les dangers
auxquels les intrigues l'exposent, et désire vivement
le retour de la justice, de l'ordre et de la paix.
Malheureureusement l'expérience fait voir que l'influence momentanée de ce parti, n'est encore que

trop réelle ; quoique l'événement ait déjà démontré le néant de ses coupables projets, fondés sur des insurrections que lui seul cherchait à fomenter. La différence de sentiments des personnes bien intentionnées, quelque certaine qu'elle soit, n'est ainsi pour le moment encore que peu sensible dans ses effets. Mais S. M. espère, qu'ouvrant enfin les yeux sur la situation effrayante de leur patrie, elles montreront toute l'énergie qu'une cause aussi juste doit inspirer ; et qu'envisageant les troupes alliées, rassemblées sur leurs frontières, comme des protecteurs et de vrais amis dont la Providence favorisera les armes, elles sauront réduire à leur juste valeur les factieux qui ont mis la France en combustion, et qui seront seuls responsables du sang que leurs entreprises criminelles auront fait verser.

En conséquence de ces manifestes, le roi adressa à l'assemblée nationale le message suivant :

Du 3 août 1792, l'an 4 de la liberté.

Il circule, M. le président, depuis quelques jours, un écrit intitulé : *Déclaration de S. A. S. le duc régnant de Brunswick-Lunebourg, commandant les armées de LL. MM. l'empereur et le roi de Prusse, adressée aux habitants de la France.* Cet écrit ne présente aucun des caractères qui pourraient en garantir l'authenticité. Il n'a été envoyé par aucun de mes ministres dans les diverses

cours d'Allemagne qui avoisinent le plus nos frontières. Cependant sa publicité me paraît exiger une
nouvelle déclaration de mes sentiments et de mes
principes.

La France se voit menacée par une grande réunion
de forces. Reconnaissons tous le besoin de nous
réunir. La calomnie aura peine à croire la tristesse
de mon cœur, à la vue des dissensions qui existent
et des malheurs qui se préparent; mais ceux qui
savent ce que valent à mes yeux le sang et la fortune
du peuple, croiront à mes inquiétudes et à mes
chagrins.

J'ai porté sur le trône des sentiments pacifiques,
parce que la paix, le premier besoin des peuples,
est le premier devoir des rois. Mes anciens ministres
savent quels efforts j'ai faits pour éviter la guerre. Je
sentais combien la paix était nécessaire; elle seule
pouvait éclairer la nation sur la nouvelle forme de
son gouvernement; elle seule, en épargnant des
malheurs au peuple, pouvait me faire soutenir le
caractère que j'ai voulu prendre dans cette révolution. Mais j'ai cédé à l'avis unanime de mon conseil,
au vœu manifesté d'une grande partie de la nation,
et plusieurs fois exprimé par l'assemblée nationale.

La guerre déclarée, je n'ai négligé aucun des
moyens d'en assurer le succès. Mes ministres ont
reçu ordre de se concerter avec les comités de l'assemblée nationale et avec les généraux. Si l'événement n'a pas encore répondu aux espérances de la

nation, ne devons-nous pas en accuser nos divisions intestines, les progrès de l'esprit de parti, et surtout l'état de nos armées qui avaient besoin d'être encore exercées avant de les mener au combat? Mais la nation verra croître mes efforts avec ceux des puissances ennemies; je prendrai, de concert avec l'assemblée nationale, tous les moyens pour que les malheurs inévitables de la guerre soient profitables à sa liberté et à sa gloire.

J'ai accepté la constitution : la majorité de la nation la désirait; j'ai vu qu'elle y plaçait son bonheur, et ce bonheur fait l'unique occupation de ma vie. Depuis ce moment, je me suis fait une loi d'y être fidèle, et j'ai donné ordre à mes ministres de la prendre pour seule règle de conduite. Seul je n'ai pas voulu mettre mes lumières à la place de l'expérience, ni ma volonté à la place de mon serment. J'ai dû travailler au bonheur du peuple; j'ai fait ce que j'ai dû, c'est assez pour le cœur d'un homme de bien. Jamais on ne me verra composer sur la gloire ou les intérêts de la nation, recevoir la loi des étrangers ou celle d'un parti : c'est à la nation que je me dois; je ne fais qu'un avec elle : aucun intérêt ne saurait m'en séparer; elle seule sera écoutée : Je maintiendrai jusqu'à mon dernier soupir l'indépendance nationale. Les dangers personnels ne sont rien auprès des malheurs publics. Eh! qu'est-ce que des dangers personnels pour un roi à qui on veut enlever l'amour du peuple? C'est là qu'est la

véritable plaie de mon cœur. Un jour, peut-être ,
le peuple saura combien son bonheur m'est cher,
combien il fut toujours et mon seul intérêt et mon
premier besoin. Que de chagrins pourraient être
effacés par la plus légère marque de son retour !

Signé, LOUIS.

Et plus bas ,

Bigot Sainte-Croix.

Lettre de M. le maréchal Luckner à M. Lafayette.

Strasbourg , 25 juillet 1792, l'an 4 de la liberté,
trois heures du matin.

J'ai reçu, mon cher général, la lettre que vous
m'avez adressée le 23 de ce mois, ainsi que celle
de M. Dumourier, qui y était jointe. Je la connaissais déjà, et elle m'avait déjà prouvé d'une part l'envie qu'il a de commander en chef, et son désir
d'indépendance qui est si contraire aux principes
militaires et si dangereux par ses conséquences. J'ai
écrit au roi, sur cet objet, la lettre dont je vous
envoie copie; j'espère qu'elle remplira l'objet de
nous préserver, vous et moi, pour l'avenir, des re-
tours de pareils changements dans des dispositions
arrêtées. Je ne puis qu'approuver celle que vous
me proposez, ainsi que les soins que vous donnez
pour connaître le pays que vous êtes chargé de défendre. Quant à moi, je suis venu un instant à

Strasbourg; je vais partir dans une heure pour Landau. Je retourne demain à Metz, et ce sera de ce point, avec une entière connaissance de cause, que je vous communiquerai mes idées pour le plan absolu de défense, et les moyens de combiner nos efforts.

Je suis pressé, mon cher général, de vous témoigner combien les calomnies dont vous me parlez m'ont affecté. Vous me connaissez assez pour que je doive compter que vous n'avez reconnu qu'une intrigue dans les propos aussi faux qu'impossibles qu'on m'a prêtés. Confiance dans votre zèle, dans votre activité; désir de me conserver avec vous; besoin de vous témoigner en toute occasion loyauté et attachement : tels sont les sentiments qui m'animent, mon cher général, et dont je ne cesserai de vous donner l'assurance.

Le maréchal de France, LUCKNER.

Je vous renvoie la lettre originale de M. Dumourier; j'en ai adressé copie au roi.

Signé, le maréchal LUCKNER.

Quand les lettres, rapports, relations, etc., que les généraux adressaient au ministre de la guerre, étaient de quelque importance, celui-ci s'empressait de les communiquer à l'assemblée nationale ; souvent même il se rendait à la barre pour les lire lui-même. Le général Victor de Broglie, major-général de l'armée du Rhin, écrivait une lettre conçue en ces termes :

Du quartier-général à Haguenau ,
le 28 juillet.

J'ai reçu hier avec autant de joie que de reconnaissance le décret de l'assemblée nationale , confir-
matif des réquisitions que nous avions faites pour
la défense de cette frontière. D'excellents articles
donnent une force singulière aux mesures que nous
avions déjà prises : l'envoi de fonds en numéraire,
la confiance des habitants, telles sont les dispositions
dont nous lui sommes redevables, et que nous allons
mettre à profit. Déjà les départements des Vosges,
de la Meurthe et du Bas-Rhin ont fait les plus
grands efforts pour mettre promptement sur pied
de nouveaux bataillons de volontaires nationaux.
Ils nous ont annoncé que tous les citoyens témoi-
gnaient le plus grand empressement à marcher à la
défense de leurs foyers. Nous faisons de notre côté
tous nos efforts pour nous procurer des armes, pour
faire fortifier les retranchements : les troupes sont
dans les meilleures dispositions ; elles montrent un
zèle soutenu , quoiqu'elles aient été forcées de faire
des marches pénibles : en les faisant travailler à des
ouvrages de fortifications, nous leur évitons l'oisiveté. Mais l'habillement, tant des troupes de ligne
que des volontaires nationaux, est en très-mauvais
état; il faudrait renoncer enfin à cette régie des
habits qui ne fournit rien, et autoriser chaque corps

à s'équiper lui-même. Je vous envoie copie des réquisitions que nous adressons aux corps administratifs.

« Louis-Armand Biron, général de l'armée du
Rhin, considérant que les gardes nationales sont en
état d'activité permanente, et qu'il importe d'augmenter la force de l'armée destinée à couvrir cette
frontière; déclarons que les départements du Haut
et Bas-Rhin sont en état de guerre; requérons les
corps administratifs et municipalités de tenir le
sixième des gardes nationaux prêt à se mettre en
marche au premier ordre; de faire réparer tous les
fusils qui se trouvent dans les départements, soit
qu'ils appartiènent à la nation, soit qu'ils appartiènent aux citoyens, et d'y employer tous les ouvriers en fer qui seront propres à ce travail, lesquelles réparations seront payées à mesure de la
présentation des états vérifiés par les experts et par
les administrateurs; requérons en outre les corps
administratifs d'armer les citoyens qui n'auront pas
de fusils, de piques de douze pieds de longueur,
cette arme étant très-avantageuse à la guerre, et
excellente pour la défense des retranchements. Par
ce moyen, aucun Français ne sera privé de l'avantage de combattre pour la défense de sa patrie; ils
s'assureront en outre de munitions chez tous les
marchands qui pourront leur en fournir; ils feront
faire le plus grand nombre de cartouches possible,
pour les mettre à la disposition des officiers en chef.

Lorsqu'un détachement de gardes nationales sera requis comme travailleur, il se pourvoira d'outils, dont la réparation sera payée, et il marchera sous les ordres des officiers et sous-officiers. Lorsque des détachements serviront hors de leur territoire, et autrement que pour le service de patrouille, ils seront soldés comme les autres volontaires nationaux. »

« Le maire de Nanci vient de nous envoyer trois cents hommes, en nous annonçant qu'il nous en enverra bientôt un plus grand nombre. Faites, nous dit-il, qu'on appèle vite ces braves gens à leur poste ; ils brûlent tous de voler à la défense du pays. »

De son côté, le général Arthur Dillon écrivait au ministre de la guerre :

La désertion continue toujours d'une manière surprenante parmi nos ennemis. Tous les rapports qui nous vièpent de chez eux s'accordent à dire que les soldats sont mécontents de ce qu'on les fait combattre si loin de leur pays, pour la cause des émigrés. Au moment où j'écris, il y a une vive fermentation à Mons et à Tournay. Aucun soldat du camp de Mons ne peut entrer dans la ville. On a évacué les hôpitaux militaires ; et, quand il y a des malades, on les transporte à Bruxelles. Il est étonnant combien ils prènent de précautions, combien ils font de dégâts pour les moindres postes. Il y en avait un de trente hommes sur la chaussée de Brunehaut. Pourriez-vous croire que, pour la protection de ce poste, ils avaient fait un abattis complet de tous les arbres des environs ? Ils en avaient plus fait encore au poste de la Musette. Cela n'a pas empêché le colonel Richardot de passer les deux postes au fil de l'épée. Je vous répète, Monsieur, que, de notre côté, le désir de combattre et l'amour de la discipline gagnent chaque jour. Je ne puis croire que l'on veuille étouffer ces heureuses dispositions, en nous condamnant à une honteuse inaction. Je ne vous cacherai pas que je n'y suis point propre. Si, au lieu de me demander des fusils pour le camp de Soissons, vous vouliez m'envoyer les quatre mille que je demande, il serait possible de harceler les ennemis, et même de remporter des avantages considérables. Cela pourrait arrêter aussi les nombreuses colonnes qui nous menacent du côté du Rhin et de la Sarre. La manière dont nos ennemis font la guerre n'est pas propre à leur concilier les cœurs. Je vous envoie deux procès-verbaux dressés par les officiers municipaux de Bavay et d'Orchies, contenant les brigandages qu'ils ont exercés. Je ne puis trop recommander à la justice du roi le colonel Richardot.

Signé ARTHUR DILLON.

P. S. Voici encore neuf déserteurs depuis ce matin, et il n'est pas midi.

MM. Lacombe-Saint-Michel, Gasparin et Carnot l'aîné, commissaires envoyés au camp de Soissons, obtiènent la parole pour un rapport relatif à leur mission.

M. Lacombe-SaintMichel. Après nous être conformés aux instructions de l'assemblée nationale, et nous être transportés aux différents cantonnements qui précèdent le camp de Soissons, nous croyons devoir vous rendre un compte circonstancié de nos opérations. Le 2 août, nous nous sommes transportés à la municipalité de Soissons, pour nous faire donner toutes les instructions nécessaires. Les inquiétudes occasionnées par l'événement de quelques verres brisés trouvés dans des pains de munition, nous ont paru devoir être le premier objet de nos recherches. La municipalité nous a fait remettre les procès-verbaux qu'elle a dressés à cet égard, au moment même de la plainte. Il en résulte que l'on ne doit attribuer cet événement qu'à la seule négligence des préposés. Nous avons cru devoir faire vérifier nous-mêmes les faits, et nous nous sommes transportés avec un grand nombre de citoyens dans l'église où l'on manipule le pain. Nous avons trouvé dans une chapelle latérale, sur un sol mal-propre, ce que l'on appèle des marons, c'est-à-dire des restes de farine accumulée par l'humidité; c'est à ces marons, qu'on avait écrasés pour les faire entrer dans la composition du pain, que s'étaient attachées quelques partics de vitraux, et des citoyens nous ont assuré avoir vu des enfants casser des vitraux avec des pierres. Au reste, ce verre n'a été trouvé que dans un très-petit nombre de pains, sur une livraison qui a été faite au nombre de plus de deux mille quatre cents; enfin, ces verres étaient parfaitement conformes à ceux que nous avons trouvés dans les marons concassés; le reste des pains était parfaitement bon; et, avant de les partager, nous en avons mangé nous-mêmes en présence des volontaires. Cet événement ne serait pas arrivé, si la cupidité des munitionnaires ne les avait déterminés à employer les marons qui ne peuvent rester quelques jours sans être altérés par la fermentation.

Les magasins contiènent quatre mille sacs de farine, dont trois mille deux cents de bonne qualité; néanmoins ils ont été jugés, par les boulangers experts, être trop inégalement moulus, et avoir besoin d'un mélange. Les huit cents sacs restants ont été jugés d'une qualité inférieure, échauffés et inadmissibles. Nous devons dire qu'ils avaient été d'avance séparés des autres. Au sortir du magasin de farine, nous nous sommes transportés à la boulangerie, accompagnés comme ci-dessus. Cet établissement nous a paru assez bon. On nous a représenté que l'abbaye de Notre-Dame, qui couvre la huitième partie du territoire de la ville de Soissons, pouvait être très-utile pour le logement des volontaires. Non seulement on pourrait y faire tenir fort facilement vingt mille hommes; mais on pourrait encore y établir un hôpital qui, ne se trouvant qu'à quinze lieues de la frontière, pourrait ainsi servir de dépôt à nos armées; mais les corps·administratifs ont trouvé, dans l'exécution de ce projet, une résistance opiniâtre de la part des cinquante religieuses qui habitent cette maison. En vain leur a-t-on offert une maison située à cinq cents toises de là, et qui, non seulement leur serait tout aussi commode que la première, mais qui encore a été embellie par les soins de l'ancien évêque. On n'a pu vaincre leur sainte opiniâtreté, soutenue par l'espérance d'une contre-révolution. Ce bâtiment, situé au milieu de Soissons, a plutôt l'air d'un sérail ou d'un château fort, que de l'humble retraite des filles du Seigneur. C'est un repaire d'aristocratie d'où sortent tous les écrits séditieux qui infectent le département de l'Aine. Le département, consulté, avait ordonné la translation de ces religieuses, mais le lendemain, on ne sait par quelles considérations, il suspendit l'exécution de son arrêté.

Nous nous sommes transportés ensuite chez le commissaire-ordonnateur des guerres, qui nous a remis le journal de ses opérations, accompagné de pièces justificatives que nous avons vérifiées. Nous nous sommes aussi transportés au magasin des effets de campement; sans en avoir fait un inventaire exact, nous nous sommes assurés qu'il y en avait pour six bataillons : ils nous ont paru de bonne qualité. Nous avons visité le nouvel hôpital; la compagnie de santé est formée, et elle peut suffire pour quarante mille hommes; mais il n'y a pas un seul effet de pharmacie, et jusqu'ici on a été obligé d'en acheter aux apothicaires de la ville. Cet établissement va être transféré dans un bâtiment qui pourra contenir sept à huit cents malades; il ne s'y en trouve, dans ce moment-ci, que soixante-douze. Nous avons ensuite fait la visite des magasins de fourrages destinés à l'armée du centre; nous les avons trouvés très-bien remplis. Le service de la viande se fait aussi très-bien, d'après le témoignage que nous en avons reçu des fédérés. Il y a aussi de fortes provisions de vinaigre et d'eau-de-vie. De Soissons, nous nous sommes rendus à Laon; les bataillons qui s'y trouvent sont très-beaux et très-bien organisés; ils se sont plaints d'avoir reçu du pain qui n'était pas de poids. Ils manquent de paille, de planches, de linge. Les grenadiers réclament des bonnets; tous demandent des sabres, et ce qui leur est dû de leur solde, à dater du jour de leur enrôlement. Les bataillons qui sont à la Fère se plaignent aussi d'être dénués de tout. Deux compagnies de gardes nationales de la Haute-Vienne, qui y sont en garnison, demandent avec ardeur à marcher sur la frontière : leur instruction et leur discipline, dont on nous a fait l'éloge, leur mériterait bien cette faveur, et l'on ne conçoit pas pourquoi, lorsque les généraux demandent des renforts, le pouvoir exécutif refuse d'employer d'une manière active un bataillon qui brûle de se signaler contre les ennemis du dehors.

De là, nous nous sommes rendus à Compiègne. L'ordre et la tranquillité règnent dans cette ville, où les citoyens sont foulés par les gens de guerre; nous leur avons fait observer que les hôtels des frères du roi et du ci-devant prince de Lambesc seraient bientôt disposés à recevoir les troupes qu'ils sont actuellement obligés de loger.

Observons maintenant qu'il est bien étonnant que, lorsque le pouvoir exécutif a lui-même provoqué la formation du camp de Soissons, il n'ait pris aucun moyen pour l'effectuer. Comment est-il possible que l'ancien Soissonnais étant l'un des greniers de la France, on ait tiré les farines de Rouen! Ne sait-on pas que la cupidité tire un grand avantage de ces transports? Quant aux habillements, il n'y a dans les magasins que mille deux cents aunes de draps. On avait annoncé deux cents habits par jour; mais il est douteux que ces promesses s'effectuent. Rien n'empêchait d'envoyer depuis long-temps à Soissons des chemises, des bas, des souliers et autres effets d'équipement, et il ne s'en trouve encore aucun. A-t-on voulu, par une surcharge, faire murmurer les citoyens? On n'y a pas réussi, car les cultivateurs vienent de huit à dix lieues offrir leurs draps et leurs couvertures aux volontaires. A-t-on voulu, par un entier dénûment, empêcher le camp de se former, dégoûter les volontaires, les porter à des excès? On n'y a pas réussi; car, malgré les rassemblements nombreux qui arrivent la plupart du temps sans être annoncés, sans chefs, sans force publique pour réprimer une jeunesse ardente, il n'est cependant parvenu aucune plainte à la municipalité.

Nous ne devons pas dissimuler que parmi les recrues de Paris, il en est un très-grand nombre dont la taille et les forces physiques ne répondent pas à leur courage et à leur zèle; mais nous ne devons pas passer sous silence un fait très-positif que voici: un des bataillons de Paris se rendait à la Fère; plusieurs jeunes volontaires montèrent sur un prunier, un sergent arriva et leur représenta combien une pareille conduite était reprochable; aussitôt ils descendirent, ils firent des excuses au possesseur de l'arbre, et se cotisèrent entr'eux pour le dédommager. Et ce sont de tels hommes sur lesquels on a cherché à jeter du ridicule, et dont on a calomnié les intentions, tandis que c'est la classe de la société qui seule fait des sacrifices à la révolution, et qui se dévoue entièrement à la patrie! Ah! si la classe des hommes riches qui prennent exclusivement le titre d'honnêtes gens, même lorsqu'ils trahissent la patrie, avait seulement la dixième partie des vertus des sans-culottes, tout serait paisible, et la France parviendrait bientôt à ce dégré de prospérité auquel ne parviendra jamais un peuple esclave. En un mot, il n'est pas un bataillon qui ne manque des choses les plus nécessaires. Cependant leur courage et leur patriotisme leur font supporter les plus grands sacrifices. En voici un exemple. Le maire de Compiègne vient de dire qu'il ne peut recevoir un bataillon, faute de moyens pour le loger. « De la paille et des fusils, s'écrient les jeunes volontaires, et nous serons contents ! »

Ce cri porte l'admiration et l'attendrissement dans tous les cœurs. Le bataillon part le lendemain, et pas une plainte n'est proférée, ni de la part des soldats, ni de la part des citoyens. Que ceux qui calomnient les citoyens, que ceux qui ne savent pas apprécier la liberté et l'égalité, s'instruisent sur ces exemples; ils verront que la vraie discipline vient de la confiance, et la confiance, de l'égalité. Cette égalité des droits, qui préside aux élections, est le garant de leur sagesse. Nous en avons été témoins, et nous pouvons dire que, si nous avions fait les choix d'après notre conscience, nous n'aurions pu mieux faire Dans tous les bataillons, les officiers ont été choisis parmi les hommes dont l'extérieur annonçait plus de mesure, d'instruction et de réserve, et surtout parmi les vétérans, quand il y en avait.

Il résulte de tout ce que je viens de dire, qu'il y a eu un grand retard dans les opérations nécessaires à l'établissement de ce camp; soit qu'on doive l'attribuer à la négligence ou à la mauvaise volonté, soit qu'il doive être regardé comme une suite inévitable des circonstances. Sans doute la formation subite d'une armée de trente mille hommes, dont les dix-neuf vingtièmes n'ont jamais vu ni camp, ni instruments de guerre, doit éprouver de grandes difficultés ; mais plus. cette opération est difficile, plus il fallait y mettre de soin. Il semble au contraire qu'on ait voulu tout confier aux hasards des événements. La marche des agents du pouvoir exécutif est si lente, que la plupart des citoyens, et même les autorités constituées, doutaient encore, à l'époque de notre arrivée, s'il devait être formé un camp à Soissons. M. Lajard ne leur a d'ailleurs jamais parlé, dans ses lettres, que de quelques cantonnements successifs, et non d'un camp régulier à former, quoique lui-même vous en ait fait la proposition au nom du roi. Il n'y a encore à Soissons, pour la multitude de détails qu'entraîne la formation d'un camp, que deux officiers. MM. Chadelas, adjudant-général, et Dorly, commissaire des guerres, officiers qui montrent, il est vrai, un zèle infatigable, mais qui ne peuvent suffire à tout.

Nous ne croyons pas devoir terminer ce rapport sans vous faire part des observations que nous avons recueillies sur notre route. Il est imposssible de ne pas remarquer, en parcourant les campagnes, que le peuple s'éclaire sur ses vrais intérêts ; qu'il ap-

prend à connaître ses vrais amis; que son opinion
se forme; qu'il veut la liberté et l'égalité sans restriction; qu'il n'est plus tourmenté comme autrefois par le désir vague d'un changement, mais qu'il
veut conserver le bonheur dont la révolution l'a
déjà fait jouir. La sécurité est sur tous les visages.
Les seules autorités constituées ont, sur l'invasion
des ennemis extérieurs, la crainte qui sied à ceux
qui sont chargés du soin de l'administration. On
commence à se prémunir contre ceux qui répandent des méfiances et des alarmes. Si l'esprit public
continue à faire de semblables progrès, les lois
n'auront bientôt plus besoin, pour être exécutées,
que de la raison publique et de l'éducation des citoyens. On voit l'arbre de la liberté planté dans
tous les villages, la récolte promet aux citoyens que
l'abondance régnera sur le sol de la liberté. Tous
les jeunes gens veulent partir sur les frontières :
les vieillards les encouragent. L'union règne partout. Une des bases de la prospérité et de la confiance publique, est la régularité des recouvrements
de l'impôt; nous avons reçu à cet égard les renseignements les plus satisfaisants, et l'empressement de tous les contribuables à l'acquitter, est
prouvé par les tableaux que nous nous sommes
chargés de mettre sous vos yeux.

La perception du droit de patente éprouve quelque retard; les tribunaux, et surtout les commissaires du roi, sont accusés d'une grande insou-

ciance à cet égard. Nous avons encore recueilli un grand nombre de renseignements de tout genre. Nous vous demandons la permission de les remettre sur le bureau.

L'assemblée ordonne l'impression du rapport de ses commissaires, la mention honorable au procès-verbal de leur conduite, ainsi que du civisme des fédérés. Elle renvoie aux comités qui les concernent les divers objets énoncés dans le rapport.

Le ministre de la guerre adresse à l'assemblée deux lettres, l'une du lieutenant-général Dumourier, l'autre du maréchal Luckner. En voici la substance :

Lettre de M. Dumourier au général Dillon.

Les haies et les petits bois du village de Bleharies, fournissaient aux chasseurs tyroliens l'avantage d'assassiner bravement nos soldats, sans courir aucun danger. J'avais en conséquence conçu le projet de faire éclairer le pays. J'allais envoyer un détachement à cet effet, lorsque trois chasseurs ennemis entrèrent dans le camp, et instruisirent le général de la facilité avec laquelle on pouvait enlever une compagnie d'Autrichiens, campée au village de Mambraye. L'état-major fut d'avis de tenter à la fois ces deux entreprises. M. Beurnonville fut envoyé du côté de Bleharies avec le premier bataillon des volontaires de Paris, la première brigade de la seconde division, cinquante dragons, deux cent cinquante Belges, et deux pièces de canon.

L'expédition de Mambraye fut confiée à un détachement presque aussi nombreux, et commandé par M. Ballant, second lieutenant-colonel du premier bataillon de Paris. Ces détachements sont sortis dans la nuit du 3 au 4. Le premier avait pris les meilleures dimensions pour entourer Bleharies. Déjà les mouvements s'étaient opérés au clair de la lune, lorsque, par une méprise inexplicable, le premier bataillon et le détachement du 78ᵉ régiment d'infanterie se sont fusillés à travers les blés. Cette fusillade nous a fait perdre cinq hommes, et a donné le temps aux ennemis de se retirer.

L'autre détachement a forcé le poste de Mambraye, tué un lieutenant et dix Tyroliens, et fait trois prisonniers. Les nôtres n'ont perdu que trois hommes et quelques blessés, etc.

La lettre du maréchal Luckner contient en substance les détails suivants :

L'armée du Rhin est campée sous Weissembourg, des détachements se sont avancés pour fouiller et éclairer le pays. Dans une escarmouche, la moitié d'un détachement de hussards hongrois a été taillée en pièces, et nous avons eu vingt-cinq hommes tués ou blessés; un lieutenant-colonel a perdu la vie.

M. Kellermann s'est avancé vers Lauterbourg, les Autrichiens ont traversé le Rhin; il a été impossible d'empêcher ce passage : on présume qu'ils sont au nombre de trente mille. Il est certain que bientôt nous serons attaqués sur différents points à la fois ; le difficile sera de distinguer le véritable. Au reste, nous avons à nous louer beaucoup de la discipline et du bon ordre des troupes.

Lettre de M. Dumourier, en date du 4 août 1792, à M. Arthur Dillon.

J'ai attendu quelques heures, mon cher général, pour pouvoir vous rendre compte de ce qui s'était passé au camp. Depuis long-temps on désirait couper des haies, saules et autres arbres au village de Bleharies, qui donnaient facilité aux chasseurs tyroliens de tirailler toute la journée sur le village de Maulde et sur les champs qui terminent la tête du camp.

Hier matin, il nous était arrivé trois chasseurs ennemis qui nous avaient proposé d'être les conducteurs d'un détachement qui pourrait aller enlever à Mambraye, à une lieue et demie de Mortagne, le capitaine de leur compagnie, qui cantonnait dans une grande ferme.

J'ai cru devoir lier ces deux petites entreprises, pour en faciliter l'exécution, en occupant à la fois l'ennemi des deux côtés de l'Escaut. MM. Moreton et Beurnonville, mes collègues, et moi, avons eu à cette double expédition l'avantage de faire de celle de Bleharies une promenade militaire instructive, et de celle de M. Mambraye, une leçon pour la petite guerre. J'ai cru en même temps, pour faire courir moins de risque aux troupes, et pour y faire participer plus de monde, devoir faire de très-gros détachements.

Celui avec lequel nous sommes sortis sur Bleharies, commandé par M. Beurnonville, était de deux cent cinquante Belges, le premier bataillon de Paris, et la première brigade de la deuxième division de Han, avec deux pièces de canon et cinquante dragons. Il est sorti à une heure et demie de Maulde, pour tourner Bleharies, sans tirer, le cerner entièrement, et y prendre tout ce qui s'y trouverait de Tyroliens et de dragons.

Ce mouvement a été parfaitement exécuté au clair de la lune. Mais une erreur inexplicable, a fait que le premier bataillon de Paris et celui du 78ᵉ régiment, se sont fusillés dans les grains; et, comme ils étaient très-près, avant que l'erreur fût reconnue, on a perdu cinq hommes et eu quelques blessés. Cela a été réparé très-vite, et les cinq bataillons, ainsi que les Belges, se sont mis en bataille au-dessus de Bleharies, dans le plus grand ordre. Mais cette fusillade a donné l'alerte aux Tyroliens et dragons de la Tour, qui ont eu la facilité de se sauver. Nous avons rempli le reste de notre projet en éclaircissant les haies et coupant les gros arbres de Bleharies et de la ferme du même lieu, après l'avoir fouillée, ainsi que Rongis et les bois de Chesnay. Nous sommes rentrés à six heures du matin, et les troupes ont montré la plus grande ardeur et le plus grand ordre, malgré l'accident par lequel elles avaient débuté.

Le détachement que j'avais chargé de l'expédition de Mambraye, commandé par un excellent officier, M. Ballant, second lieutenant-colonel du premier bataillon de Paris, était composé de cinquante Belges, un maréchal-des-logis et douze maîtres, une compagnie de grenadiers du premier bataillon de Paris, et de huit compagnies de la première brigade de la première division. Il est parti à dix heures du soir de Mortagne, et est arrivé à la ferme de Morlier, près Mambraye, passant à travers les postes ennemis, sans être aperçu, a emporté de vive force cette ferme, où il a tué un lieutenant et dix Tyroliens, et est revenu par une autre route, au travers des bois de Mortagne, n'ayant perdu qu'un grenadier et deux volontaires, et ramenant trois prisonniers et dix à douze chevaux, dont plusieurs ont été pris à la troupe des Tyroliens, d'autres à des habitants, à qui je les ferai rendre dès qu'ils seront réclamés. Ce détachement était pareillement rentré à six heures du matin.

Ces deux petites expéditions, quoiqu'elles n'aient pas eu un succès comme nous aurions désiré, par l'inexpérience des troupes, augmentent leur ardeur et le désir qu'elles ont de faire de pareilles sorties, qui ne peuvent que les former et inquiéter l'ennemi à qui notre audace en imposera. Aussi leur ai-je promis de les mener souvent en détachement, et je les arrangerai toujours à ne pas les compromettre, en leur donnant l'avantage du nombre et la facilité de la retraite. C'est ainsi que je parviendrai à rectifier les défauts de l'inexpérience, à les dresser aux marches de nuit, au développement, aux choix des positions, et à tous les détails de la guerre.

Signé, *le lieutenant-général commandant*, DUMOURIER.

Lettre de M. le maréchal Luckner, à M. d'Abancourt, ministre de la guerre.

Wissembourg, 4 août, l'an 4 de la liberté.

Après avoir donné hier, Monsieur, tous les ordres nécessaires pour le départ de l'armée du centre pour aller prendre un nouveau camp à Richemont, je suis parti de Longwi vers le soir ; arrivé ici à midi, j'appris et je vis avec étonnement l'armée du Rhin campée près de Wissembourg. Les généraux Biron, Custine et Kellermann, me rendirent le compte suivant. Hier M. Biron donna ordre à M. Custine de se porter avec son avant-garde en avant de Landau, vers Schweigenheim, pour fouiller et découvrir le pays, où les Autrichiens avaient un camp d'environ sept mille hommes.

Il est peut-être possible que M. Custine se soit porté trop loin avec une partie de son corps. L'ennemi, sans doute instruit, envoya un gros détachement de hussards de Wurmser à sa rencontre, qui fondit sur le premier régiment de dragons entre le village et les vignes de Daucheim, qui, à son tour, chargea avec une telle vigueur les hussards, au nombre de plus de quatre cents, qu'il en tailla en pièces la majeure partie, et mit le reste en fuite. La perte de l'ennemi est plus forte, et du côté de nos dragons, tant tués que blessés, il y en a vingt à vingt-cinq. De ce nombre, est un officier de tué. On n'a assez su me faire l'éloge des chefs et de tous les dragons de ce régiment. L'avant-garde se voyant trop faible, se retira sur Landau; et M. Biron, sentant l'insuffisance de son armée, a gardé les lignes de Quiech, qui sont délabrées, et les écluses rompues, et a jugé convenable de renforcer la garnison de Landau de quatre bataillons de plus, ce qui met cette place à sept mille quatre cents hommes, et de venir prendre une position avantageuse près de Wissembourg. Cette marche rétrograde, autant que je l'ai pu voir jusqu'ici, n'entraîne aucun inconvénient. J'entrerai ce soir ou demain matin, dans un examen plus circonstancié avec les officiers généraux, pour ensuite ordonner les dispositions que je jugerai nécessaires, et dont j'aurai l'honneur de vous rendre compte. En attendant, j'ai donné ordre à M. Kellermann de partir cette nuit, avec son corps, pour se porter le plus avantageusement possible près de Lauterbourg.

J'ai été chagrin de voir que mon projet de fortifier

Guermersheim n'avait point été exécuté. Mais, au moment que le général Biron s'était disposé à se mettre en œuvre, s'y étant transporté à cette fin, il a appris que l'ennemi était en force de l'autre côté du Rhin, pour en tenter le passage dans plusieurs endroits, ce qui a eu lieu le lendemain ; par conséquent, il était impossible d'y faire travailler. Ce poste est maintenant occupé par trois mille Autrichiens.

Je ne m'étais proposé que de venir jeter un coup-d'œil sur cette partie de la frontière ; mais je prévois que mon séjour y sera prolongé de quelques jours de plus, jusqu'à ce que je puisse deviner le projet des ennemis que l'on dit être forts de trente mille hommes. Je ne manquerai pas de vous informer exactement de tout ; et, dès que je verrai que ma présence ne sera plus nécessaire, je m'en retournerai à mon armée du centre. Ma crainte est que la France ne soit attaquée en plusieurs endroits à la fois. Le plus difficile sera alors de distinguer la véritable de la fausse attaque. Je mets en avant autant d'émissaires qu'il m'est possible. Il est essentiel que le ministre des affaires étrangères y porte également les soins les plus scrupuleux. Les généraux et officiers supérieurs m'ont rendu unanimement les meilleurs témoignages sur la disposition des esprits, la discipline et le bon ordre qui règnent dans cette armée. C'est avec plaisir que je m'empresse de vous en faire le rapport.

Signé, le maréchal de France, LUCKNER.

Affaire de Rhersheim, du 3 août.

Ce poste était composé de cent vingt hommes environ de chasseurs à cheval, et de trois cents hommes d'infanterie.

On a lieu de croire qu'un petit poste avancé a été surpris par les ennemis qui s'étaient cachés dans la forêt de Behwaed, qui a favorisé leur entreprise, et empêché que ce poste ne fût prévenu.

Entre cinq et six heures du soir, au moment du pansement, des détachements du régiment d'Eben-hussards, des dragons de Lobgawitz, auxquels étaient joints quelques hullans, entrèrent dans Rhersheim, en chargeant, le sabre à la main, et se portant de tous côtés. Un enfant de Strasbourg, âgé de quatorze ans, tambour dans les chasseurs à pied, battant la générale, eut le poignet droit coupé, ce qui ne l'empêcha pas de continuer de la battre de la main gauche; nos chasseurs surpris, montèrent à cheval avec la plus grande célérité; ils tentèrent un moment de résister à la tête de la colonne ennemie; mais sa grande supériorité les força à se retirer : ils se sont repliés sur Wissembourg. Le détachement d'infanterie, d'abord divisé par pelotons fusillants, n'a pu se former que hors du village, et s'est retiré sans être inquiété, sur Wissembourg. La perte n'est point considérable : il manquait sur le soir quatre hommes à cheval et dix hommes d'infanterie , sans qu'on puisse dire qu'ils aient été tués.

Le même jour, M. le général Biron ayant voulu faire reconnaître les dispositions de l'ennemi pour opérer la jonction des deux armées, avait envoyé à la découverte sur Landau MM. de Custine et de Broglie, qui étaient également chargés de protéger un convoi de trente voitures, et un troupeau de bœufs destinés pour l'approvisionnement de Landau. Ces deux généraux avaient avec eux de la cavalerie et des détachements de grenadiers de l'armée. A la hauteur de Quircheim, ils furent prévenus qu'un corps considérable de cavalerie ennemie se portait sur eux pour les attaquer et intercepter le convoi ; ils eurent à peine le temps de faire leurs dispositions de défense lorsque la colonne ennemie attaqua ; le premier escadron du régiment ci-devant Royal-Dragons, chargea avec beaucoup d'ardeur : rompu par le nombre, il se rallia, et, soutenu du feu des grenadiers commandés par M. Ruttenberg, il attaqua une seconde fois avec plus de succès ; aussitôt le régiment Artois, cavalerie, à qui les généraux avaient fait faire un mouvement retardé par le passage d'un marais, s'étant joint, cette disposition força la retraite de l'ennemi. On a eu soin de jeter huit mille hommes dans Landau : le convoi y est entré. Cette place est abondamment approvisionnée pour soutenir un long siége.

Un parti de hullans s'est avancé jusque sur le

glacis. Comme on ignorait s'il était soutenu par un corps plus considérable, les portes ont été fermées. Les troupes se sont portées à leur poste, avec la garde nationale qui a montré beaucoup d'ardeur, fait jouer *ça ira*, et crier : *Vive la nation.*

M. Tolosan, colonel de Royal-Dragons, a tué le premier hussard ennemi : on dit que les hussards, en chargeant, criaient : *Lura, lura, vive la nation,* ce qui faisait frémir nos soldats, brûlant de se mesurer avec eux.

Un maréchal-des-logis, du deuxième régiment des chasseurs, a traversé la colonne ennemie, et est arrivé au camp, meurtri de coups de sabres, dont aucun n'est dangereux, et c'est lui qui a donné l'alarme.

Il paraît que l'intention des ennemis était de s'emparer du convoi, d'empêcher la jonction des deux armées, et de tâter nos troupes : la jonction s'est faite, et M. le maréchal Luckner est arrivé au camp. On ne peut donner assez d'éloges aux bonnes dispositions des chefs, au courage des soldats, et à la bonne discipline des troupes.

Lille, le 7 août

Enfin, le général Duchâtelet est tout à fait hors de danger; il paraît même entièrement quitte de la fièvre humorale remittente dont sa blessure était compliquée. Les redoublements avec frisson, les

mouvements convulsifs et sémi-tétaniques, l'irrita-
tion irrégulière de la plaie et de tout le système
nerveux, ont enfin cédé aux soins les plus assidus
et les plus attentifs. La patrie ne pleurera pas cet
excellent citoyen, et nos armées conserveront une
des meilleures têtes militaires de l'Europe. Son entière guérison exige encore cinq ou six mois; mais
il se servira de sa jambe, il marchera, il montera
à cheval. Ce n'est pas seulement ses amis qui, dans
la crainte de le perdre, ont versé des larmes; c'est
tout ce qu'il y a d'hommes sincèrement dévoués à
la cause de la liberté. Cet intérêt, dont l'expression
est venu le consoler tant de fois au milieu de ses
douleurs, s'est manifesté dans les petites choses.
Quand les dames patriotes de Lille apprirent qu'on
cherchait pour lui une garde, elles demandèrent à
le garder à tour de rôle; elles voulaient même se
faire inscrire pour cela chez le commandant. Ces
sentiments d'enthousiasme et de tendre respect, sont
le seul salaire digne de payer le dévouement à la
patrie. On espère que le général sera, sous peu de
jours, en état d'être transporté sur un brancard hors
de cette ville, dont l'air insalubre pourrait contra-
rier encore sa guérison, et d'aller chercher un séjour
plus agréable et plus sain.

Du 9. Le général Dillon, autorisé par la loi à
requérir les gardes nationales, a demandé la levée
de dix mille hommes armés. On espère que ce corps

sera bientôt complet, et aussitôt divisé en compagnies. — Un adjoint à l'état-major, envoyé pour
prendre connaissance de la situation des places de
Mézières, Rocroy et Philippeville, a rendu de sa
mission le compte le plus rassurant. — Le camp
de Berlamont et celui de Maulde prènent tous les
jours un aspect plus imposant. Un aide de camp
du général Dillon, envoyé pour visiter les frontières
du Nord, a rapporté que partout on travaille avec
une ardeur infatigable ; que partout les gardes
nationales sont prêtes à marcher au premier signal ;
qu'enfin, il a vu avec la plus vive satisfaction, de
belles et nombreuses compagnies se former à Dunkerque, sous le nom de légions étrangères. — Dans
une petite affaire à la ferme de Morlec, deux vivan-
dières se sont trouvées parmi les prisonniers. Ces
malheureuses, d'après ce que l'on dit des Français
dans les camps autrichiens, s'attendaient au moins
à être écharpées. Elles furent très-étonnées d'entendre les généraux recommander qu'on ne les lais-
sât manquer de rien. On leur servit un repas ;
M. Dumourier leur donna douze francs, et on les
relâcha. Ces femmes, qui ne s'attendaient pas à un
pareil traitement, s'écrièrent, en s'en allant avec
leur butin : *Quoi ! on nous disait qu'on pendait
et que l'on massacrait en France les prisonniers, même les déserteurs, et on nous comble
de bienfaits ! Oh ! nous dirons bien que ce sont
des mensonges.*

Il y a eu hier une fusillade du côté de Leers. Un volontaire, blessé d'un coup de feu, est tombé dans un fossé : l'assassin, avide de butin, accourt sur lui pour le dépouiller; voulant lui ôter ses culottes, le volontaire, qu'il croyait mort, lui lâche un coup de pied dans l'estomac, en criant : *Vive la nation.* Le meurtrier prend son arme, et lui tire son coup au milieu de la figure. On dit que le scélérat n'a pas porté loin la peine due à sa lâcheté.

Valenciennes, 9 août 1792.

On a fait parvenir aux soldats des armées autrichiennes, le décret de l'assemblée nationale sur les déserteurs, avec l'espèce de préliminaire qui suit :

Le peuple Français, aux sous-officiers et soldats des troupes autrichiennes et prussiennes, et à tous les peuples de la terre, en réponse au manifeste du duc de Brunswick.

Le peuple français méprise également les menaces et la séduction. Il oppose son courage et ses armes aux soldats du despotisme : il combat, par la sagesse de ses lois, la tyrannie des gouvernements étrangers, qui ont osé le provoquer à la guerre. Dans cette lutte, dont la liberté doit être le prix, l'espoir de son triomphe repose sur l'empire de la raison; et l'amour de l'égalité ne périra jamais. Déjà les ténèbres dont les tyrans s'enveloppent, se dissipent; leur ambition et leurs forfaits paraissent dans leur plein jour; et bientôt la nation française recueillera le plus doux prix de sa constance, en partageant avec tous les autres peuples les bienfaits de la liberté.

Enfin, le peuple français n'opposera pour toute réponse à ses ennemis, aux entreprises des émigrés, des ci-devant nobles, des rois et puissances coalisés contre la constitution, que le décret suivant de l'assemblée nationale, c'est-à-dire, des représentants de vingt-quatre millions de Français, décidés à tout sacrifier pour le maintien de la liberté et de l'égalité (1).

Bruxelles, 6 août.

La bonne conduite des troupes françaises à l'égard des paysans autrichiens, efface les mauvaises impressions que les premiers événements de la guerre et les mensonges des émigrés avaient données d'elles. On compare à leur humanité les mauvais traitements exercés par nos troupes sur les malheureux habitants de la plaine de Malplaquet; et l'on cite avec éloge le soin que prit dernièrement un détachement de l'armée de M. Lafayette, de payer, argent comptant, le foin, la paille et l'avoine, qu'il venait d'enlever dans le Luxembourg.

Voici les détails du plan du duc de Brunswick, tels qu'on s'accorde à les certifier.

Le général prince de Hohenlohe, gouverneur de

_____

(1) Nous avons cru inutile de reproduire le décret dont il est ici fait mention.

Prague, commandant l'armée autrichienne dans le Brisgaw, doit recevoir un renfort de troupes prussiennes, qui, réuni au corps impérial déjà sous ses ordres, ainsi qu'à une division d'émigrés français aux ordres du prince de Condé, lui formera une armée considérable.

Le duc de Brunswick s'est réservé le commandement de l'armée du centre, comprenant la majeure partie des forces combinées : il aura de plus sous ses ordres le comte d'Artois avec sa division française ; de sorte qu'il se trouvera à la tête du corps le plus nombreux, et de celui qui, probablement, doit frapper les plus grands coups. L'on suppose, en effet, qu'en se portant sur Sedan, Montmédy et Longwy, et perçant ainsi par la Champagne, le duc de Brunswick marchera directement sur Paris tandis que les principaux corps de l'armée française seront occupés à se défendre des autres attaques. Une troisième armée se forme dans le Luxembourg autrichien, sous les ordres du général comte de Clairfayt, auquel se réuniront quelques régiments prussiens et la troisième division des émigrés français, connue sous le nom de *corps de la marine*, et commandée par le comte d'Egmont. C'est en conséquence de ces nouvelles dispositions, que l'armée autrichienne, qui campait dans la plaine de Malplaquet, a abandonné cette position avantageuse, pour reprendre celle qu'elle occupait auparavant ; et qu'il s'est détaché ensuite du camp de

Mons un corps de quatorze mille hommes, qui dirige sa marche par Namur sur Luxembourg, afin de composer l'armée du général Clairfayt avec les Prussiens, qui y seront incessamment, et la division d'émigrés du comte d'Egmont. Quant à ce qui restera de troupes autrichiennes pour former l'armée des Pays-Bas, elles resteront sous les ordres de S. A. R. le duc de Saxe-Teschen.

Lettre des commissaires envoyés à l'armée du centre.

Reims, 12 août 1792, l'an 4 de la liberté, huit heures du soir.

La commission croit devoir à l'assemblée nationale quelques détails sur sa route, pendant la nuit, de Paris à Soissons. Elle a trouvé partout la garde nationale sur pied, et reçu les plus grands témoignages de respect et d'affection de la part de tous les citoyens. La commission a dissipé leurs alarmes, mais elle n'a eu besoin nulle part d'exciter le zèle et le patriotisme qui éclataient, accompagnés des expressions de la confiance la plus entière dans les sages mesures que l'assemblée nationale avait prises et prendrait.

En instruisant les citoyens du détail des événements qui s'étaient passés à Paris, vos commissaires n'ont aperçu d'autres mouvements que ceux de l'admiration et de la reconnaissance pour la conduite énergique de leurs frères de Paris, et des braves fédérés des départements, qui les ont si courageusement secondés.

Quoique la commission n'eût pas l'ordre spécial de s'arrêter à Soissons, elle a pensé que les circonstances lui faisaient un devoir de s'assurer par elle-même de la disposition des esprits, et de dissiper, par le récit exact des faits, les inquiétudes des fédérés nationaux rassemblés en cette ville, et de connaître les sentiments des différents chefs entre les mains desquels se trouve ce précieux dépôt de forces, destiné à couvrir Paris, et dont on peut regarder l'établissement et l'organisation comme un des objets dans lesquels le pouvoir exécutif a le plus clairement et le plus opiniâtrément manifesté ses desseins criminels contre la liberté publique. Il importait donc, et d'éclairer les fédérés nationaux destinés à former le camp de Soissons, et d'examiner ce qui existe et ce qui manque en armes, équipement, effets de campement; de faire connaître aux fonctionnaires publics, chargés de diriger cette opération, qu'ils n'avaient plus d'obstacles à redouter, pour arriver au but désiré par l'assemblée nationale, de la part d'un pouvoir ennemi.

Les circonstances ont favorisé le vœu de vos commissaires : les fédérés nationaux pour le camp, la garde nationale de Soissons étaient sous les armes; les premiers pour recevoir et reconnaître M. Duhort, maréchal-de-camp, envoyé pour commander l'armée de réserve, jusqu'à ce que les généraux qui ont été désignés se fussent rendus à leur poste ; les seconds, pour entendre proclamer la patrie en danger, et commencer le recrutement pour les frontières. Sur quoi nous ferons cette simple observation : comment se fait-il que le 12 août on n'eût pas encore exécuté un décret de cette importance, et d'une date très-antérieure ? Ces lenteurs avaient toutes la même cause, et vous venez de la détruire ; mais sera-t-il facile de réparer les maux qu'elle a faits ? Après avoir communiqué nos pouvoirs aux autorités constituées de Soissons, mandé l'état-major du camp, donné sur les événements du 10 les lumières propres à détruire toute inquiétude ; après avoir pris sur l'état actuel des choses pour la formation du camp, les informations dont la note est ci-jointe, nous nous sommes transportés à la maison commune et sur la place publique où les citoyens étaient réunis en grand nombre, sous les armes et sans armes.

Nous leur avons fait un récit succinct des événements ; et, au milieu des administrateurs du district, de la municipalité et de l'état-major de l'armée, nous les avons invités à se réunir au serment prêté par les représentants du peuple au nom de la nation, de défendre la liberté, l'égalité, ou de mourir à son poste. Ils nous ont répondu par une acclamation générale à laquelle se sont joints les assistants, et notre démarche a été consacrée par les cris rédoublés de *vive la nation ! vive l'assemblée natio-*

nale! Nous avons annoncé ensuite aux citoyens la lecture de différents actes du corps législatif que nous avions remis aux officiers municipaux; et, leur rappelant l'importance de la mission dont vous nous avez chargés, nous sommes montés dans notre voiture pour en suivre le cours. Les applaudissements, les cris de *vive la nation! vivent les députés de l'assemblée nationale!* ont été la récompense des soins que nous venions de prendre, et l'heureux succès des mesures vigoureuses et nécessaires que vous avez prises.

Entre Soissons et Reims, nous avons trouvé les mêmes sentiments que nous avions recueillis entre Paris et Soissons; mais à Reims leur expression a pris un caractère plus énergique. L'acte du corps législatif qui suspend l'exercice du pouvoir exécutif dans la main du roi venait d'y être proclamé; la ville était illuminée; des feux de joie, des cris de *vive la nation!* voilà l'accueil que les Rémois préparaient, sans le savoir, à vos députés : et les fatigues de trois journées d'agitation et de travaux sans sommeil se sont évanouies. Nous voudrions pouvoir faire passer jusqu'à vous les émotions que l'image de cette allégresse nous a fait éprouver, nous vous les transmettons sans art; et ce récit simple, mais vrai, en arrivant au milieu de vos pénibles et constantes occupations, y mêlera, nous en sommes sûrs, quelques instants de douceur; car le spectacle de la réunion du peuple français, dans l'amour de la li-

berté et de l'égalité, est le seul qui soit digne de
servir de délassement et de récompense à votre dévouement à ses intérêts.

Signé, P. A. Antonelle, M. G. Peraldy,
Kersaint.

P. S. Toutes les autorités constituées dans cette
ville, sans exception, se sont réunies hier à la maison commune pour prendre connaissance des décrets rendus par l'assemblée nationale; et, après avoir
applaudi aux sages mesures prises par elle relativement au pouvoir exécutif, elles ont arrêté qu'elles
adhéraient au nouveau serment prêté par les représentants du peuple dans la séance du 10 août, et
reconnaissaient les pouvoirs délégués par l'assemblée nationale aux agents du pouvoir exécutif qu'elle
a nommés.

Vous serez instruits de ces faits par une adresse
qui part avec nos dépêches : les résolutions sponta-
nées des fonctionnaires publics, l'unanimité des
vœux des citoyens de Reims dans cette grande circonstance nous paraissent mériter une marque particulière de satisfaction de la part de l'assemblée nationale, et nous vous proposons de décréter que la
ville de Reims a bien mérité de la patrie. Nous ferons nos efforts pour atteindre Sedan cette nuit,
mais toutes les villes nous arrêtent : on veut savoir
la vérité; et le premier, le plus important des devoirs de la mission que vous nous avez confiée, est

de la dire. Les malheurs civils des nations sont les
fruits de l'erreur. Nous ne vous cacherons pas qu'on
nous annonce que l'armée est trompée; nous brûlons
d'être à même de l'éclairer, et nous sommes fortement convaincus que nous n'y trouverons aucun
obstacle.

Lettre des commissaires de l'armée du Nord.

Cambray, 13 août, l'an 4 de la liberté.

M. LE PRÉSIDENT,

Nous nous empressons de vous instruire des ré-
sultats de notre mission depuis notre départ, afin
que vous en puissiez rendre compte à l'assemblée
nationale. Ce n'est pas sans difficulté que nous
sommes sortis de Paris; la surveillance du peuple
était si active, que nous avons été arrêtés à chaque
poste. N'ayant pu avoir des gendarmes nationaux au
moment de notre départ, à raison de la translation
des Suisses, cela a donné des soupçons aux citoyens :
il a fallu envoyer à la commune qui sur-le-champ
nous a envoyé plusieurs administrateurs par le secours desquels nous avons continué notre route. Il
était alors une heure du matin, quoique nous fus-
sions partis de l'assemblée nationale avant huit
heures du soir. Nous avons trouvé le peuple très-
calme sur toute la route; il nous a manifesté seulement ses inquiétudes sur les événements de Paris:

nous l'avons éclairé et rassuré, en lui disant la vérité. Nous sommes satisfaits de l'esprit public des
citoyens de la ville de Roye; la municipalité nous
a donné des preuves de civisme; le maire est un
ancien membre de l'assemblée constituante. Nous
avons lu à cet administrateur, en présence des citoyens, tous les actes du corps législatif, et ceux relatifs à notre mission. Dans le court espace de temps
que nous avons demeuré dans cette ville, nous n'a-
vons qu'à donner des éloges aux citoyens et à la
municipalité. Nous n'avons pas un témoignage aussi
satisfaisant à vous rendre de la plus grande partie
des officiers municipaux de la ville de Péronne. Le
civisme des administrateurs de district nous a paru
mieux prononcé.

Nous sommes arrivés à Cambray à une heure du
matin, et, comme nous avions été annoncés au
commandant de la place pour faire ouvrir les portes,
nous avons eu à notre lever une visite de ce commandant, et d'une députation de la société des amis
de la constitution. Nous nous sommes rendus immédiatement après à la commune, et, étant montés
au lieu des séances des administrateurs de district,
nous les avons priés de se réunir au conseil général
de la commune, ce qu'ils ont fait. Ils nous ont tous
donné des preuves de leur patriotisme, et nous
pouvons assurer qu'ils sont bien disposés à concourir au salut de la chose publique. Leur conduite
nous a paru tellement digne d'éloges, que nous

croyons devoir vous en demander la mention honorable dans le procès-verbal.

Nous avons aussi à nous louer infiniment des citoyens composant la garde nationale, et autres de
cette ville. Ils nous ont comblés d'hommages ; ils ont
voulu nous donner une garde d'honneur, et un détachement pour nous accompagner et nous suivre
partout, malgré tous nos efforts pour les en empêcher. Nous réclamons aussi la mention honorable
dans le procès-verbal pour ces zélés appuis de la
liberté et de l'égalité qu'ils ont juré en notre présence de maintenir et de défendre au péril de leur
vie, ainsi que de faire exécuter les décrets du corps
législatif. Les administrateurs du district, les officiers municipaux ont prêté le serment, et donné
les mêmes assurances.

Nous n'avons pas vu les membres du tribunal du
district, mais aussi nous en avons bien entendu parler : les plaintes ont été générales contr'eux, non-
seulement de la part des citoyens, mais même des
autorités constituées, et nous avons été conjurés de
les suspendre de leurs fonctions. Nous n'avons pas
cru devoir prononcer la suspension d'un tribunal
entier que nous n'étions pas à même de remplacer ;
mais il doit nous être remis une ou plusieurs péti-
tions signées de plus de deux mille citoyens ; nous
les ferons passer au corps législatif qui prendra
contre ce tribunal telle mesure que sa sagesse lui
indiquera ; mais nous croyons qu'il est temps de dé-

livrer l'empire de cette engeance qui semble n'avoir d'autre objet que d'opprimer le patriotisme, et d'anéantir l'esprit public.

Nous devons vous instruire aussi, que nous avons eu connaissance qu'un courrier de l'armée de Lafayette a été expédié de l'administration de Mézières aux départements de l'Aisne et du Nord. Nous avons vu et interrogé ce courrier, porteur des réponses de ces départements. Nous ne pouvons nous permettre aucune réflexion sur cette correspondance ; au surplus nous ferons incessamment parvenir au corps législatif le procès-verbal, contenant le détail des demandes, réclamations, et de tous autres objets intéressants dont nous avons eu à nous occuper dans cette ville. Nous allons nous rendre au camp de Valenciennes pour continuer nos opérations. L'assemblée nationale doit compter que nous ferons tous nos efforts pour répondre dignement à sa confiance, par notre activité et notre courage.

Les commissaires de l'assemblée nationale pour l'armée du Nord,

J. F. B. Delmas, Bellegarde, Dubois-Dubay.

Strasbourg, 6 août.

Il faut être dans ce département pour se faire une idée de l'ardeur militaire qui s'y développe tous les jours. A peine reste-t-il dans les villes quelques jeunes gens pour les défendre. Jeunes, vieux, riches, pauvres, tout s'engage, jusqu'aux séminaristes.

Dans le département du Haut-Rhin, celui où le règne du fanatisme était le plus affermi, la seule ville de Colmar a fourni seize cents hommes.

C'est à Nanci surtout qu'on a vu les prodiges du patriotisme et de la valeur. Les négociants ont fermé leurs comptoirs, et ils ont envoyé à la guerre leurs fils et leurs commis. Là, on ne parle de la maison d'Autriche qu'avec les frémissements de la rage. Toutes les maisons sont munies de barils de poudre destinés à les faire sauter, en cas que l'ennemi s'empare de la ville. Tel est l'esprit qui règne dans tous les départements de la ci-devant Lorraine.

Tous les jours ou voit arriver dans cette ville de nouveaux volontaires. Le Bas-Rhin en fournit sept mille; la Haute-Saône, quinze mille. On attend ici, dans l'espace de huit jours, vingt à trente mille hommes. Faute de fusils, on fabrique de longues et belles piques. Cette arme, bien maniée, est redoutable à la cavalerie.

Dans la nuit du 5 au 6, on a transporté ici les archives de Wissembourg et d'Haguenau. Le général Luckner a donné le commandement de Landau à M. Custine.

Les ennemis sont toujours à Rhin-Zubern et Rusheim. Quelques gendarmes nationaux, à l'approche de l'ennemi, ont eu la lâcheté de quitter leur uniforme et de jeter la cocarde. On ne parle de leur action qu'avec horreur.

Le triumvirat des princes fait circuler une feuille

volante, dans laquelle il somme tous les *amis du roi* d'écraser et de massacrer *l'assemblée nationale, les Jacobins, les administrateurs de départe- ment, les municipalités, les protestants, les prétres assermentés et les sans-culottes.*

Quant à leur récompense, elle leur sera réservée dans le ciel, parce que les princes ne sont pas en état dans ce monde de récompenser dignement un service aussi important, et que Dieu seul en est capable.

Du 12. — La lettre suivante adressée au général Custine, par le baron de Fumel, a été dénoncée, imprimée et répandue par son ordre. Les citoyens de Landau réclament contre le déplacement de ce brave général, et notre société a appuyé cette récla- mation auprès du ministre de la guerre et du géné- ralissime.

Copie d'une lettre écrite par un émigré de l'ar- mée de Condé à M. Custine, lieutenant-gé- néral, commandant en chef de la ville de Landau.

Neustad, 7 août 1792, à midi.

La voix d'un ancien ami peut-elle encore aller jusqu'à vous, mon cher Custine? Si cela est, elle doit avoir son effet sur un homme que je connais de- puis long-temps, et qu'on a peut-être engagé mal- gré lui plus loin qu'il ne croyait aller. Pensez au fond, pensez à la forme, pensez à la conséquence : le premier est injuste ; poussée hors des bornes, la horde est horrible et cannibale ; les suites seront funestes à vous et à tous ceux qui auront conduit à des désordres. Dans un mois, ce parti d'iniquité n'existera plus. Vous, vous, loyal gentilhomme, vous serez obligé de fuir votre patrie, de vivre en pays étranger et peu regardé. Rendez Landau aux princes et aux Français qui représentent ici le roi. Vous serez admiré des honnêtes gens par une action qui peut même coûter ; vous resterez lieutenant-général, employé, décoré, comme vous l'avez désiré ; et, si vous avez besoin de rétablir vos affaires, vous en aurez les moyens. Ceci est de moi seul ; le prince que je sers, et que je suis, ne me pardonnerait pas d'avoir écrit, je le sais, à son insu ; mais vous le connaissez ; jugez ce qu'il vous devra de rétablir le roi, et la tranquillité dans votre pauvre patrie ?....

Si j'ai de vos nouvelles aujourd'hui avant dix heures du soir, je parlerai, si non je me tairai ; je vous plaindrai, vous regretterai, et chacun de nous suivra son sort : le mien ne peut être celui du regret, ni du mé-succès. Adieu, pensez-y bien, et répondez.

Signé, le B. de F.....

P. S. Vous devez connaître mon nom par les lettres ci-dessus ; s'il vous faut une notion de plus, vous m'avez vu à Versailles et à Paris, chez une femme que vous appeliez ma sœur, et je suis ici auprès de mon prince ce que j'y étais au camp de Saint-Omer en 1788.

Billet joint à la lettre.

Landau, 8 août 1792, l'an 4 de la liberté.

Il y a vingt-cinq mille hommes de bonnes troupes autour de Landau. Elles sont décidées à tout entreprendre. Elles ont de l'artillerie de siége : le commandant de la place sera pris ou oublié, par conséquent perdu, quoi qu'il puisse arriver. Cette position exacte des choses doit le décider à tout faire pour la livrer; il doit bien penser que l'ami qui lui a écrit la lettre ci-jointe, ne lui ferait pas des offres aussi brillantes pour sa fortune, s'il n'était pas certain qu'elles seront réalisées : il doit y avoir toute confiance. Comme l'on ne peut trouver de moyen clandestin de faire arriver cette lettre à M. le comte de Custine, il se croira peut-être obligé de la montrer ou d'en parler à la municipalité, il sera toujours à même de supprimer ce billet, et il peut avoir l'air de ne faire aucun cas du contenu de cette lettre. Mais on le prie d'y répondre à l'adresse de M. Freibach, à l'auberge de la Fleur de lys, à Edelsheim, de manière que la réponse y soit entre huit et neuf heures du soir aujourd'hui.

Imprimé par les ordres exprès de M. de Custine, lieutenant-général, commandant en chef de la ville de Landau, département du Bas-Rhin, pour être distribué parmi les troupes et partout ailleurs.

CUSTINE.

Thionville, 9 août.

Le bourg de Sierck, à une demi-lieue de la frontière, et à trois lieues d'ici, a été surpris le 11, à trois heures du matin, par les Autrichiens. Un bataillon de Seine-et-Oise y était placé, seulement en observation, avec ordre de se replier sur Thionville à l'approche des ennemis. On avait déjà retrait quatre canons. L'ennemi a paru avec tant de précipitation, que les dragons n'avaient pas encore eu le temps de seller leurs chevaux. Cette petite troupe a gagné Thionville en désordre. Les Autrichiens, suivant leur usage, se sont portés dans Sierck aux plus affreux excès. Ils ne sont pas au-dessous des sauvages pour la barbarie. Ils ont pillé les maisons et tout massacré jusqu'aux enfants et aux femmes. Un capitaine et un lieutenant de Seine-et-Oise ont été coupés en morceaux. Cependant le bruit court qu'ils se sont retirés. Des détachements partent pour Sierck. On en attend des nouvelles.

Du 11. — On vient de chasser l'ennemi. Le général Félix Wimpfen est sorti à la tête d'un détachement d'infanterie de deux cents hommes et de quarante dragons, pour protéger la retraite des postes avancés. L'ennemi, qui avait prévu ce secours, avait fait avancer trois cents chevaux sur la gauche vers la chaussée de Saarlouis, dans l'espérance de prendre le détachement en flanc et et en queue, tandis que le principal corps le combattrait en tête. Mais le général Wimpfen l'ayant prévu comme lui, avait jeté un piquet d'infanterie dans le bois qui se trouva sur le flanc, avec quelques chasseurs à cheval en avant, pour attirer l'ennemi dans cette embuscade. Il a été repoussé, malgré notre infériorité, avec une perte de quarante hommes environ. Nous n'avons eu que neuf hommes tués, dont deux officiers et une douzaine de blessés. Comme on avait eu soin de retirer de Sierck, et de Rodemak la belle artillerie, les arsenaux, les magasins qu'on y avait placés, ce qui, dit-on, a fait jurer les émigrés, la prise de l'ennemi se réduit à quelques hardes et équipages des volontaires de Seine-et-Oise, qui, entraînés par l'ardeur de combattre, n'eurent pas le temps de les emporter.

Lettre du lieutenant-général Custine.

Appelé par le dernier ministère pour établir la police dans le camp qui va se former près de Soissons, je suis prêt à servir la patrie où on me désignera un poste; mais il m'est impossible de dissimuler le regret que j'aurais de m'éloigner de la frontière, et d'abandonner le théâtre des combats pour rentrer dans l'intérieur. J'avoue franchement que je peux être utile et plus utile sur la frontière, que je ne le serais dans le camp près Paris, et que j'aurais droit de me plaindre de ce qu'on a cherché à me dégoûter du service, d'abord en jetant du louche sur mes intentions par des calomnies que ma loyauté a bientôt dissipées, ensuite en m'ordonnant de m'éloigner des dangers.

M. le maréchal Luckner ayant jugé que M. Martignac commandait mal à Landau, m'a déféré le gouvernement de cette place. Je m'y suis rendu aussitôt que l'ordre m'en a été donné; il y avait cinq nuits que je ne dormais pas, et j'étais excédé de fatigue : jugez quel a été mon étonnement, quand, me présentant devant cette place, je l'ai trouvée démantelée au point que j'y suis entré à cheval par une des brèches des murailles tombées en mâsure : quarante hommes à cheval y seraient entrés de front.

Les chemins couverts de la place n'étaient point palissadés; les poternes étaient ouvertes; la garnison de quatre mille hommes était sans chef; ses commandants n'avaient point de lieu de ralliement; rien n'était prévu. J'appelai la municipalité pour me faire rendre compte de l'état de la ville; le compte fut court; il se bornait à me dire que rien n'était prévu.

Sans prendre aucun repos, je fis murer les poternes; je disposai et j'indiquai les lieux de rassemblements aux premiers appels ; j'indiquai à chacun sa place dans le cas d'une bataille ; je posai les pièces d'artillerie et je les garnis de bon nombre de cartouches à canon.

Accablé de fatigues, je me couchai. Bien m'a pris d'avoir fait des préparatifs ; car à mon réveil, l'ennemi se trouvait avancé à quinze cents toises de la place. Un des premiers officiers de l'artillerie avait émigré pour se hâter d'annoncer aux ennemis les dispositions que je me pressais de faire.

Nous sommes sortis avec assurance sur l'ennemi ; nous l'avons chargé rudement ; sa retraite a été une fuite. Jugez, après tout cela, si j'ai envie de quitter les frontières où j'espère bien être utile.

L'assemblée applaudit au zèle, au courage du général Custine. — Elle décrète l'impression de sa lettre et l'envoi à l'armée.

Valenciennes, 15 août.

Les grands intérêts qui nous sont confiés, nous ont déterminés à vous instruire d'un bruit qui court ici. On dit qu'hier, 14 août, les trois commissaires envoyés à l'armée du centre, ont été mal reçus à Sedan, et que la municipalité les a fait arrêter. On ajoute que l'un des détenus, M. de Kersaint, a dit que l'assemblée nationale n'avait pas été libre le 10 août. Il faut prendre sur-le-champ des mesures vigoureuses pour arrêter les progrès du mal.

Le bruit court aussi que le département de l'Aisne a requis M. Lafayette de marcher sur Paris avec son armée. Pour nous, nous avons été partout bien reçus, et nous espérons que notre mission aura un heureux succès : les généraux qui commandent aux camps de Pont-sur-Sambre et de Maulde, ne songent qu'à combattre l'ennemi. L'assemblée peut compter sur notre zèle.

Signé, Delmas, Bellegarde, Dubois-Dubay.

Lettre de Dumourier.

Au camp de Maulde, 18 août 1792, l'an 4 de la liberté.

M. le Président,

J'ai l'honneur de vous adresser, ainsi qu'au ministre de la guerre, copie de ma lettre au général Arthur Dillon. La circonstance où nous nous trouvons est trop importante pour admettre les détours et les ménagements. Il faut que la nation souveraine soit assurée de nos principes, de nos sentiments, de notre obéissance et de notre zèle à pousser la guerre vigoureusement.

Je vous prie, M. le président, de vouloir bien assurer l'assemblée nationale que je mourrai à mon poste avec gloire, ou que je concourrai, par des succès et par une fidélité à toute épreuve, au salut de la patrie.

> *Le lieutenant-général commandant le*
> *camp de Maulde,* Dumourier.

Extrait de la lettre écrite à M. Arthur Dillon, par le lieutenant-général Dumourier.

Dans plusieurs de vos lettres, mon cher général, vous invoquez ma loyauté. Les circonstances fortes et pénibles dans lesquelles nous nous trouvons, la nécessité de marcher ensemble et dans les mêmes principes pour nous en tirer, le salut de la patrie, l'obéissance que nous devons au souverain qui est le peuple français, le besoin de remplir la confiance qu'il a mise en nous, en nous chargeant du commandement de cette frontière; tous ces motifs réunis, et mon ardent patriotisme, m'obligent effectivement à être franc et loyal avec vous.

Il est temps de réunir tous vos moyens : vous ne pouvez plus les diviser sans nuire à la chose publique, et sans donner lieu aux soupçons que votre plan de division ne ressemble aux bizarres cantonnements de Lafayette, et ne soit le résultat d'un projet d'inaction qui, en nous rendant faibles partout, donne aux Autrichiens le moyen de choisir leur point d'attaque, et d'en assurer le succès.

Ce sont ces combinaisons, ou perfides ou maladroites de nos armées, qui, jointes aux trames de nos ennemis de la liberté, ont amené la terrible catastrophe du 10 août, à laquelle on devait s'attendre de la part d'une nation trompée, trahie et poussée à bout.

Alors, bien assuré de votre opinion, bien certain de faire avec vous une campagne utile pour la patrie, et vraisemblablement glorieuse, je vous promets loyauté et assistance fidèle.

Extrait d'une lettre de M. Alexandre Lameth à M. d'Abancourt, ministre de la guerre.

9 août.

Dillon vient ici après-demain ; je lui parlerai pour refroidir sa tête qui chemine un peu à la Dumourier. Il est bon homme et très-bon officier, mais il n'a pas la consistance, le maintien et la discrétion qu'il faut pour commander en chef, surtout dans une frontière aussi étendue. Si vous trouviez un moyen d'ôter Dumourier d'où il est, cela serait bien important, car il est coalisé avec Lille, avec le département, les clubs, et il vous jouera quelque mauvais tour.

*Ordre publié par M. Lafayette dans son armée,
relativement aux événements du 10 août.
Lettre d'envoi qui le précède.*

Sedan, 14 août, six heures du soir.

J'ai reçu, à deux heures, ta lettre avec un plaisir
au-dessus de toute expression. Tu dois bien te douter de l'état où elle m'a trouvé. A quatre heures je
suis descendu en ville, où j'ai trouvé les commissaires arrivés depuis un quart d'heure. Ils ont reçu
un mauvais accueil. L'on ne parle que de les mettre
à la lanterne. La municipalité n'a pas trouvé leur
pouvoir légal, en leur disant qu'il était daté du 10;
que l'assemblée non plus que le roi n'étaient point
libres; qu'ils étaient retenus en ôtage, et qu'ils ré-
pondraient sur leur tête de l'effervescence que leur
présence pourrait occasionner parmi le peuple.

Ah! mon ami, je crains bien que nous ne soyons
ici dans le foyer de l'aristocratie et de la contre-
révolution. J'entends de toutes parts les officiers dire
des horreurs de l'assemblée nationale. J'ai du sang,
il est tout à ma patrie; mais je crains dans l'armée
une scission. Notre général, on nous le dit parti de
la nuit dernière. Voilà l'ordre qu'il a donné à toute
l'armée.

Ordre du 13 août.

«Le général d'armée, persuadé que les soldats
d'une nation libre, en même temps qu'ils sont sou-

mis à une exacte subordination, ne doivent pas rester dans une servile ignorance des intérêts de leur pays, a promis aux troupes qu'il commande de ne jamais leur dissimuler les événements qui pourraient intéresser leur patriotisme. C'est avec une vive douleur qu'il a appris les derniers désordres qui ont eu lieu dans la capitale.

» L'assemblée nationale, après avoir, le mercredi, repoussé, à une majorité des deux tiers de voix, le décret d'accusation demandé contre lui, a été insultée, et plusieurs de ses membres ont couru le danger de la vie. Ces mêmes personnes qui avaient attaqué l'assemblée, ont fait de vains efforts le jeudi pour obtenir la déchéance du roi. Le vendredi une foule d'hommes armés, ayant à leur tête la troupe dite des Marseillais, s'est portée au château, où les gardes nationales et les Suisses qui le défendaient, ont rendu un combat long et meurtrier de part et d'autre; mais ayant cédé à la supériorité du nombre, ils ont été pour la plupart égorgés; le commandant de la garde parisienne a eu la tête coupée par des brigands, et au milieu de ce massacre, le roi et sa famille, ainsi que le département de Paris, se sont réfugiés au sein du corps législatif qui, lui-même a été entouré d'une troupe séditieuse. *C'est dans ce moment que la suspension du roi a été prononcée.*

» Telles sont les nouvelles qui sont parvenues au général d'armée, quoiqu'il ne les ait pas encore reçues officiellement et d'une manière directe ; mais, après les inquiétudes qui se sont répandues dans le camp et la curiosité que ces bruits affreux ont excitée, il a cru ne pouvoir plus tarder de laisser connaître aux troupes ce que lui-même avait pu en apprendre. C'est ainsi qu'au moment où les soldats de la constitution se disposent à combattre et à mourir pour elle, les factieux, évidemment payés par nos ennemis extérieurs excitent des mouvements dans la capitale, y attirent des brigands avides de pillage, la souillent par des meurtres, menacent et violentent les autorités constituées, et cherchent partout les moyens de renverser la constitution que nous avons juré de maintenir.

» Quant à nous qui, dans cette constitution, avons reconnu la volonté librement exprimée de la nation française, qui nous y sommes liés par un serment qui renferme les principes sacrés de la liberté et de l'égalité, et de tous les moyens de la félicité publique, nous devons ne pas nous laisser décourager par aucun des efforts que les ennemis de la liberté puissent faire pour diminuer notre zèle ; mais au contraire nous rallier en bons citoyens et braves soldats autour de la constitution, et jurer de vivre pour l'observer, et de mourir pour la défendre. »

Le représentant du peuple Bazire qui, au nom du comité de surveillance, lut cet ordre du jour du général Lafayette à son armée, dans la séance du 17 août de l'assemblée nationale, ajouta :

Vous voyez dans cet ordre avec quelle perfidie on a imaginé le système que l'assemblée nationale, lorsqu'elle a prononcé les décrets des 10 et 11 août, n'était pas libre; c'est en vertu de ce système que vos commissaires ont été arrêtés à Sedan; c'est par lui que Lafayette cherche à égarer son armée. Il appuie ce système par des assertions criminellement mensongères. Il fait croire à son armée que la garde nationale de Paris a tiré conjointement avec les Suisses contre les factieux, tandis qu'au contraire la garde nationale entière, irritée contre les perfidies de la cour et contre la trahison particulière des Suisses, a réuni ses armes à celles des autres citoyens. Il est à remarquer encore avec quelle perfidie il fait réfugier dans le sein de l'assemblée nationale, non-seulement le roi, mais le département et la municipalité de Paris, pour faire croire que toutes les autorités constituées étaient violentées, massacrées. Celui qui abuse ainsi de son autorité pour égarer et paralyser les forces qui lui sont confiées contre les ennemis extérieurs, est certes le plus criminel des hommes. Je demande que Lafayette soit enfin déclaré ennemi de la liberté et de l'égalité; que si le décret d'accusation que vous porterez contre lui reste sans effet, il soit permis à tout citoyen de courir sus, et que sa tête soit mise à prix.

Lettre du maréchal Luckner à M. Clavière,
ministre de la guerre par interim.

Au quartier-général de Richemont, le 15 août,
l'an 4 de la liberté.

J'ai reçu, Monsieur, les dépêches que vous m'a-
vez fait l'honneur de m'adresser par un courrier,
elles étaient en cinq lettres différentes ; la première
m'annonce le rappel de M. Servan au ministère de
la guerre, la continuation de me charger des opérations militaires sous ma propre responsabilité,
avec les forces qui sont à ma disposition ; et enfin
des commissaires de l'assemblée nationale, après
lesquels j'ai désiré depuis si long-temps, et que mes
sollicitations demandaient toujours en vain. Je suis
charmé de cette disposition pour pouvoir du moins
faire connaître par leurs propres yeux l'état de mon
armée agissante.

Votre lettre a précédé ces commissaires, puisque
je n'en ai encore vu aucun. Je ferai toujours ce que
mon honneur et ma conscience me dicteront. La
deuxième, contenant la note d'un militaire étranger ; la disposition que j'avais projetée pour Metz
depuis deux jours peut totalement faire évanouir les
projets du prince de Brunswick, puisque ce matin
j'avais déjà fait filer quelques troupes dans une proximité plus rapprochée de Metz, et d'ici à deux jours
toute mon armée aura changé de position vers cette

ville. La troisième fait mention des malheurs arrivés
au régiment des ci-devant gardes-suisses. J'emploierai tous mes moyens pour que ces mêmes événements n'aient pas lieu envers ceux des régiments
suisses qui se trouvent dans l'étendue de mon commandement. La conduite qu'ils ont tenue jusqu'à
présent me donne la certitude qu'ils ne seront point
les aggresseurs. La quatrième m'annonce que M. Custine a été conservé dans son commandement à Landau. La cinquième accorde à M. Bellemont M. Pâris, pour commander sous ses ordres à Metz. Je vais
faire part de cette disposition à M. Lafayette, sous,
les ordres duquel M. Pâris se trouve dans ce moment. Si ce maréchal de camp eût été dans mon
commandement, je l'aurais placé à Metz.

Je joins ici, Monsieur, un tableau de l'armée que
je commande : il vous fera connaître la force soit
des garnisons, soit des corps agissants.

Le maréchal de France Luckner.

Lettre des commissaires à l'armée du midi.

Lyon, 15 août.

Honorés de la confiance de l'assemblée, les commissaires envoyés dans les départements et aux armées, mettent au rang de leurs devoirs de lui rendre compte de tout ce qu'ils ont remarqué sur leur
route. Arrivés cette nuit à Lyon, nous nous sommes
rendus à la municipalité. Elle paraît être dans les

meilleurs principes. Elle a pris des mesures vigoureuses qui annoncent un caractère précieux dans
des hommes publics. On a fait dans le conseil général de la commune, la vérification de nos pouvoirs; et les cris de *vive la nation! vive la liberté,
l'égalité! vive l'assemblée nationale!* nous ont
prouvé la bonne disposition des esprits. On nous a
reconduits en triomphe. Depuis Paris jusqu'à Lyon,
partout nous avons vu applaudir aux mesures prises
par l'assemblée nationale. Partout nous avons vu
des arbres couronnés du bonnet de la liberté. Si
nous avons rencontré des aristocrates, ce n'est pas
qu'ils osassent élever la voix, nous les avons reconnus à leurs craintes exagérées; les patriotes sont
dans la plus parfaite sécurité. Ils nous ont dit partout : *la liberté, l'égalité ou la mort.* Les enrô-
lements se font avec une rapidité incroyable. Nous
citerons un fait. Dans la commune de Boyer, département de Saône-et-Loire, qui contient à peine
trois cents habitants, trente citoyens mariés se sont
inscrits. Sous le régime des intendants, cette commune fournissait à peine un milicien, auquel il fallait donner beaucoup d'argent.

Signé, GASPARIN, LACOMBE-SAINT-MICHEL,
ROUYER.

Lettre des commissaires à l'armee du Rhin.

Phalsbourg, 15 août.

Hier nous entrâmes à Phalsbourg, où il y a à peu près douze cents hommes de troupes. Nous nous rendîmes à la maison commune. Nous requîmes de faire assembler les troupes ; un moment après toute la force armée fut rangée sur la place. Nous annonçâmes l'objet de notre mission, et nous lûmes le décret du 10 août. Cette lecture fut entendue avec un respect profond. Bientôt après, des cris mille fois répétés de *vive la nation! vive la liberté, l'égalité! vive l'assemblée nationale!* nous annoncent les dispositions des soldats et des citoyens. Partout nous avons trouvé le dévoûment le plus entier. Partout on désire le retour de la tranquillité publique, à condition qu'elle reviendra par le chemin de la liberté.

Signé, CARNOT, COUSTARD, PRIEUR.

Lettre de M. d'Arembure, lieutenant-général commandant à Neufbrisack.

J'apprends le grand événement qui a été l'objet de votre délibération ; j'envoie mon aide-de-camp pour en avoir une connaissance officielle ; j'espère que vous ne doutez pas du ferme intérêt ainsi que de mon intention de me réunir à toutes les autorités, pour sauver l'état.

Lettre écrite par les chefs des bataillons, chez M. Leveneur, lieutenant-général au camp de Vaud, et lue par son ordre à tous les bataillons.

BRAVES SOLDATS ET CITOYENS,

Vos chefs ont à vous apprendre une horrible nouvelle. La constitution que vous avez jurée n'est plus; les factieux contre lesquels vous avez porté de si énergiques plaintes au général d'armée, ont consommé leurs forfaits vendredi dernier. Ils ont armé les Marseillais et autres gens qu'ils avaient attirés à Paris. Ils ont attaqué le château des Tuileries à force ouverte. La garde nationale et les Suisses de la garde du roi l'ont défendu vaillamment. Mais les munitions leur ayant manqué, ils ont été enveloppés et pris après un combat meurtrier, et traînés à l'Hôtel-de-Ville. Le farouche Danton et le maire Péthion leur ont fait couper la tête, et jeter leur corps dans les rues par les fenêtres. M. d'Affry, ses aides-de-camp et d'autres ont été égorgés. Le roi, la reine et sa famille se sont réfugiés à l'assemblée nationale : elle a été assaillie par les factieux qui, le fer et la flamme en main, l'ont contrainte de prononcer la suspension du roi, ce qu'elle a fait pour lui sauver la vie. Ainsi, camarades, l'armée n'a plus de chef, la nation n'a plus de représentant héréditaire; l'assemblé nationale est esclave à Paris. Péthion règne avec ses satellites. Qui peut méconnaître aujourd'hui le complot horrible et monstrueux qui existe entre les chefs de cette faction et nos ennemis du dehors ? Et un roi dont la force était dans la constitution qu'il avait jurée, et *qu'il voulait maintenir,* est devenu leur plus cruel ennemi.

Ils se servent des factieux pour le détruire, et au même instant, vos ennemis sont à vos portes. Soldats, sous les étendards de qui voulez-vous marcher? Est-ce sous ceux de la loi ou sous ceux de Péthion? Si vous préférez la loi que vous avez jurée, la constitution que vous défendrez, repoussez d'une main les ennemis de la frontière ; de l'autre punissez les factieux. Remettez à sa place le représentant héréditaire de la nation, et renouvelez entre les mains du général vos serments de maintenir la constitution ; si vous ne prenez ce parti, vous avez en ce moment pour roi Péthion, et bientôt vos ennemis pour maîtres : choisissez.

Adresse de l'armée au général Lafayette.

Pénétrés d'indignation des crimes atroces dont les factieux vièrent de souiller la capitale, et ne reconnaissant plus l'assemblée législative actuelle, depuis qu'au mépris de toutes les lois, elle a renversé la constitution que nous avons juré de maintenir; qu'elle a suspendu le roi, nommé des ministres ; s'est arrogé le pouvoir exécutif ; convaincus que cet acte est un attentat contre la constitution, nous déclarons que, fidèles à nos serments, nous voulons la constitution, et nous la voulons toute entière, et jurons de la défendre par tous les moyens qui seront en notre pouvoir, et nous regardons comme les plus grands ennemis de la patrie ces mêmes factieux : en même temps, pleins de confiance en notre général, nous sommes prêts à marcher partout où il voudra nous conduire, et nous le prions instamment de prendre avec les départements, seules autorités constituées existantes, tous les moyens de rendre aux lois leur force, et à la nation et au roi la liberté que la tyrannie et le crime leur ont enlevée.

Législateurs, ne jugez point des soldats par leurs chefs. Si vous êtes attaqués, parlez, nous volons à votre défense; mais si vous êtes libres, comme nous ne pouvons en douter, donnez-nous des généraux sous qui nous puissions avec confiance défendre la liberté et l'égalité.

Lettre des nouveaux commissaires envoyés par l'assemblée nationale à l'armée du général Lafayette.

Maisonneuve, entre Soissons et Brie, le 18 août.

Nous rencontrons dans la nuit des volontaires de l'armée de M. Lafayette, qui nous font part que ce général et son état-major ont levé le masque. Vous verrez par les pièces qu'ils vous produiront, et que nous n'avons eu que le temps de lire, que l'on a travaillé l'armée de la manière la plus perfide et la plus criminelle; que l'on est parvenu à en égarer la plus grande partie, et qu'on l'excite à marcher vers Paris. Il résulte encore de ce que nous ont dit ces volontaires, et de ce que nous avons appris en route, qu'il serait de la plus grande imprudence de se rendre à Sedan, où nous tomberions certainement dans les mains des rebelles. Nous marcherons avec circonspection, et en sondant le terrain.

Nous pensons qu'il est instant que vous preniez une mesure vigoureuse contre M. Lafayette, pour le détacher de son armée, et que, s'il est nécessaire, vous appreniez à celle-ci que ce n'est qu'en servant la nation qu'elle peut mériter d'en être payée.

Nous vous prions également de combiner s'il ne conviendrait pas de rendre, par un décret, toute l'armée garde nationale, en donnant faculté aux soldats de nommer leurs officiers. Il est démontré que ceux-ci sont presque tous mauvais.

Pesez toutes choses dans votre sagesse, et éclairez-nous de vos bons conseils dans les circonstances critiques où nous nous trouvons.

Nous ferons partir du lieu où nous nous arrêterons des proclamations propres à toucher et à ramener les citoyens et les soldats égarés; mais la difficulté sera de les faire parvenir à l'armée où l'on intercepte tous les papiers patriotiques.

Expédiez-nous courrier sur courrier; nous en ferons de même. Nous devons vous faire observer que le conseil-général de la commune de Sedan a requis la force armée de M. Lafayette pour arrêter vos premiers commissaires, et a déclaré, de concert avec les généraux, ne pouvoir les élargir qu'autant que le roi et l'assemblée nationale seront libres. Il n'a pas été possible aux volontaires, porteurs de la présente, de se procurer un extrait de cet arrêté. Ils vous donneront de vive voix de plus grandes instructions.

Signé, ISNARD, QUINETTE, BAUDIN.

Adresse de l'assemblée nationale à l'armée du Nord, campée sous Sedan.

Du 20 août 1792, l'an 4 de la liberté.

BRAVES SOLDATS,

Vous êtes trompés : de perfides conspirateurs, ennemis plus dangereux pour vous que les étrangers qui nous menacent, veulent allumer la guerre civile en France, et tourner contre le sein de la patrie les bras qu'elle dirigeait contre les satellites des tyrans du nord. Ne pouvant vous corrompre, ils cherchent à vous égarer. L'assemblée nationale, convaincue que le soldat français peut être induit en erreur, mais jamais entraîné jusqu'au crime, va vous faire entendre le langage de la vérité, arracher de vos yeux le bandeau qui les couvre

encore, et vous épargner la douleur d'avoir pu balancer entre votre pays et quelques rebelles.

Enfants et défenseurs de la patrie, écoutez la
voix de vos représentants : une grande conjuration se
tramait à la cour de Louis XVI contre la liberté publique ; vous étiez vous-mêmes le jouet des artisans
de cette œuvre de ténèbres et de contre-révolution,
et vous serviez à votre insu les alliés de Coblentz,
en croyant combattre contr'eux. Les citoyens de
Paris, dont la surveillance infatigable a déjà déjoué
tant de complots, ont encore fait avorter celui qui
se préparait, le dernier sans doute que nous ayons
à redouter, si vous restez fidèles à votre devoir. Le
corps législatif a secondé, par de grandes mesures
de salut public, l'énergie des braves Parisiens et des
fédérés des quatre-vingt-trois départements : c'est
ainsi qu'en 1789 la prise mémorable de la Bastille
enfanta la déclaration des droits de l'homme et l'a-
bolition des priviléges. La France entière célébra
cette heureuse journée; et, de toutes parts, dans
tous les départements, dans chacune des armées,
un concert d'adhésion et d'actions de grâce s'élève
aujourd'hui pour récompenser les représentants du
peuple de l'avoir sauvé sur les bords de l'abîme.

Déjà les partis qui divisaient l'assemblée nationale
se sont réunis en un seul; les trahisons de Louis XVI
ont ouvert les yeux à ses plus confiants défenseurs,
les représentants du peuple marchent aujourd'hui
dans la plus heureuse harmonie. Est-ce sous ces

couleurs que les agitateurs de l'armée du nord vous ont peint les événements du 10 août? Ils vous ont dit que Louis XVI était suspendu de ses fonctions; mais il n'ont pas ajouté que ce roi parjure, coalisé avec les ennemis du dehors, entretenait à Coblentz ses anciens gardes-du-corps; correspondait avec ses frères, leur fournissait les moyens de vous combattre, et employait contre le peuple le pur sang du peuple consacré à la splendeur de son trône; que tous les libelles qui pervertissaient l'opinion publique et préparaient le retour de l'ancien régime, étaient payés par la liste civile. Ils n'ont pas ajouté qu'une convention nationale, c'est-à-dire, l'assemblée des représentants immédiats de la nation souveraine était convoquée au 20 septembre, pour prononcer, au nom du peuple français, sur le sort de Louis XVI, et sur les mesures à prendre pour assurer la liberté et l'égalité.

Ils vous ont dit que les plus sages députés s'étaient éloignés du corps législatif. Cette imposture est facile à démentir : tous les représentants du peuple, présents à Paris au 10 août, ont prêté le serment de maintenir la liberté et l'égalité ou de mourir à leur poste.

Ils vous ont dit qu'un grand nombre de vos frères avaient péri. Ah ! sans doute, et l'assemblée nationale a donné des larmes à leur sort, et des secours à leurs veuves et à leurs orphelins; mais ils n'ont pas ajouté que les Suisses, excités par leurs officiers, mais désavoués sans doute par leurs concitoyens, s'étaient seuls rendus coupables de ces lâches assassinats, en portant la mort dans les rangs de vos frères, à l'instant même où les Parisiens et les fédérés leur adressaient des paroles d'union et de fraternité, et leur donnaient le baiser de paix.

Ils vous ont représenté la garde nationale de Paris et la gendarmerie tombant sous les coups des fédérés; tandis qu'au contraire les fédérés, la garde nationale de Paris, la gendarmerie nationale, victimes communes de l'attaque imprévue des Suisses, combattaient ensemble contr'eux, contre les anciens gardes du roi, et même les satellites du despotisme, connus sous le nom de *chevaliers du poignard*. Les Suisses, égarés par des ordres sanguinaires, ont provoqué, en tirant les premiers, tous les malheurs de cette journée; et, sans l'atroce perfidie de leurs commandants, elle n'eût pas coûté une goutte de sang à la patrie.

Ainsi, vous le voyez, braves soldats, vous fûtes séduits et trompés par quelques conspirateurs qui marchent encore à votre tête. Les audacieux, mettant à profit votre erreur, ont voulu affaiblir dans vos âmes le respect dû aux lois de l'assemblée nationale. Ses commissaires, revêtus du double caractère de représentants du peuple et de délégués du corps législatif, ont même été retenus dans les murs de Sedan. Des mains impies ont osé attenter, en leurs personnes sacrées, à la souveraineté du peuple.

La nation va réclamer vengeance contre cet attentat; et les législateurs se montreraient indignes de la confiance qui les environne, s'ils ne faisaient respecter, par un exemple éclatant, la représentation nationale.

Pour vous, qui ne partagez pas, qui ne pouvez partager la rebellion de plusieurs de vos chefs, il est temps que vous reveniez à vous-mêmes, au grand caractère que vous avez déployé jusqu'à ce jour. Un instant d'incertitude vous rendrait criminels; demeurez dignes de la cause sacrée que vous défendez, et des nouveaux bienfaits que la nation va répandre sur vous, en effaçant jusqu'aux dernières traces des distinctions aristocratiques qui survivaient encore à la révolution dans l'armée de la liberté et de l'égalité : ces lois bienfaisantes ne seront plus suspendues par les lenteurs et la mauvaise volonté d'un pouvoir exécutif qui, placé entre le corps législatif et vous, arrêtait l'effet des plus sages dispositions prises pour améliorer votre sort.

Ralliez-vous à la nation dans ses représentants. Si quelqu'un cherche à noircir leur conduite, à vous inspirer des défiances sur leurs intentions, fuyez-le; c'est un traître, il veut la guerre civile, et la veut par vous. Obéissez avec confiance aux nouveaux chefs que vous donnent les ministres patriotes, honorés des regrets de la nation, et dont vous-mêmes aviez déploré l'éloignement. Songez que les Prussiens et les Autrichiens sont à nos portes, épiant nos divisions intestines pour en profiter. Songez, soldats, que délibérer c'est reculer, et que les Français libres ne reculent pas. A ce prix, vous êtes toujours dignes de l'estime des représentants du peuple et de la bienveillance de la nation.

L'assemblée nationale, sûre de votre patriotisme, attend avec confiance que toute l'armée du nord suive l'exemple des autres soldats de la liberté; déjà des adresses d'adhésion et de félicitation de plusieurs bataillons et de braves canonniers de cette armée nous donnent le gage d'un accord unanime dans vos principes et dans vos sentiments. Nous y comptons, braves soldats. L'ennemi vous observe, et vos départements vous regardent. Oseriez-vous reparaître un jour dans vos foyers, si vos frères et vos concitoyens avaient à vous reprocher un lâche abandon de la cause du peuple, de la liberté et de l'égalité?

Lettre des commissaires de l'armée du Rhin, à l'assemblée nationale.

Au quartier-général de Weissembourg, le 17 août 1792, l'an 4 de la liberté.

M. LE PRÉSIDENT,

Avant-hier, 15 au soir, nous arrivâmes à Weissembourg, où nous étions attendus par le général Biron; le lendemain matin nous fûmes au camp, annoncer à l'armée les dispositions de l'assemblée nationale, et, conformément à ses instructions, nous lûmes aux différents corps de troupes les décrets relatifs à la suspension du roi : ces décrets ont été reçus avec soumission, et tous les corps en particulier ont témoigné par de vives acclamations leur dévouement à l'assemblée nationale, et leur confiance entière en leur brave et digne chef, le général Biron.

Auparavant nous avions réuni l'état-major, et nous lui avions donné connaissance de nos pouvoirs ; et, comme plusieurs membres de cet état-major avaient une réputation de patriotisme assez suspecte, nous crûmes nécessaire de les faire expliquer individuellement sur cette question : « Vous soumettez-vous purement et simplement aux décrets de l'assemblée nationale, oui ou non ? Le général Biron, dont le caractère prononcé ne se dément jamais, répondit : *Oui, sans restriction.* Mais plusieurs autres essayèrent d'éluder la question précise par des divagations et des tergiversations qui nous parurent montrer peu de résolution. Tous cependant (excepté un M. Cafarelli-Dufalga, dont nous parlerons plus bas) finirent par déclarer qu'ils obéiraient purement et simplement. Cependant, fâchés peut-être que nous ne leur eussions pas permis de proposer leurs restrictions ou explications dilatoires, plusieurs d'entr'eux ont adressé au général Biron des professions de foi qu'il nous a remises, et que nous joignons ici. Deux d'entr'elles, celles de MM. Victor Broglie et Brige, nous ont paru de véritables rétractations

de la soumission qu'ils avaient promise le matin.
Nous avons pensé qu'il serait trop dangereux de
laisser un commandement à des officiers aussi formellement contraires aux mesures jugées nécessaires
par l'assemblée nationale, dans les circonstances
actuelles : en conséquence, nous avons usé envers
eux du droit qui nous a été délégué par l'assemblée
nationale, de les suspendre de leurs fonctions, et
nous allons requérir le général Biron de ne plus les
employer.

Nous en avons usé de même à l'égard de M. Cafarelli-Dufalga, officier de génie, qui, lorsque nous
l'interpellâmes de répondre nettement à la question
de savoir s'il se soumettait purement et simplement
aux décrets de l'assemblée nationale, nous répondit
par des expressions qui, tant par elles-mêmes, que
par la manière de les rendre, nous parurent plus
qu'indécentes envers le corps législatif : il nous déclara formellement qu'il ne reconnaissait point son
autorité à l'égard des objets sur lesquels il a prononcé, et que sa résolution étant d'attaquer les factieux de toutes espèces, il marcherait également, et
contre les ennemis extérieurs et *contre Paris*, s'il
était commandé; nous lui prononçâmes sur-le-champ
sa suspension ; c'est avec regret, néanmoins, car cet
officier jouit d'une réputation distinguée pour son
mérite personnel, et même pour ses principes phi-
losophiques et son patriotisme.

Nous n'avons pu ne pas voir que l'armée du général Biron est travaillée dans tous les sens par les plus dangereuses intrigues : le général Biron seul la soutient contre la séduction, par l'ascendant que lui donne sa droiture, son courage et son dévoûment sans bornes à la cause qu'il a embrassée, et dans laquelle il a constamment marché sans dévier un seul instant.

Nous disons la même chose du général Kellerman; et l'estime que ces généraux ont l'un pour l'autre est la meilleure preuve qu'ils méritent celle de l'assemblée nationale, et la reconnaissance de tous les bons Français.

Après avoir vu le camp de Biron à Weissembourg, nous nous transportâmes à celui de Kellermann, à Lauterbourg, éloigné du premier d'environ quatre lieues. Déjà, M. le président, d'après ce que nous venons de vous dire au sujet de ce général, vous prévoyez ce que nous avons à vous dire de ses troupes; car nous avons eu lieu de nous convaincre que les armées sont ce que les généraux veulent qu'elles soient. Celle de Kellermann nous a donc donné les mêmes signes d'enthousiasme pour la liberté, pour l'assemblée nationale et pour son général, que celle de M. Biron. M. Kellermann a sur M. Biron l'avantage d'être secondé par un état-major qui partage tous ses sentiments, et qui les transmet aux soldats. Nous voudrions pouvoir rendre justice à chacun en particulier, mais les bornes de cette lettre ne nous le permettent pas.

Les deux camps dont nous venons de parler, liés
par des postes intermédiaires, forment une excellente armée, dont le vœu est prononcé, et qui ne
paraît point redouter l'ennemi. Cependant elle est
bien faible en nombre, et manque de beaucoup de
choses absolument nécessaires.

Il semble que le but constant des ministres ait été
jusqu'ici d'amener les troupes à faire ce raisonne-
ment : *Nous ne manquions de rien sous l'ancien*
régime, nous manquons de tout sous celui-ci ;
retournons donc à l'ancien. Le ministère actuel
se hâtera sans doute de faire cesser les réclamations
bien légitimes des citoyens qui accourent aux frontières répandre leur sang pour la patrie : l'assemblée
nationale, sûre des ministres, sûre des généraux,
les débarrassera sans doute de beaucoup d'entraves,
et leur donnera une certaine latitude sans laquelle
il est impossible qu'ils puissent faire aucune entreprise hardie. La partie des finances a surtout besoin
d'être simplifiée, les paiements ne se font point
avec exactitude, et les formalités requises, jusque
dans les plus petites choses, paraissent en être la
cause, ou du moins en fournir le prétexte.

Nous avons vu en particulier le second bataillon
de la Charente-Inférieure, qui est dans un état de délabrement inexprimable. Ce bataillon, plein d'ardeur et de patriotisme, qui pourrait être si utile en
présence de l'ennemi, est tellement dénué d'habillements, d'armes et d'effets de campement, qu'on

est obligé de le laisser en cantonnement dans un village, tandis que l'armée est déjà si faible. Il est à
désirer que l'assemblée nationale prène les mesures
les plus fortes pour que les armées, surtout celles
qui sont dévouées sans réserve à la défense de la
liberté et de l'égalité, ne manquent de rien; autrement le soldat, qui jusqu'ici s'en est pris de son
mal être aux agents du pouvoir exécutif, finirait par
l'attribuer à l'assemblée elle-même.

Nous allons partir pour Landau, où nous espérons que nous obtiendrons les mêmes succès qu'à
Weissembourg et à Lauterbourg.

Les commissaires de l'assemblée nationale à l'armée du Rhin,

Signé, L. CARNOT, ANNE-PIERRE COUSTARD,
C. A. PRIEUR, F. J. RILLER.

Lille, 18 août.

Les volontaires arrivent toujours en très-grand
nombre. Tous paraissent animés de la même ardeur,
tous sont prêts à mourir à leur poste, et leur dernier
soupir sera pour la liberté.

Les religieux de Turcoing, dont le fanatisme depuis long-temps empoisonnait ce bourg, vièment
d'être conduits deux à deux à la frontière; et là on
les a priés de ne plus reparaître sur le territoire français.

Depuis que les moissons enlevées découvrent la

campagne, l'ennemi qui, des blés où il se cachait; assassinait les passants, laisse aujourd'hui nos frontières plus tranquilles. On découvre tous les jours des espions.

Du 19. — On peut compter sur l'armée du Nord. Nous sommes allés au camp de Maulde; il est composé de quinze mille hommes, et ne craindrait pas d'être attaqué par quarante mille, tant il est bien placé et bien défendu. L'esprit des soldats est bon, ils ont appris avec plaisir que les braves Parisiens et les fédérés réunis avaient prévenu l'exécution d'un projet combiné avec les armées ennemies pour mettre tout à feu et à sang. Je ne vous dirai rien de l'armée commandée par le général Lafayette, car nous n'en savons rien; mais on peut compter sur presque tous les officiers généraux de cette armée-ci; que M. Dumourier soit général, et tout ira bien.

Lille est toujours fort tranquille. Le peuple fait chanter ce soir un *Te Deum* en honneur de la victoire remportée sur le despotisme, au château des Tuileries.

On dit nos ennemis bien déconcertés; ils comptaient moins sur leurs forces que sur les troubles intérieurs, et je vous assure qu'il était temps de parer au grand coup.

Valenciennes, 18 août.

M. Dillon est parti la nuit dernière pour son camp

de Pont-sur-Sambre. Le dépôt du 3ᵉ bataillon de l'Oise est parti ce matin pour Cambray; et à l'instant on vient de trouver un volontaire de ce bataillon dans un fossé, à une demi-lieue de cette ville, à moitié assassiné.

Le 14, le maréchal-de-camp Chazot sortit du camp de Pont-sur-Sambre pour aller découvrir l'ennemi, à la tête de trente-cinq mille hommes d'infanterie et trois cents chevaux. Quelques tentatives que l'on ait faites pour attirer l'ennemi dans la plaine, il n'a pas paru, et la troupe est rentrée à regret.

Du camp de Weissembourg, 15 août.

Une petite fusillade a eu lieu le 11 près le village de Mothern, entre des émigrés et une patrouille. Les premiers, ayant inutilement tenté de passer le Rhin, s'amusèrent à tirer sur la patrouille qui riposta en couchant quelques-uns de ces héros par terre. Elle n'eut qu'un blessé.

Le 13, huit mille hommes ont aperçu près du Fort-Louis MM. Condé et Klinglin. Ces deux derniers firent tirer quelques coups de carabines sur nos postes avancés; mais M. Chambarlac, commandant du fort, répondit par quelques boulets de huit qui portèrent, et qui leur firent juger qu'il était bon de prendre le large; ce qu'ils firent.

Les ennemis ont rétrogradé jusqu'à Neustadt et Spire. On n'en voit plus dans les environs de Landau. Les Prussiens veulent passer la Sarre.

Lettre de M. Lafayette au département des Ardennes.

Au camp retranché de Sedan, ce 13 août 1792,
l'an 4 de la liberté.

Je n'ai reçu aucune nouvelle officielle des derniers événements qui ont souillé la capitale ; mais, dans cette circonstance, comme dans toute autre, j'ouvre la constitution et j'y lis mes devoirs.

Convaincu *que toute société dans laquelle la garantie des droits n'est pas assurée, ni la séparation des pouvoirs déterminée, n'a point de constitution*, j'ai combattu de toutes mes forces le gouvernement arbitraire de la France, et, après avoir le premier proclamé *que le principe de toute souveraineté réside essentiellement dans la nation; que nul corps, nul individu, ne peut exercer d'autorité qui n'en émane expressément*, je me suis soumis à l'acte constitutionnel que l'assemblée constituante nous a donné; et j'ai pensé que le premier de mes devoirs, comme citoyen et comme soldat, était de lui être fidèle. Comme citoyen, j'obéirai toujours aux lois que les représentants du peuple auront faites dans les formes que la constitution a prescrites; et, comme soldat, je dois reconnaître le roi pour chef suprême de l'armée, et obéir aux ordres conformes à la constitution que le ministre de la guerre a contresignés. Mais, dans les

circonstances actuelles, lorsqu'au milieu des mas-
sacres, le roi, dont l'intervention fait partie du
pouvoir législatif, a été non pas même déchu, ce
qui s'applique à quelques cas tout différents de
ceux-ci, mais suspendu de ses fonctions, droit que
la constitution ne délègue à personne; lorsque le
corps législatif violenté les jours précédents dans
la personne de ses membres et pour des décrets
rendus à une grande majorité, ne peut pas être
considéré comme libre au moment où le canon tirait
autour de lui, et où la salle était entourée de brigands armés ; je ne trouve plus les formes consti-
tutionnelles qui doivent faire distinguer l'autorité
de l'usurpation. Il convient donc à un fidèle obser-
vateur des principes communs à tous les hommes
libres et des lois adoptées par son pays, de chercher
dans les lois mêmes l'autorité civile sous laquelle il
doit se ranger, parce que la force militaire qui cesse
un instant d'être dirigée par une autorité civile et
constitutionnelle, devient dangereuse à la liberté
publique.

Je vois, Messieurs, dans la constitution et dans
les lois qui ont été faites par le pouvoir législatif,
dans son intégrité, que les troupes de ligne ne doivent agir dans le royaume que sur la réquisition des
corps administratifs. Voilà donc une autorité civile
constitutionnelle et incontestable à laquelle je puis
légalement m'adresser; et, comme je me trouve dans
le département des Ardennes avec une grande partie

de la force armée confiée à mes soins, je viens vous rendre compte, vous consulter, et, dans cette circonstance importante, connaître quelles sont vos intentions.

Vous n'ignorez pas, Messieurs, que le corps législatif a député des commissaires pris dans son sein pour se rendre à l'armée et y faire exécuter les décrets qui n'ont pu, dans les circonstances, être munis de la sanction royale et qui ne me paraissent pas avoir été rendus par le corps législatif lui-même dans un état de pleine liberté. Vous sentez que j'ai besoin, sur cet objet, en ma qualité de général d'armée, de demander votre opinion.

Quant à mon opinion personnelle, vous me connaissez assez pour savoir qu'indépendant de toutes les factions, de tous les intérêts et de tous les dangers, je ne courberai sous aucun despotisme une tête qui, depuis que j'existe, a été dévouée à la cause de la liberté et de l'égalité, et souvent risquée pour elle dans les deux hémisphères. La déclaration des droits fut mon seul guide jusqu'à ce que la volonté nationale eût adopté une constitution, et, puisque j'ai juré de l'observer, je ne manquerai pas à mon serment. Agréez l'hommage de mon dévoûment et de mon respect.

Le général d'armée LAFAYETTE.

Lettre de M. Lafayette au conseil-général du département de l'Aisne.

Au quartier général du camp retranché de Sedan,
le 16 août 1792, l'an 4 de la liberté.

MESSIEURS,

Il y a quelques jours que je n'ai reçu de vos nouvelles; et, depuis la lettre que M. le président du
département m'a écrite, je crains qu'il n'y en ait eu
quelques-unes d'interceptées. Je prends le parti de
vous envoyer M. Langlois, mon aide-de-camp,
lieutenant-colonel, en qui vous pouvez avoir confiance, et que j'ai chargé de prendre vos ordres et
de vous donner tous les renseignements qui peuvent dépendre de moi. Il vous communiquera la
lettre que j'ai cru devoir écrire dès les premiers
moments de la subversion de l'ordre constitutionnel
aux administrateurs du département des Ardennes,
où se trouve à présent la majeure partie des forces
que je commande. Cette lettre pourrait servir à vous
faire connaître mes principes, si depuis long-temps
ils ne vous étaient pas connus. J'espère, par ma fidélité à mes serments, par mon zèle à défendre la
constitution contre les ennemis du dehors et ceux
du dedans, par mon dévoûment à vos ordres et ma
reconnaissance pour vous, continuer à mériter votre
estime et vos bontés.

> *Le général d'armée* LAFAYETTE.

Lettre du général Dumourier.

Au quartier-général de Maulde, le 18 août,
à dix heures du soir, l'an 4 de la liberté.

Je reçois dans le moment, Monsieur, la lettre
que vous me faites l'honneur de m'écrire, avec le
brevet par lequel le conseil exécutif provisoire me
confie le commandement général de l'armée du
Nord, à la place de M. Lafayette.

Je connais toute la grandeur des obligations que
m'impose une charge aussi importante ; je vous prie
d'assurer l'assemblée nationale, que le grand courage dont elle me donne l'exemple, élèvera le mien
jusqu'à la hauteur de l'honorable fonction dont je
suis chargé : je consacre ma vie entière au soutien
de la liberté française. J'espère que je serai digne
du peuple souverain qui me confie la défense de la
liberté et de l'égalité ; j'espère qu'à la tête des braves
soldats citoyens, je vaincrai les satellites des despotes. J'ai déjà fait serment de vaincre ou de mourir, je le répéterai demain à Valenciennes entre les
mains de MM. les commissaires de l'assemblée nationale : ils étaient au camp lorsque votre courrier
m'est arrivé ; ils vous rendront compte de la joie qu'a
produite cette nouvelle à l'armée : je n'en parle que
parce qu'elle est un présage de victoire.... Demain
matin, sans perdre de temps, je m'occuperai avec
eux des mesures les plus promptes pour la délivrance

de MM. les commissaires arrêtés à Sedan. Nous
vous enverrons un courrier avec le résultat de notre
travail, et je vous promets de ne pas perdre une mi-
nute pour l'exécution des mesures que nous aurons
prises. Mon sang s'enflamme quand je pense qu'une
municipalité aveuglée par un intrigant qu'elle a pris
pour son idole, ait osé porter une main coupable
sur les représentants de la nation, revêtus d'un pouvoir devant lequel tout doit plier.

Après cette première opération, je m'occuperai
de la noble entreprise de porter nos justes armes
et notre liberté dans les provinces frontières qui
gémissent sous le despotisme : c'est ainsi que le
peuple romain transportait une armée en Afrique,
pendant qu'Annibal était aux portes de Rome.

La nation et ses représentants peuvent entièrement compter sur mon dévoûment et sur celui
des braves chefs qui seront chargés de me seconder : aucun aristocrate n'osera venir se mêler au
milieu de nos bataillons patriotiques; et je vous
assure que les promotions que je vous proposerai,
seront toujours le résultat du vœu de l'armée entière.

Le commandant général de l'armée
du Nord, DUMOURIER.

Lettre des commissaires nationaux envoyés à l'armée du Midi.

Lyon, 15 août 1792, l'an 4 de la liberté.

M. LE PRÉSIDENT,

Honorés de la confiance de l'assemblée nationale, ses commissaires envoyés aux différentes armées et aux départements frontières mettent au rang de leurs devoirs de lui rendre compte de tout ce qui peut être soumis à leurs observations. Quand bien même quelques détails paraîtraient minutieux, dans les moments de trouble rien de ce qui peut intéresser la chose publique et la cause de la liberté ne paraîtra indifférent aux législateurs de la France.

Arrivés cette nuit à Lyon, nous sommes sortis ce matin, et nous nous sommes rendus à la municipalité; nous avons eu un entretien avec M. le maire, en présence de M. Servan, ministre de la guerre; la municipalité de cette ville paraît être dans les meilleurs principes : elle a pris, pour maintenir la tranquillité publique, des mesures vigoureuses qui annoncent un caractère de fermeté bien précieux dans des hommes publics. Il ne leur a pas suffi de savoir la patrie en danger : ils ont mis en usage tous les moyens de la sauver; nous aurons à vous en entretenir dans une autre lettre.

Le conseil de la commune étant assemblé, ou

nous a priés d'y passer. La séance était publique, et une foule de citoyens remplissait la salle. On y a fait lecture de nos pouvoirs, et les cris de *vivent la liberté, l'égalité, la nation et l'assemblée nationale* nous ont suivis jusqu'à notre logement. Nous devons vous parler maintenant de la disposition des esprits dans tous les départements où nous avons passé depuis Paris jusqu'à Lyon.

Partout nous avons trouvé les citoyens applaudissant aux mesures provisoires prises par l'assemblée nationale ; partout nous avons vu de loin l'arbre couronné par le bonnet de la liberté. Cet arbre était planté dans chaque ville, dans chaque village, dans chaque hameau ; il devient le point de ralliement où se réunissent les regards des patriotes. Nous avons été fort exactement interrogés dans chaque lieu de notre passage ; et nous pouvons vous annoncer que le service militaire s'y fait parfaitement. Mais, au nom de l'assemblée nationale, nous avons vu se manifester la confiance et le respect pour ses décrets.

Si parfois nous avons rencontré quelques aristocrates, ce n'est pas qu'ils osent élever la voix : nous les avons reconnus à leurs craintes exagérées. Quant aux patriotes, ils sont dans la plus parfaite sécurité ; ils nous ont dit : *La liberté, l'égalité, ou la mort : conduits par nos législateurs, nous ne craignons rien ; ils sont dans la ligne des principes ; ils n'en sortiront plus.* La confiance de ces braves Français, monsieur le président, ne consiste pas en paroles; on peut en juger par le nombre de recrues que nous avons rencontrées allant joindre l'armée. A la voix de la patrie en danger, chacun se dispute la gloire de marcher le premier; et nous vous citons avec un sentiment d'admiration le fait suivant : dans la commune de Boyer, au département de Saône-et-Loire, qui ne contient pas plus de trois cents habitants, trente hommes mariés se sont fait inscrire et sont partis pour la frontière. Cette commune, sous le régime des intendants, fournissait un milicien; et pour en trouver un de bonne volonté, il fallait lui donner quatre ou cinq cents livres.

Les commissaires de l'assemblée nationale à l'armée du Midi,

Signé, J. P. LACOMBE-SAINT-MICHEL, GASPARIN et ROUYER.

Lettre de M. Prieur, commissaire ordonnateur de l'armée du Rhin, en date du 15 août.

J'ai l'honneur, Monsieur, de vous rendre compte que les départements de la Haute-Saône, du Jura, de la Meurthe, du Haut et Bas-Rhin, envoient leurs gardes nationaux à Strasbourg, en vertu de la réquisition du général Biron. Par les avis et les renseignements qui me sont parvenus, j'ai la certitude qu'avant la fin du mois, leur nombre sera de plus de trente mille hommes, et que dans un mois d'ici, il s'élèvera de trente-cinq à quarante mille, ce qui portera l'armée du Rhin à quatre-vingt-deux mille hommes. Comme les volontaires arrivent sans être formés ni organisés, et que, quelque diligence que l'on fasse, on ne peut pas tout de suite les faire parvenir à leur destination, la ville et les campagnes ne peuvent plus les contenir. Comme dans une si grande quantité d'hommes il est impossible qu'il ne s'en trouve pas qui ne soient pas propres aux fatigues d'un camp mobile, je pense qu'il ne faudrait faire marcher que cinq cent soixante-quatorze hommes par bataillon, et laisser l'excédent en dépôt dans les places. Je sais et j'en suis témoin, qu'ils se verront avec peine privés de l'honneur de porter les premiers coups; mais les avantages que la patrie retirera de cette distribution, adouciront l'amertume de leurs regrets. Au moyen de cette mesure, nous pourrons porter dans les camps toutes les troupes de ligne qui sont actuellement dans les garnisons; nous suivrons en cela l'exemple du célèbre Wasington qui avait destiné les hommes d'un âge avancé à garder la défensive, tandis que ceux qui étaient dans la vigueur de l'âge, attaquaient l'ennemi. Je vous prie de soumettre ces considérations à l'assemblée nationale.

Lettre des commissaires à l'armée du Nord.

Valenciennes, le 19 août.

Dans la mission dont nous sommes chargés par l'assemblée nationale, nous nous réjouissons de n'avoir que des succès à lui marquer. Nous avons été reçus à Valenciennes par tous les corps administratifs d'une manière digne du caractère dont nous sommes revêtus. Les plus vifs applaudissements, les cris de *vive la nation! vive la liberté, l'égalité! vive l'assemblée nationale!* de la part du peuple, nous ont convaincus combien il était satisfait des nouveaux événements. Nous avons cru devoir faire des réquisitions aux généraux Arthur Dillon et Dumourier. Mais menacé par l'ennemi, le général Dillon n'a pu se rendre à Valenciennes que le 14 au soir. Nous sommes convenus avec M. Dumourier de nous transporter au camp de Maulde. Le général Dillon se rendit à notre hôtel avec son état-major. Nous lui donnâmes communication de nos pouvoirs. Il n'hésita pas à s'y soumettre. Il nous a donné sur tous les points les plus amples éclaircissements. Nous l'avons reconnu en tout loyal et vrai. D'autres plus instruits que nous jugeront mieux de ses talents militaires dont tout le monde fait l'éloge. Dès qu'il a eu connaissance de l'arrestation des commissaires à Sedan, il nous en a fait part. Le 16, il nous apprit que le général Lafayette avait demandé au

camp de Maulde et de Pont-sur-Sambre, des troupes.
M. Dillon prit sur lui de donner un contre-ordre
pour empêcher le départ. Nous le réquîmes de
n'obéir à aucun ordre de Lafayette. Nous joignons
à notre réquisition la réponse du général Dillon.
Nous ne pouvons lui reprocher que son acte du 13.
Il nous a répondu qu'il ne connaissait point les faits
ni les vrais coupables. Il nous a assuré qu'il mour-
rait, s'il le fallait, pour la liberté. Nous nous
sommes rendus hier 18, au camp de Maulde, auprès du général Dumourier. Depuis le général jusqu'au dernier soldat, nous avons reconnu dans tous
les plus ardents amis de la liberté. Nous y avons
reçu tous les honneurs. Nous citerons deux faits
qui toucheront la sensibilité de l'assemblée. Le volontaire Belingre, grenadier du bataillon de Paris,
mit dans la main de l'un de nous sa montre d'argent
pour les frais de la guerre. Il s'esquiva pour n'être
pas reconnu. Mais un pareil trait de générosité ne
pouvait rester oublié. M. Courtois, cantinier, a remis
aussi, pour le même objet, une médaille d'argent
qu'il a prise à un houlan. Nous ne pouvons passer
sous silence les demoiselles Félicité et Théophile
Perny, qui se sont distinguées dans plusieurs actions
militaires, et qui joignent au courage les plus ai-
mables vertus de leur sexe, la douceur et la modestie.

Le général Dumourier nous a fait les plus grands
éloges des Belges qui servent dans son armée. On

ne peut se peindre la joie qui a éclaté dans tout son camp à la nouvelle du décret qui le nomme à la place de Lafayette. Tous ses soldats l'ont embrassé. Son armée est purgée de tout ce qui était mauvais ou douteux. Nous l'avons requis de donner des ordres pour faire délivrer nos trois collègues. M. Arthur Dillon arrive en ce moment, et nous assure qu'aucun corps de troupes n'est sorti du camp. Il leur a parlé avec fermeté. Il nous a témoigné sa sensibilité et sa joie de ce qu'on lui avait préféré M. Dumourier.

Signés, BELLEGARDE, DUMAS, DUBOIS-DUBAY.

Lettre de M. Servan, ministre de la guerre.

J'ai l'honneur de réitérer à l'assemblée que je vais aller lui annoncer moi-même la nouvelle qui porte que M. Lafayette et son état-major sont passés chez l'étranger la nuit du 19 au 20; que les commissaires détenus à Sedan sont maintenant en liberté; que les nouvelles sont parvenues à l'armée dans toute leur pureté, et que les soldats ont ouvert les yeux. Cette nouvelle m'a été apportée par un lieutenant-colonel du 40e régiment d'infanterie.

Lettre des commissaires de l'assemblée, envoyés à l'armée du centre, datée de Reims.

« A l'instant où le courrier allait partir, nous recevons une dépêche du conseil-général du départe-

ment des Ardennes, qui enjoint à la commune de
Sedan de faire élargir sur-le-champ les trois premiers commissaires envoyés par l'assemblée à l'armée du centre, et détenus dans les prisons de cette
ville. Ces administrateurs sont plus trompés que
coupables; et nous prions l'assemblée de leur par-
donner leurs torts en faveur de leur repentir. »

« Il paraît que Lafayette a trouvé le moyen de
persuader aux habitants de la ville de Sedan, que
les Jacobins sont les seuls acteurs de la journée du
10 août. Les commissaires de l'assemblée essayent
en vain de les désabuser, et de les assurer que Paris
est actuellement dans le plus grand calme. Rendus
à la commune, ils sont traités de factieux. Le peuple
répète ces mots : « Ils ne peuvent plus se faire entendre; on les saisit, on les enferme dans des lieux
séparés, et il ne leur est pas même permis de communiquer entr'eux. Nos plus grands ennemis se
sont montrés à découvert.....» L'esprit d'aristocratie qui règne à Sedan est commun à toutes les villes
des frontières de cette partie du nord. »

*Lettre de M. Lafayette, écrite le 15 août 1792,
du quartier-général, à la municipalité de
Sedan.*

Il doit arriver des commissaires de l'assemblée
nationale, pour prêcher à l'armée une doctrine in-
constitutionnelle : il est démontré à tout homme de

bonne foi, qu'au 10 août, époque de la suspension du roi, l'assemblée nationale a été violentée, et que les membres qui ont accepté une telle mission, ne peuvent être que des chefs ou des instruments de la faction qui a ainsi asservi l'assemblée nationale et le roi. Je requiers, aux termes de la loi relative à l'état de guerre et sur ma responsabilité unique et personnelle, la municipalité de Sedan, de retenir les individus se disant commissaires de l'assemblée nationale, et de les mettre en lieu de sûreté sous la garde d'un officier supérieur qui, également sous ma responsabilité unique et personnelle, exécutera cet ordre, auquel il ne peut se refuser sans être immédiatement traduit à un conseil de guerre. Je dois aussi requérir les autorités constituées des départements, en vertu des mêmes lois, d'approuver ces mesures, et je ferai la même demande au tribunal du district de Sedan, et aux différents départements où sont situées les troupes qui me sont confiées.

Cette pièce, déposée à la municipalité, doit servir de titre, pour montrer que ni la commune de Sedan, ni la garde nationale, que la loi met sous mes ordres, ni les troupes de l'armée, tant volontaires que les troupes de ligne, et particulièrement M. Sicard, colonel au 43e régiment que je destine à cette mission, ni les corps administratifs et judiciaires qui pourraient concourir à l'arrestation des commissaires, ne sont sujets à aucune responsabilité, et que c'est moi qui, fidèle à mes serments, aux principes de la déclaration des droits, à la constitution que la volonté souveraine de la nation a décrétée; que c'est moi seul qui requiers, comme j'en ai le droit, toutes les mesures qui peuvent constater la résistance à l'oppression, premier devoir des âmes libres.

Commission de l'assemblée nationale à l'armée du centre.

Les portes de notre prison viènent de s'ouvrir; la municipalité, repentante et détrompée, est venue nous exprimer ses regrets et nous reconnaître: instrument d'un homme ambitieux, et que toute la France va connaître, la municipalité de Sedan a commis sans doute une grande faute; mais nous croyons devoir employer les premiers moments de notre liberté à la défendre. Nous demandons, comme une grâce personnelle, à l'assemblée nationale, de suspendre l'exécution du décret d'accusation qu'elle a lancé contre cette municipalité. M. Lafayette lui-même, s'apercevant sans doute que l'armée qu'il commandait était non la sienne, mais celle de la nation, trahissant à la fois tous ses serments, a abandonné son poste. Vous jugerez de notre position; nous sommes en liberté; mais nous sommes dans une ville où les accusations les plus calomnieuses nous ont précédés et accueillis. Igno-

rant l'état des choses, ne connaissant encore rien
de ce qui s'est passé depuis notre détention, appre-
nant d'une manière encore incertaine qu'un grand
nombre d'officiers de tout grade semble vouloir
s'unir à la fortune comme aux desseins d'un général
en défection, et ont fui comme lui, nous allons
nous concerter avec les autorités constituées de Sedan et de Mézières, pour sauver à tout prix la chose
publique si scélératement et si solennellement trahie et sacrifiée ; nous serons encore aidés dans cette
entreprise par les trois collègues qui nous sont annoncés. La municipalité nous communique à l'instant la lettre par laquelle on l'informe de la mission
et de la prochaine arrivée de MM. Baudin, Isnard et
Quinette. Nous vous faisons passer copie collation-
née et certifiée de deux lettres de M. Lafayette, qui
n'ont besoin d'aucune réflexion. Le texte seul dit
tout. Nous ne hasarderons pas non plus de réflexions
sur la situation de l'armée, nous ne savons pas assez
précisément le nombre et les projets des transfuges,
le parti qui domine dans cette armée, la cause et
la force des divisions qui la travaillent.

Les commissaires de l'assemblée nationale,

P. A. Antonelle, Kersaint, Peraldy.

P. S. D'après des notions récentes, et en re-
venant plus attentivement sur ce que nous vîmes et
entendîmes à notre arrivée, nous croyons devoir
attester que les officiers municipaux ont été trom-

pés en proportion de leur patriotisme, et que leur rigueur était à la fois l'effet et la preuve de leur sollicitude et de leur civisme. Nous le répétons, ce ne sont pas eux qui sont coupables; ce serait en outre, dans les conjonctures actuelles, une irréparable imprudence, que de sévir contr'eux, et de les enlever à une ville que cette sévérité désespérerait.

Signés, ANTONELLE, PERALDY, KERSAINT.

Lettre de M. Lafayette aux officiers municipaux de Sedan.

Si la dernière goutte de mon sang pouvait servir la commune de Sedan, elle aurait droit à ce sacrifice, et il me coûterait moins que celui que je fais; mais, au moment où je prévois, par des raisons qui ne vous échapperont pas, que ma présence auprès de vous ne servirait sous peu de jours qu'à vous compromettre, je dois éviter à la ville de Sedan des malheurs dont je serais cause, et je pense que le meilleur moyen de la servir, c'est d'éloigner d'elle une tête que tous les ennemis de la liberté ont proscrite, qui ne se courbera jamais sous aucun despotisme, et qui, pénétrée de douleur de ne pouvoir plus en ce moment être utile à sa patrie, ne se console que par les vœux qu'elle fait pour que la cause sacrée de la liberté et de l'égalité, dont le saint nom est profané; s'il pouvait l'être par les crimes d'une faction, ne soit pas du moins pour long-temps asservie, et par le serment qu'il renouvelle dans les mains d'une commune vraiment patriote, d'être fidèle aux principes qui ont animé sa vie entière.

Signé, LAFAYETTE.

Lettre des commissaires envoyés à l'armée du centre.

MESSIEURS,

Le triomphe de la bonne cause est complet; à l'instant où vous recevrez la présente, vous aurez reçu les instructions les plus détaillées de la part du député que vous a envoyé l'armée au sujet des gendarmes nationaux qui avaient été retenus en prison. L'émigration de Lafayette et de son état-major est un coup de partie qui décide entièrement le succès de la nouvelle révolution. Tous les citoyens honnêtes vont être désabusés, en voyant que celui qui se disait le *chef des honnêtes gens* n'était qu'un vil conspirateur; le lâche n'a pas eu même le courage de mourir. On dit qu'il dirige sa route vers l'Angleterre, passant par la Hollande : nous nous félicitons d'avoir commencé par répandre la lumière dans le département et à l'armée, car les citoyens et les soldats n'étaient qu'égarés. Aussitôt qu'ils ont été instruits, ils ont murmuré, et c'est ce murmure qui a fait sentir aux coupables qu'il ne leur restait d'autre ressource que d'émigrer. Nous allons quitter Reims, pour nous rendre à Rhetel, de-là à Mézières, où nous achèverons d'organiser et d'endoctriner l'administration du département : nous ferons imprimer un placard et afficher partout l'adresse aux Français, que vous nous envoyez, en y joignant quelques lignes aux citoyens des Ardennes. Nous rejoindrons ensuite nos collègues, qui sont dans ce moment à l'armée; enfin, nous agirons en tout pour le plus grand intérêt de la chose publique.

Les commissaires de l'assemblée nationale au département des Ardennes,

ISNARD, BAUDIN, QUINETTE.

Lettre de M. Dillon, lieutenant-général commandant l'armée de la Meuse.

Valenciennes, 21 août 1792, l'an 1er de l'égalité.

J'ai lu avec autant de surprise que de douleur, dans des papiers publics, que l'assemblée nationale, trompée sans doute, avait décrété, le 18 de ce mois, que j'avais perdu la confiance de la nation. Les mêmes papiers annoncent que ce décret a été suspendu; je ne chercherai pas à connaître mes calomniateurs; j'ose dire que jamais personne n'a tenu une conduite publique plus ouverte, plus franche, ou plus loyale que moi; je laisse à MM. les commissaires le soin de vous rendre compte de mes

opérations, tant militaires que d'administration,
pour le service; je m'en rapporte entièrement à eux
et à la justice de l'assemblée nationale. Je pars incessamment d'ici pour aller prendre le commandement de l'armée de la Meuse. J'attends les ordres
de l'assemblée nationale à Givet : elle sentira aisément qu'après le décret qui lui a été surpris, j'ai besoin d'avoir entre les mains quelques témoignages
de sa confiance, avant de procéder à aucune opération militaire avec des troupes dont je ne suis
pas encore connu. M. Chazot, lieutenant-général,
MM. Miaczynski et Vouillers, maréchaux-de-camp,
partent d'ici pour servir avec moi. Nous avons désiré de ne laisser aucun doute sur nos sentiments,
et en conséquence j'ai l'honneur de vous en adresser l'expression signée de nous, des officiers de mon
état-major et de nos aides-de-camp. Nous reconnaissons la souveraineté du peuple français; nous
jurons d'être fidèles à la nation et à la loi, de maintenir de tout notre pouvoir la liberté et l'égalité, et
de combattre jusqu'à la mort pour la défense de la
patrie.

Signés, les lieutenants-généraux DILLON et
CHAZOT, JOSEPH MIACZYNSKI, le maréchal-
de-camp VOUILLERS, le colonel-adjudant-
général G. MURNAN, le lieutenant-colonel-
adjudant-général PUTHOD, etc.

Lettre des commissaires à l'armée du Midi.

Lyon, 20 août 1792, l'an 4 de la liberté.

M. LE PRÉSIDENT,

Nous allons vous rendre compte de notre arrivée
au camp de Cessieux. Partis de Bourgoin, le 18 de
ce mois, nous trouvâmes à une lieue du camp un
détachement de gendarmerie nationale et un piquet
de cinquante dragons, qui avaient ordre de nous
escorter. Arrivés au quartier-général, M. Montesquiou, accompagné de son état-major, vint nous recevoir; il avait fait mettre à notre logement une
garde d'honneur, composée d'un bataillon, une partie de gardes nationales et de troupes de ligne,
avec le drapeau tricolor; le bruit du canon annonça
notre arrivée.

Une pluie abondante ne nous permettant pas de
visiter le camp le même jour, nous nous occupâmes
sans délai de traiter les divers objets de notre mission : nous vous en rendrons compte successivement.

Le 19, dimanche, nous nous sommes transportés au camp, accompagnés du général en chef et
de son état-major. Les troupes étaient sous les
armes; nous fûmes reçus au bruit du canon et salués
de l'épée par tous les officiers et de tous les corps.
Après avoir parcouru tout le front de la ligne, où

chaque bataillon montrait ses drapeaux entremêlés
avec le bonnet de la liberté, nous les avons fait
réunir par deux bataillons, afin que chaque individu pût facilement entendre ce que nous avions à
dire de la part des représentants du peuple. A
chaque section, nous avons fait lecture du récit
des événements du 10 août, et des décrets qui en
ont été une suite. Nous n'avons pas eu de peine à
les convaincre que l'assemblée nationale n'avait été
dirigée que par le salut de la patrie : nous leur avons
dit que se rappelant les traitements infâmes qu'ils
recevaient du monarchisme absolu, les soldats français n'oublieraient jamais que c'était aux représentants du peuple qu'ils devaient la jouissance des
droits de l'homme ; que la nation entière attendait
d'eux cette énergie, ce courage de constance dont
nous avons besoin pour repousser nos ennemis, et
que leur soumission aux décrets de l'assemblée nationale devait en être le préalable. M. le général
Montesquiou leur a dit : Soldats et camarades, unis-
sez-vous à moi ; voici notre réponse : *Vive la nation, vive la liberté! vive l'égalité!*.... A l'instant
ce cri unanime, répété de toute l'armée, les chapeaux mis au bout des baïonnettes, le bonnet de la
liberté brandissant dans les rangs, l'air *ça ira* joué
par la musique militaire, ont exprimé un mouvement
de reconnaissance envers l'assemblée nationale, li-
bératrice de la patrie, et l'adhésion unanime et
entière de l'armée à tous les décrets. Nous avons

cru, en vertu des pouvoirs que vous nous avez confiés, devoir punir à la tête de leur armée les officiers qui, par leur négligence criminelle et leurs
propos anti-révolutionnaires, se jouent depuis long-
temps de tous vos décrets et profitent de l'ascendant
que leur donne l'autorité que vous leur avez confiée, pour tromper et égarer des soldats qui, jouissant de la qualité d'homme, de quelque pays qu'ils
soient, doivent bénir les lois régénératrices de la
France.

L'état nominatif des suspensions et des remplacements provisoires va faire le sujet d'une lettre jointe
à celle-ci. Nous vous l'envoyons particulièrement,
afin de mettre de l'ordre dans notre correspondance,
et ne pas confondre les objets. Nous avons pensé
que la négligence combinée entre les anciens ministres ou leurs bureaux, avec les divers agents du
pouvoir exécutif dans les armées, était une trame
que nous devions rompre en traitant sans pitié, et
abattant tous les obstacles qu'on a opposés à la
marche efficace de nos armées.

M. Dumuy, lieutenant-général, après avoir conduit en Suisse le régiment d'Ernest, n'ayant ni re-
paru à son poste, ni donné de ses nouvelles à son
général en chef, nous l'avons suspendu provisoirement de ses fonctions, et l'avons remplacé par
M. Dornac, ancien maréchal-de-camp, employé
à ladite armée, qui a passé par tous les grades militaires, et dont les sentiments patriotiques se sont

manifestés depuis long-temps. Le 101ᵉ régiment, ci-devant Royal-Liégeois, était égaré de la route de son devoir : nombre de soldats, amis des lois régénératrices de la France, avaient quitté leurs drapeaux, et s'étaient mis sous la sauve-garde des municipalités de Lyon et de Grenoble, en leur déclarant qu'ils aimaient mieux pourrir dans les cachots, que de rester dans un régiment aussi contre-révolutionnaire. Sur les plaintes particulières qui nous ont été portées contre le colonel et le premier lieutenant-colonel, nous les avons suspendus provisoirement de leurs fonctions, et nous avons aussi nommé provisoirement M. Denuré, second lieutenant-colonel du même régiment, à la place de colonel. Cet officier est le même qui, pour avoir, le jour de la fuite du roi, voulu prêter le serment civique, a été persécuté au point d'être forcé de quitter son poste. Notre arrêté sera signifié au régiment par le maréchal-de-camp employé dans le département de l'Ain, lequel est chargé de se faire accompagner par deux membres de la municipalité et du district de Trévoux. Le même officier général est chargé de faire l'inventaire de la caisse du 101ᵉ régiment, et de la remettre au conseil d'administration, sous la responsabilité de ses membres.

Le nombre des commissaires des guerres était de dix dans l'armée du Midi, mais il n'en restait réellement que cinq. La mauvaise volonté combinée de ces favoris des bureaux a mis dans le plus grand désordre la partie administrative de l'armée. Le général Montesquiou nous ayant porté des plaintes à ce sujet, nous avons cru que l'ordre et la tranquillité de l'armée tenaient aux mesures promptes que nous prendrions à ce sujet. Nous avons nommé un suppléant au commissaire général, dont la mauvaise volonté nous a paru très-opiniâtre; nous avons aussi remplacé provisoirement les cinq commissaires des guerres par des sujets dont les talents et les opinions très-prononcées depuis long-temps nous assurent de leur part un zèle qui redonnera l'activité à cette partie du service.

Nous partons aujourd'hui pour Grenoble, où nous verrons le camp de Barreaux, et de-là nous nous rendrons successivement dans les différentes parties des départements de la Drôme et des Bouches-du-Rhône. Nous désirons avoir partout à vous rendre compte du même zèle et de la même bonne volonté générale que nous avons remarqués jusqu'à présent. La masse des soldats est incorruptible. Nous oserions même en dire autant en particulier du soldat français; partout la masse des citoyens se prononce fortement pour la liberté et l'égalité. Avoir à vous faire l'éloge de cette disposition, sera la partie la plus satisfaisante de la mission que vous nous avez confiée.

Lettre des commissaires à l'armée du centre.

La circulation des subsistances ayant éprouvé quelques obstacles dans plusieurs lieux, nous avons été forcés de différer notre visite à l'armée; mais nous avons fait une proclamation pour faire connaître aux troupes les motifs de ce retard. Nous sommes allés à Mézières et à Charleville pour retenir les administrateurs à leur poste, et calmer la fermentation des citoyens. Les administrateurs du département des Ardennes nous ont témoigné les plus vifs regrets, et le désir de réparer, par leur conduite, un moment d'erreur. Nous avons cru devoir les autoriser à continuer leurs fonctions. La désorganisation totale de l'administration pouvant être très-dangereuse en ce moment, où les mouvements des troupes exigent la plus grande activité de la part de tous les fonctionnaires publics. L'esprit des soldats est très-bon, leur courage ne sera plus enchaîné par un général conspirateur et par ses agents.

Nous avons des renseignements qui ne laissent aucun doute sur le projet qu'avaient formé ces chefs perfides de livrer nos places à l'ennemi. Dans le moment nous nous occupons avec le directoire du district, des moyens d'établir une nouvelle fabrique d'armes à Charleville, et de faire servir l'ancienne à l'armement de nos volontaires nationaux; car il semble que depuis long-temps elle n'ait travaillé que pour nos ennemis. Nous avons obtenu des ouvriers qu'ils ne travailleraient désormais que pour l'état, et que toutes les armes qu'ils fabriqueront seront mises sur-le-champ à la disposition de l'administration du district. Nous espérons que Charleville fournira incessament un bon nombre de fusils par jour, etc.

Lettre des commissaires envoyés à l'armée du Rhin.

Pressés par la multitude des objets qu'embrasse la mission que nous a confiée l'assemblée nationale, nous trouvons à peine l'instant de lui rendre un compte succinct de nos opérations depuis le 17, jour du départ de notre dernière lettre, et nous la prions d'excuser le désordre qu'elle pourra trouver dans celle-ci.

Le 17, nous partîmes du quartier-général de Weissembourg pour aller à Landau. En cette occasion et dans toutes celles où il y a eu à courir quelque risque d'être enlevés, les généraux ont eu soin de nous donner une bonne escorte. La ville de Landau, tant par l'excellence de sa fortification que par celle des troupes qui veillent à sa garde, fait le désespoir des ennemis qui voudraient pénétrer par le Palatinat. Le brave et incorruptible Custine est à la tête de la garnison, et lui communique son dévoûment et sa confiance dans l'assemblée nationale. Ses décrets ont été reçus dans cette clé de l'empire avec le même enthousiasme que dans les camps de Weissembourg et de Lauterbourg. MM. Joseph Broglie, colonel du 2ᵉ régiment des chasseurs à cheval, et M. Villantroy, second lieutenant-colonel du même régiment, ont seuls manifesté une opposition assez formelle aux décrets que nous leur annonçons pour nous obliger à les suspendre de leurs fonctions; nous avons sur-le-champ remplacé le dernier, sur l'avis du général, par M. Houchard, qui a pour lui l'expérience, des blessures, et la voix publique. Quant à M. Broglie, nous avons cru devoir laisser sa place vacante pour ne pas blesser la délicatesse d'un de nous (M. Coustard), dont le parent, premier lieutenant-colonel du régiment, arrivait de droit à cette place. Il a fallu, pour satisfaire la délicatesse de MM. Coustard, résister au vœu de tout le corps des chasseurs qui l'appelait à leur tête, et oublier la gloire dont cet officier patriote venait de se couvrir à l'affaire de Rhilsen. La garnison de Landau est d'environ sept mille six cents hommes, indépendamment de six cents gardes nationaux de la ville qui ne le cèdent en rien aux autres; cette garnison, quoique très en état telle qu'elle est de braver jusqu'à l'hiver toutes les forces ennemies, n'est pourtant pas, à beaucoup près, ce qu'elle devait être, vu l'importance de sa position. Il manque beaucoup de choses à son approvisionnement et au bien-

être des troupes; il n'y a plus d'argent pour continuer les travaux de la fortification; une multitude de
plaintes se font entendre de toutes parts. Nous in-
vitons l'assemblée à prendre ces plaintes en considération. Ce ne sont pas les seules que nous ayons
à vous transmettre. La plupart des officiers n'ont
pas encore leur brevet, excepté ceux dont le patriotisme est douteux.

Vous n'ignorez pas combien de ressorts ont été
employés pour soulever Strasbourg contre les décrets de l'assemblée nationale. Nous nous fîmes accompagner par un détachement de la garnison de
Landau, dans l'espérance que l'exemple de cette
garnison aurait beaucoup d'influence sur les habitants de Strasbourg. Nous ne fûmes pas trompés.
Nous arrivons le dimanche. Une foule de citoyens
se précipitent au-devant de nous; la grande route
était couverte d'un peuple immense, qui se livrait à
la plus vive allégresse, et qui faisait entendre les cris
de *vive la liberté! vive l'égalité!* Un grand nombre se précipitait aux portières de notre voiture; les
femmes venaient nous complimenter et nous offrir
des bouquets. Ces acclamations redoublaient à mesure que nous approchions de la ville. Arrivés à
Strasbourg, on nous conduisit chez un hôte connu
par son patriotisme. Il nous eût été doux de n'a-
voir à frapper aucun coup d'autorité; mais l'incivisme de plusieurs officiers nous a forcés à les suspendre.

Les soldats nous ont demandé à être payés comme s'ils étaient en campagne, vu la perte immense des assignats. A cet égard, la plainte est générale. Il est d'autant plus nécessaire que vous preniez ces plaintes en considération, que l'on emploie tous les moyens pour indisposer les soldats. On a soin de ne leur faire parvenir que les journaux qu'ils ne devraient jamais voir, et d'écarter ceux qui pourraient leur faire aimer la révolution. Nous pensons qu'il serait peut-être utile que l'assemblée leur fît parvenir un journal militaire, qui les garantirait de toutes les séductions, en les instruisant de la vérité.... Nous avons reçu une infinité de plaintes, d'après lesquelles nous avons cru devoir suspendre le procureur-général syndic et quelques administrateurs du district... On nous a dénoncé M. Diétrich, maire de cette ville ; mais nous avons cru devoir nous abstenir de prononcer, dans la crainte d'occasionner quelqu'événement fâcheux ; car une partie des citoyens de Strasbourg est pleine de confiance dans ce magistrat, tandis que l'autre l'accuse de perfidie et de trahison..... Demain nous quittons cette ville pour nous rendre à Schélestadt.

Lettre des commissaires envoyés à l'armée du Rhin.

Nous nous disposions à partir de Strasbourg, lorsqu'un événement que nous ne pouvions prévoir nous a forcés de remettre notre départ à demain. On est venu nous informer que M. Diétrich, maire de cette ville, était mandé à la barre de l'assemblée nationale, et que M. Roland, ministre de l'intérieur, venait de suspendre le conseil général de la commune. On nous a appris en même temps que cette nouvelle, qui commençait à se répandre dans la ville, y excitait un grand trouble; nous avons sur-le-champ ordonné au conseil général du département de faire les réquisitions nécessaires pour que toute la force armée fût mise sur pied à l'instant, en leur recommandant de ne rien oublier pour calmer les esprits, et empêcher qu'aucune rixe n'eût lieu. Ces mesures prises avec vigueur et promptitude, ont prévenu les rassemblements. Des citoyens, attachés à M. Diétrich, paraissaient disposés à le soutenir s'il eût voulu opposer la résistance. Quelques cris séditieux se sont fait entendre; mais nous lui devons la justice de dire qu'il a lui-même concouru à prévenir les désordres, et qu'il y a contribué en annonçant son entière soumission au décret de l'assemblée nationale. Le conseil général de la commune qui, avant la suspension du roi, avait montré des dispositions contraires à l'assemblée, s'était néanmoins soumis à son décret une fois rendu, ainsi que le conseil général du département; on ne pouvait leur reprocher que l'impression dangereuse que leur répugnance évidente pour cette mesure, pouvait opérer. C'est sur ces considérations que nous nous étions décidés à suspendre une partie des membres de l'administration, et nous espérions que la surveillance active des nouveaux membres provisoires suffirait pour réprimer au besoin les membres du conseil de la commune, lorsque nous avons appris sa suspension.

Demain matin nous partons pour Schélestadt; si vous avez quelques dépêches à nous faire parvenir, nous vous prions de nous les adresser à Besançon.

Les commissaires de l'assemblée nationale,
CARNOT, PRIEUR, RITTER.

Lettre du maréchal Luckner.

On m'informe que l'on répand dans le public que la ville de Longwy est prise par les Prussiens. Je crois qu'on ne doit pas ajouter foi à cette nouvelle qui ne m'a été annoncée officiellement par aucun corps administratif des lieux voisins de cette ville.

Extrait d'une lettre de Lannoy, poste avancé entre Lille et Tournay.

Lannoy, 23 août.

Un hussard ennemi étant venu se montrer ce matin à six heures, après que la patrouille fut rentrée, j'eus ordre de partir avec ma compagnie, pour aller à la découverte. Nous rencontrâmes quelques

chasseurs que nous repoussâmes vigoureusement,
et le feu s'étant engagé, nous les poursuivîmes jusqu'à leur poste du moulin de Nechin, qu'ils nous
abandonnèrent après qu'ils eurent perdu cinq à
six hommes qu'ils emportèrent sur leur dos. Le
commandant envoya vers nous environ cinquante
hommes tant de cavalerie que d'infanterie pour
nous protéger, et quelque temps après l'ordre de
nous retirer. Nous fîmes notre retraite avec le plus
grand ordre possible, et l'ennemi s'étant aperçu que
nous nous retirions, envoya environ quarante hussards pour nous inquiéter. Nous les laissâmes approcher : quelques-uns furent blessés par le feu de
nos chasseurs et un tué. Nous continuâmes notre
retraite, et l'ennemi nous suivit jusqu'au village de
Touflers, à une demi-lieue de Lannoy. Trois chasseurs tyroliens furent tués dans ce village, et nos
gens rapportèrent leurs dépouilles. On doit beaucoup d'éloges à la valeur des officiers et soldats de
ma compagnie, qui se sont comportés en vrais
Belges. M. Antonnis, surtout, mon sous-lieutenant,
s'est distingué dans cette affaire, et j'ai la douleur
de vous apprendre qu'il a l'épaule gauche percée
d'un coup de balle. C'est le seul de notre compagnie qui soit blessé. Je viens de faire l'appel, et il
ne me manque pas un homme. Il y a eu un cavalier
français et un cavalier national blessés et un tué.

Au camp de Vau, près de Mouzon,
le 21 août 1792.

Enfin, Lafayette s'est démasqué; le traître nous a
abandonnés après avoir emmené avec lui toute cette
tourbe d'aides-de-camp, d'adjudants, ramassés dans
les rues de Paris. Sa dernière manœuvre est le comble
de la scélératesse. Nous étions campés le 18 à Mai-
ry. Le soir, Lafayette fait écrire et signe l'ordre de
nous transporter à Sachy, village situé à trois quarts
de lieue des terres de l'empire. A peine a-t-il signé
l'ordre, qu'il se sauve. Launoy, chef de l'état-major
de l'armée, Durouro, maréchal-de-camp, Leveneur,
lieutenant-général, en font autant le 19, après avoir
donné l'ordre. Le même jour 19, une escorte de
troupes légères est conduite, sous prétexte de patrouilles, sur les terres de l'empire; on veut les engager à déserter. Plusieurs, indignés du piège qu'on
leur tend, fusillent les autres; ils font deux officiers
de hussards (ceux-là même qui voulaient les faire
déserter) prisonniers; sans le secours que leurs ad-
versaires trouvent dans les paysans autrichiens, ils
auraient massacré tous les traîtres. Ces misérables
ont consommé leur crime en allant avertir nos ennemis que la fuite de Lafayette avait mis le plus
grand désordre dans l'armée, et que le moment était
venu de nous attaquer. Ils le pouvaient d'autant plus
facilement qu'on nous avait campés dans une prairie,

l'infanterie en avant, l'artillerie en arrière, ayant à dos la Chière qui n'est nullement guéable. En avant de l'infanterie était un coteau, par le sommet duquel l'ennemi pouvait arriver et culbuter notre infanterie sur l'artillerie, sans que celle-ci pût faire la moindre résistance. Toute retraite devenait impossible à cause de la Chière. Voilà le précipice dans lequel on avait jeté le corps de réserve de l'armée de la liberté. Heureusement, M. Diettemann, maréchal-de-camp, qui n'était point du complot, ayant appris cette infâme désertion, le 19 au soir, envoya sur-le-champ l'ordre à l'armée de décamper et de se rendre à Mouzon, pour se réunir au reste de l'armée. Nous sommes persuadés que nous ne devons notre salut qu'au temps épouvantable qu'il a fait le 19; sans cela l'ennemi n'aurait sûrement pas manqué la plus belle occasion qui se soit jamais présentée, surtout lorsqu'on songe à l'état de stupeur dans lequel était plongée l'armée. Mais nous sommes en sûreté; nous occupons ici une position dont on ne pourrait nous chasser qu'avec les plus grandes forces.

Le commandement de l'armée a passé provisoirement entre les mains de M. d'Haugest, maréchal-de-camp, commandant l'artillerie. Sa modestie le fait se méfier de ses forces, mais nous sommes persuadés que ses connaissances dans l'art militaire lui donnent de grands moyens. C'est un excellent officier d'artillerie, et habitué à voir les choses en grand : il ne peut manquer de réussir, surtout avec l'ardeur du soldat qui, furieux de la trahison d'un général en qui il avait confiance, brûle de s'en venger sur l'ennemi. L'artillerie jouit dans cette armée de la plus grande considération : elle n'a jamais été la dupe de Lafayette; aussi était-elle cordialement détestée des généraux qui avaient cherché à lui aliéner les esprits.

Plusieurs satellites du traître décoraient les canonniers du titre de *factieux*, parce qu'ils ne voulaient pas se séparer de l'assemblée nationale, ni encenser l'idole du jour. Maintenant que l'armée reconnaît son erreur, elle regarde les canonniers comme des patriotes éclairés.

Les machinations infernales qui ont eu lieu à cette armée, où on avait grand soin d'intercepter toute correspondance avec l'assemblée nationale, ne nous ont pas encore permis d'avoir une relation exacte de ce qui s'est passé à Paris depuis le 10 août: ce sont ces machinations qui avaient égaré l'armée et surtout la ville de Sedan où nous étions alors. C'est en trompant le peuple, qu'une municipalité perfide a pu impunément mettre des mains criminelles sur ses représentants. Aujourd'hui, les Sedanois reconnaissent leur erreur, les commissaires sont libres, et sans doute ils ne tarderont pas à paraître à l'armée.

Voici un projet d'adresse à Lafayette. Ce projet a été arrêté le 15, dans une assemblée de chefs de corps tenu à Douzy, chez M. Stengel, colonel du premier régiment de hussards. J'ai été invité, par une lettre de cet officier, à m'y trouver; mais, sans en connaître le motif, j'ai refusé, parce que, dans les circonstances où nous nous trouvons, une assemblée de cette espèce me semblait illégale.

« Pénétrés d'indignation des crimes atroces dont
» les factieux viènent de souiller la capitale, en ne
» reconnaissant plus l'assemblée législative actuelle,
» depuis qu'au mépris des lois elle a renversé la
» constitution que nous avons juré de maintenir,
» qu'elle a suspendu le roi, nommé des ministres,
» et s'est arrogé le pouvoir exécutif; convaincus
» que chacun de ces actes est un délit contre la
» constitution, nous déclarons que, fidèles à nos
» serments, nous voulons la constitution, et la vou-
» lons toute entière; nous jurons de la défendre par
» tous les moyens qui sont en notre pouvoir, et que
» nous regarderons comme les plus grands ennemis
» de la patrie ces mêmes factieux. En même temps,
» pleins de confiance en notre général, nous sommes
» prêts à marcher partout où il voudra nous con-
» duire, et le prions instamment de prendre avec
» le département et autres autorités constituées, lé-
» galement existantes, tous les moyens de rendre
» aux lois leur force, à la nation et au roi la liberté
» que la tyrannie et le crime leur ont enlevée. »

Toutes ces horreurs ayant fait intercepter les papiers, il me manque cinq *Moniteurs* qui, dans les circonstances présentes, me paraissent trop intéressants, pour que je ne vous prie pas de me les faire passer. C'est dans ce moment qu'il devient important de savoir ce qui s'est passé à l'assemblée nationale.

Signé, Galbaud.

Du camp de Fontoy, le 22 août.

Voici quelques détails sur l'affaire du 19 qu'on a dénaturée. L'ennemi, vers les deux heures du matin, s'est porté sur l'avant-garde fournie par les dragons du 6e et 19e régiment de chasseurs à cheval. A six heures, l'engagement était général. Effrayée, écrasée par les ravages terribles de notre artillerie dans ses rangs, la cavalerie prussienne prit la fuite. Deux escadrons de ci-devant Conti, soutenus des chaseurs à cheval, se défendirent avec la plus grande vigueur contre douze à quinze escadrons prussiens. Notre perte, quoique forte, est bien moins considérable que celle des ennemis, à qui nos batteries ont tué bien du monde. On compte parmi nous deux cents morts.

Le 20 au matin, un mouvement de l'ennemi qu'on évalue à vingt mille hommes, nous a fait sortir du camp, mais un ordre de M. Luckner nous y a fait rentrer. Voici la harangue de ce général relativement à la journée du 10. Elle fit une funeste impression dans l'armée :

« Mes camarades, mes amis, vous savez tout ce qui vient de se passer à Paris. Des factieux veulent *détrôner le roi* et nous proposer un *nouveau serment*. Je vous déclare que le roi est *le chef suprême de l'armée;* que je tiens *mon pouvoir de lui;* ainsi, s'il n'y a plus de roi, mon pouvoir cesse. La nation est souveraine, vous êtes les maîtres; mais je vous promets que non-seulement *je ne prêterai point de serment; mais, si on l'exige, je vous abandonne.* »

Proclamation de l'assemblée nationale aux Français.

AUX FRANÇAIS HABITANT LE DÉPARTEMENT DE PARIS ET LES DÉPARTEMENTS VOISINS.

CITOYENS,

La place de Longwy vient d'être rendue ou livrée, les ennemis s'avancent. Peut-être se flattent-ils de trouver partout des lâches ou des traîtres : ils se trompent; nos armées s'indignent de cet échec, et leur courage s'en irrite. Citoyens, vous partagez leur indignation : la patrie vous appèle, partez.

L'assemblée nationale requiert le département de Paris et les départements voisins de fournir à l'instant trente mille hommes armés et équipés.

Lettre des six commissaires envoyés à l'armée du Nord.

Mézières, le 24 août, l'an 4 de la liberté.

Vous connaissez, Messieurs, les mesures prises par les six commissaires réunis pour conserver à l'administration des Ardennes une activité nécessaire et pour les citoyens et pour l'armée. Nous vous demandons, non pas la même indulgence pour le directoire du département de l'Aisne, car ses torts ne sont pas les mêmes, mais une décision à son égard. Le département de l'Aisne est un de ceux qui fournissent des approvisionnements pour les armées. Ces approvisionnements sont demandés avec instance; le moindre retard peut devenir funeste à la chose publique. Cependant il est à craindre que quelque retard ne naisse de la désorganisation entière de cette administration; les membres qui la composent étaient connus par leur activité et leurs lumières dans l'exercice de leurs fonctions; il est important de les y rendre sans retard, et si notre mission s'était étendue à ce département, nous nous serions crus obligés de les remettre provisoirement en activité.

D'ailleurs, Messieurs, le directoire du département a été suspendu par le conseil exécutif pour des motifs qui n'ont qu'une relation très-éloignée avec les événements du 10 août; le motif de cette suspension a été puisé dans un arrêté pris par le directoire de l'Aisne, en adhésion à celui de la Somme, sur la journée du 20 juin : cet arrêté répréhensible en lui-même, a été jugé tel par les administrateurs suspendus, puisque quelques jours après ils se sont empressés de le révoquer. Cette première faute disparaît entièrement, si vous faites attention que ces mêmes administrateurs ont fait exécuter sans retard toutes les lois relatives à la révolution du 10 août. Enfin, Messieurs, pour compléter la suite de notre mission, il est important que vous nous rendiez des administrateurs qui ont l'habitude du travail, la connaissance des localités et les moyens de concourir efficacement avec nous au bonheur de l'empire.

Nous vous dirons aussi que ces administrateurs peuvent beaucoup contribuer à l'union des citoyens, en ramenant, par leur exemple, ceux qu'un plus long égarement éloignerait encore des mesures adoptées par l'assemblée nationale.

Nous vous engageons donc instamment de nommer un rapporteur dans cette affaire, et vous jugerez si nos motifs ne sont pas suffisants pour prononcer la levée de la suspension des administrateurs du département de l'Aisne.

Les commissaires de l'assemblée nationale,
Signés, QUINETTE, ISNARD, BAUDIN, PERALDY, KERSAINT, ANTONELLE.

Adresse envoyée par l'assemblée nationale aux habitants des frontières du Nord.

CITOYENS,

Votre position vous assure l'honneur de combattre les premiers pour la liberté; la patrie compte sur votre courage, comptez sur sa reconnaissance; vos enfants seront les siens, elle aura soin de vos épouses; et si les tyrans ravagent vos propriétés, elle regardera dès ce moment comme une dette sacrée, de vous indemniser des pertes que vous aurez souffertes.

Les commissaires envoyés à l'armée que commandait le général Lafayette, rendent compte en ces termes à l'assemblée nationale de leurs opérations :

Nous sommes arrivés à Paris. Notre mission a été une longue alternative d'agitation. Nous avons cru que nous devions à l'assemblée, en arrivant, un premier rapport succinct de ce que nous avons vu, de ce que nous avons fait, et nous pensons qu'elle nous autorisera à renvoyer tous les renseignements particuliers que nous avons recueillis, soit à ses comités, soit au pouvoir exécutif, dès que nous aurons mis en ordre les pièces nombreuses dont nous sommes porteurs.

Notre dépêche, en date du 12, vous a informés de notre conduite à Soissons, et de l'ardeur civique des citoyens dans tout l'espace qui sépare la ville de Paris de l'ancienne cité de Reims. Dès-lors, nous ne nous sommes pas dissimulé les difficultés de notre mission, et la nature des obstacles que nous avions à vaincre n'était plus un obstacle pour nous. Lorsque nous arrivâmes le 14 au soir de Sedan, un citoyen vint aux portes de la ville nous avertir que notre arrestation était projetée : ce citoyen est M. Bruat, lieutenant-colonel d'un bataillon et frère d'un de nos membres. Nous devons des éloges à son patriotisme et à l'intérêt qu'il nous a témoigné dans cette circonstance qui n'était pas sans danger pour lui.

Les avis et les renseignements qu'il nous donna nous prouvèrent que notre arrestation avait été préméditée, et que les prétendus risques auxquels on a voulu nous soustraire n'étaient que factices, et l'un de ces moyens vils dont un homme fécond en intrigues de ce genre s'était servi pour couvrir, à tout événement, sa responsabilité. Nous voudrions pouvoir soustraire à la connaissance de l'assemblée tous ces malheureux détails; mais ici notre individualité disparaît devant vous, et notre caractère de député reste seul. Ce caractère sacré, notre qualité de représentants du peuple, notre titre d'envoyés, tout a été outragé, et vos collègues n'ont eu, dans ce fatal moment, d'autre appui que leur courage et ce sentiment de dignité qui n'abandonne jamais l'homme qui fait son devoir et sait mourir. Cependant nous détournerons tout notre souvenir des cir-

constances qui nous sont purement personnelles,
et que nous avons vouées à l'oubli. Nous vous trans-
porterons avec nous dans la tour de Sedan, véritable
bastille, sur les ruines de laquelle la main de la
liberté doit graver un jour l'outrage fait aux droits
de l'homme et à la souverainé du peuple. Pendant
six jours nous sommes restés dans cette prison, seuls
et avec nous-mêmes; les dangers de la patrie, nous
le jurons, les suites de cet événement, dont nous
nous faisions un sinistre présage, l'affreuse idée de
la guerre civile, furent, dans chaque instant de
notre captivité, les seules craintes qui nous agitaient:
l'armée, d'abord campée sous nos yeux, avait disparu; jugez quelles étaient nos inquiétudes : nous
pouvions écrire, il est vrai, et sans doute on ne nous
en laissait le moyen que dans l'espérance qu'on
pourrait tirer de nos lettres quelques inductions
propres à nous compromettre ou à compromettre
l'assemblée; nous en avons la preuve, puisque toutes
nos lettres ont été interceptées; et celles que nous
recevions, on nous forçait de les lire à haute voix.

Le 20, à onze heures du matin, nous entendîmes
un très-grand bruit aux portes de notre prison; des
hommes qui se dirent la municipalité, vinrent nous
déclarer que nous étions libres. Nous reconnûmes
que c'étaient les mêmes qui nous avaient interrogés
et qui avaient procédé dans cette circonstance d'une
manière tellement indécente, qu'ils n'avaient aucune des marques extérieures de leurs fonctions;

car ni les couleurs nationales, ni le nom de la nation n'avaient frappé nos organes à notre arrivée
dans cette ville. Si l'on avait besoin de chercher des
crimes à Lafayette, la tiédeur des esprits dans le
pays où il commandait, la nature des opinions,
l'ignorance du peuple et du soldat, qu'on entretenait en interceptant les correspondances, la honteuse subordination du pouvoir civil au pouvoir
militaire, tout prouverait que la contre-révolution
s'y serait faite avant même l'arrivée des troupes
étrangères, si ce général y fût resté. Pendant qu'on
nous conduisait à la tour, des cris forcénés de *vive
Lafayette* s'élevaient de tous côtés. Mais un crime a
rendu la liberté aux Romains, et un crime a ramené
l'esprit public dans le département des Ardennes.
Sedan a semblé résister quelque temps; mais enfin
l'esprit de cette ville s'est amélioré. Il faut remarquer qu'elle renferme deux classes de citoyens, dont
l'une tient l'autre par une dépendance presque servile; c'est d'un côté les artisans, et de l'autre, les
propriétaires des fabriques.

Cet ordre de choses était très-propre à favoriser
les projets des ambitieux, et l'on ne peut que louer
le discernement des conjurés, en pensant au choix
qu'ils font exprès de cette ville pour quartier-général; ce fût devenu bientôt le quartier-général de la
contre-révolution : les intrigues de Lafayette et
celles de la cour concouraient à égarer les habitants.
Mais enfin le peuple abjure son erreur, et ces mêmes

magistrats qui nous avaient persécutés se sont vus forcés d'invoquer notre appui. Notre autorité a été reconnue ; mais vous savez que les préventions ne cèdent qu'à des moyens lents. Il fallait nous occuper des choses plus que des personnes, déposer tout ressentiment particulier, et surtout montrer la vérité ; c'est ce que nous fîmes, et il en résulta promptement de bons effets : cependant ce que les hommes pardonnent le moins, c'est le mal qu'ils nous ont fait, et cette réflexion nous a fait sentir la nécessité de nous éloigner de cette ville. Il nous restait d'ailleurs mille autres objets de sollicitude : l'état de l'armée nous inquiétait pardessus tout. Tandis que, réunissant les débris de son état-major, elle tâchait de se réorganiser, elle manquait de subsistances et de fourrages. M. d'Hangest désirait beaucoup notre présence ; mais le plus pressé était de faire vivre l'armée. Une demi-heure après notre liberté, nous dépêchâmes deux courriers pour lever les obstacles que l'inquiétude populaire avait opposés, dans la ville de Givet, au transport de trois mille sacs de farine, et nous écrivîmes à l'administration de Laon pour un objet semblable. Nous saisissons cette occasion pour dire que les commissaires de l'assemblée nationale, même lorsqu'ils n'ont point de connaissances militaires, peuvent être très-utiles pour assurer les approvisionnements des armées, en ce que, correspondant à la fois avec les administrations de plusieurs départements, ils peuvent diriger leurs

mouvements vers un but unique ; car jusqu'ici, le
grand mal vient de ce que ces mouvemens ne s'opè-
rent que d'une manière isolée, de ce que les armées
ne pèsent absolument que sur les lieux où elles
sont.

Le département des Ardennes avait arrêté les
charrois. Rendus auprès de l'administration, nous
nous crûmes obligés, avant tout, de rassurer ceux
qui nous avaient arrêtés. Rassurés, ils sont revenus
de leur égarement; oubliez leurs fautes, comme
nous les oublions nous-mêmes. Nous vîmes que
l'esprit public avait été moins comprimé à Mézières
qu'à Sedan. Après avoir harangué le peuple, nous
nous rendîmes à Charleville, où nous appelait la
nécessité de visiter les manufactures d'armes : cette
partie est celle dans laquelle l'ancien pouvoir exécutif nous a le plus indignement trahis. Nous avons
vu partout la preuve du dessein de paralyser cette
manufacture, et de soustraire les armes qui s'y
fabriquaient. La plupart étaient exportées en fraude
à l'étranger; d'autres se dissipaient par des marchés
particuliers, et passaient on ne sait où. Nous avons
cru devoir suspendre provisoirement les envois;
nous avons réuni les ouvriers avec les administrateurs ; nous leur avons fait promettre de ne plus
travailler que pour la défense de la patrie. On nous
avait annoncé d'abord de grandes difficultés; mais
elles se sont applanies. Nous avons donné la surveillance de la manufacture au directoire du district,

qui est plein de gens éclairés ; et nous avons nommé
trois commissaires pour recevoir les armes. Nous
avons vérifié qu'il y avait douze mille fusils dans les
magasins, qui n'étaient pas même montés, et qu'ils
y sont depuis on ne sait combien de temps. Nous
croyons devoir vous proposer de laisser aux administrateurs le soin de taxer les armes. Tout, à Charleville, retentissait d'acclamations de patriotisme
sur notre passage, et c'est là que nous commençâ-
mes à concevoir l'espérance de réunir les esprits.
De retour à Mézières, nous remarquâmes que la
fuite de Lafayette avait indigné tout le monde. Le
22, nous embrassâmes les collègues que vous aviez
envoyés à notre délivrance. Le 23 au matin, nous
les devançâmes à Sedan, où plusieurs objets importants nous appelaient. La liberté rendue aux opinions, ainsi que les lumières répandues par les
écrits que n'interceptait plus le général, et par les
discours de quelques citoyens, infatigables promo-
teurs de la doctrine de la liberté et de l'égalité,
avaient ramené l'esprit public. C'est dans ce moment que nous vîmes, pour la première fois, les
couleurs nationales sur les écharpes des officiers
publics. Une garde d'honneur nous fut proposée ;
et, en la refusant, nous en prîmes occasion d'haranguer la troupe. Des cris de *vive la liberté! vive
l'égalité, vive l'assemblée nationale!* vinrent
frapper nos oreilles, et portèrent dans nos âmes
une vive émotion. Nous nous occupâmes de la dé-

fense de la place. On avait oublié de barrer les ponts pour se défendre par l'inondation. Le lendemain, nous nous rendîmes à l'armée ; là nous fûmes témoins de sentiments divers.

Nous ne trouvâmes au quartier-général de Mousson que désespoir, que désir de le quitter : dans le camp, au contraire, grande joie, désir de combattre, espoir de vaincre. Messieurs, n'en concluez pas que les officiers fussent moins dévoués que les soldats ; mais ils se voyaient abandonnés ; mais un homme qu'ils avaient estimé venait de les trahir ; mais ils n'avaient aucune connaissance de la position de l'ennemi. Nous les trouvâmes abattus par le malheur : le moyen de ne pas les écouter avec condescendance ! Nous les conjurâmes d'attendre dans leurs postes ; ils nous accompagnèrent au camp.

M. d'Hangest, en prenant le commandement dans une circonstance aussi critique, a bien mérité de la nation : comme les Romains, remerciez-le de n'avoir pas désespéré de la patrie. Nous proposons qu'il lui soit accordé un grade de lieutenant-général. Un autre officier, M. Pâris, nous a témoigné la plus vive sensibilité ; et abandonné de ses amis, soupçonné de ses soldats, ouvrez-moi le camp, disait-il, que j'aille mourir par la main des Autrichiens.

La cavalerie était développée sur une très-grande étendue ; il ne nous a pas été possible de parler beaucoup aux différents corps qui la composent, mais nous devons dire qu'elle nous a offert la plus belle tenue, et qui fait éloge à ses généraux ou à ceux qui la commandent.

Enfin nous avons trouvé au camp cette réserve choisie par Lafayette; là nous avons reconnu l'insigne fausseté de ce traître; nous les avons harangués plusieurs fois. Soldats de la patrie, leur avons-nous dit, vous justifierez la confiance de la nation qui vous regarde; vous combattrez pour les peuples contre les rois : la gloire et la liberté seront votre récompense. Tous ont crié : *vive l'assemblée nationale! vive la liberté!*

En arrivant à Sedan, nous avions demandé Lafayette; il ne vint pas : il nous envoya son aide de camp Lacolombe, qui eut l'insigne fausseté de nous dire qu'il ne venait que pour nous voir; cependant M. Sicard, notre digne geolier, M. Sicard, qui ne nous laissait parler à personne, fit retirer la garde, quand M. Lacolombe se présenta. Celui-ci nous fit entendre que notre mort était inévitable. Mais je reviens.

Nous nous rendîmes à Stenay; là, nous apprîmes que la prise de Longwy, qui s'était rendu le 20, n'était pas encore connue le 24 à l'armée qui aurait dû se combiner avec celle de Luckner. M. d'Hangest ne savait plus où était l'ennemi : on n'a pas d'idée d'une telle situation. A six heures du soir l'ennemi menaçait Montmédy. Le commandant de Stenay était averti de se tenir sur ses gardes; mais il n'avait d'autre ressource que de s'occuper de retraite à cause

du mauvais état de la place. Un bataillon des gardes
nationales de Maine-et-Loire, posté au-delà de
la Meuse, était chargé de couper le pont. C'est à
Stenay qu'est un de nos principaux magasins, les
tentes, les draps, les eaux-de-vie. Je ne dois rien
vous dissimuler : la France doit apprendre que vous
êtes chargés de l'énorme fardeau de réparer trois
années d'infâmes trahisons.

Le principal commissaire des vivres, que nous
interrogeâmes, nous parut plein d'intelligence. C'est
un de ces hommes qui ne peuvent être utiles ou
dangereux à demi. Nous remarquâmes de l'artifice
dans ses réponses. A minuit, le commandant du
bataillon et celui de la place nous témoignèrent de
vives alarmes. Depuis notre arrivée, quelques personnes étaient sorties de la place, et l'ennemi faisait de grands mouvements. A une heure, nous
nous décidâmes à écouter les conseils de ces officiers, auxquels nous devons beaucoup ; nous les sui-
vîmes dans leur camp, au-delà du pont, vers le
Rhin. Pour revenir, il nous fallut traverser l'intérieur du département des Ardennes ; là nous reconnûmes plusieurs positions où vingt mille hommes,
bien commandés, en arrêteraient cent mille. C'est
là que Créqui arrêta les impériaux pendant toute
une campagne.

Trois lettres vont terminer notre rapport. Nous
les avons écrites ; l'une à nos collègues, l'autre à
M. d'Hangest, la dernière au ministre de la guerre.

Elles vous apprendront que M. Dillon, nommé
par M. Dumourier, pour prendre le commandement de l'armée de Lafayette ne s'y est pas rendu;
que le gouvernement n'a jamais voulu faire la guerre;
qu'au milieu d'une extrême disette, il y a dans l'armée un grand gaspillage; qu'on y suivait ardemment trois mesures principales; celle de ruiner le
peuple, celle de le désarmer, celle de le désunir;
que, dans l'armée de Lafayette, une livre de foin
coûte plus qu'une livre de pain; que plusieurs détachements de l'armée ayant suivi pendant quelques
jours encore l'impulsion de Lafayette, se portaient
à Rhétel; que ces détachements ont été retirés par
M. d'Hangest; que les commissaires ont remis aux
soldats la note des écrits que l'assemblée nationale
devait leur faire passer, et ont recommandé que ces
écrits fussent mis à l'ordre.

A notre retour, nous avons vu des assemblées
primaires parfaitement disposées, s'occuper du soin
de vous donner des successeurs dignes des graves
circonstances qui se préparent. Soissons est plein de
confiance dans ses autorités constituées et dans ses
chefs qui le méritent. Nous vous recommandons
ce camp intermédiaire, à la formation duquel on
s'est tant opposé, parce que seul peut-être il est
propre à arrêter l'ennemi. Oui, donnez-y tous vos
soins, car le salut de la patrie est là.

Nous n'avons dû vous entretenir que des faits.
Nous allons nous occuper de recueillir les note

nombreuses que nous avons rapportées, et que nous ferons aussitôt passer à vos différents comités et au ministère.

Lettre des commissaires à l'armée du Nord, à l'assemblée nationale.

Mézières, 26 août, l'an 4 de la liberté.

M. LE PRÉSIDENT,

Après nous être séparés de nos collègues au camp de Vaud, nous avons terminé notre mission à l'égard de la ville de Sedan, en achevant d'éclairer les habitants que nous avons laissés dans les meilleures dispositions. Nous avons pris aussi quelques mesures indispensables pour seconder, dans le cas où ils seraient attaqués, le courage avec lequel ils sont résolus de se défendre.

Arrivés hier à Mézières, nous avons été obligés d'approfondir les plaintes des habitants sur l'état dans lequel se trouvaient les moyens de défense que cette ville peut opposer à l'ennemi, en cas de siége; et, après avoir pourvu à ce que ces moyens devinssent promptement efficaces, nous avons fait mettre en état d'arrestation le commandant de l'artillerie, dont la négligence demandait un exemple de sévérité; et nous avons destitué le commissaire de la place, de laquelle nous avons confié la garde à un officier aussi patriote qu'expérimenté, M. Drouart;

plus connu sous le nom de Lercy. Nous n'entrons point à ce sujet dans les détails dont bientôt nous aurons l'honneur d'instruire de vive voix l'assemblée nationale. Le général Chazot, qui vient d'arriver pour commander l'armée du Nord, est entré dans nos vues sur tout ce que nous avions cru devoir régler tant ici qu'à Sedan.

La manufacture d'armes de Charleville, à laquelle nous nous rendons ce matin, exige de notre part une visite destinée à vérifier les plaintes des corps administratifs. De là nous nous rendrons à Caris, et, assurés que nous sommes du patriotisme des citoyens de Givet, au lieu de nous porter à cette partie de la frontière, nous dirigerons notre route par Laon, pour affermir l'administration du département de l'Aisne dans les sentiments auxquels doivent se réunir tous les Français. Nous espérons pouvoir rejoindre l'assemblée vendredi matin.

Signés, QUINETTE, ISNARD, BAUDIN.

Lettre du ministre de la guerre à l'assemblée nationale.

M. LE PRÉSIDENT,

Je n'ai reçu depuis hier qu'un seul courrier des armées; il venait de M. Dumourier. Ce général me mande qu'il va faire examiner par une cour martiale la conduite de la garnison de Longwy. Il m'écrit de Mézières; il me dit que la municipalité est très-patriote, que l'esprit des habitants est fort bon ; le commandant l'est également; c'est un M. Lercy, lieutenant-colonel du 25ᵉ régiment, ci-devant Poitou. Il prétend qu'il acquerra, si l'occasion s'en présente, la même gloire que Bayard a acquise en défendant la même place. Il m'annonce aussi que j'aurai un courrier de lui dès qu'il aura quelque chose d'intéressant à me mander.

Signé, SERVAN.

Lettre adressée par M. d'Aiguillon à M. Barnave.

Armée du Bas-Rhin , 25 août, l'an 4 de la liberté.

Il est temps, mon cher Barnave, au milieu des horreurs qui nous environnent, de rompre le silence. Qu'êtes-vous devenu? que faites-vous? où allez-vous? avez-vous le projet de vous retirer dans une terre plus paisible? Pour moi, je resterai à mon poste jusqu'à ce qu'il ne soit plus permis d'espérer qu'il y ait en France aucun parti qui veuille la constitution, ou que les commissaires illégaux d'une assemblée usurpatrice m'aient destitué. Ils ont été assez mal reçus ici. Biron a eu la faiblesse coupable de ne pas les chasser. Broglie vient d'être suspendu. Je le serai, j'espère, bientôt; et alors j'irai sur une terre étrangère. Faites-moi le plaisir de donner à la déclaration que je joins à ma lettre la plus grande publicité. Qui sait si nous nous reverrons? Ce qu'il y a de certain, c'est que je ne cesserai de vous aimer et estimer.

Lettre du général Beurnonville à M. Couthon.

Camp de Maulde, 27 août.

Je vous ai dit que je désirais donner un bal, c'est fait. C'était hier la fête du village de Flines, situé au-delà de l'Escaut, et où MM. les Autrichiens viènent ordinairement manger la poule. Dès les onze heures du matin, j'avais fait placer mon bataillon de flanqueurs en embuscade, couché, et en silence. Après les vêpres, je fis avancer une vingtaine de grenadiers, quelques officiers et paysans avec toute la musique du premier bataillon de Paris, pour faire danser dans la plaine au-dessus du moulin, toutes les filles du village, et celles des villages voisins qui avaient été invitées. Les tambourins, les timballes, les clarinettes retentissent dans la forêt qui n'est qu'à portée de carabine. La musique adoucit les ours; les Autrichiens sortent de leur tannière; s'a-vancent: des hussards, des chasseurs, des soldats de Murray, font la partie de venir armés, en force, pour s'emparer du bal : ils marchent; nos grenadiers ont l'air d'avoir peur; quelques-uns font semblant de fuir; la cohorte sortie des trous et fossés, vient pour fondre sur le bal. Nos flanqueurs sortent des haies; une grêle de balles change le ton de la mu-

siquê qui continue; les grenadiers et officiers dan-
seurs continuent le bal; les Autrichiens sont pour-
suivis jusque dans leur antre : ce petit bal leur coûte
la vie de trois hussards, de neuf soldats qui restent
morts, et plus de deux cents blessés ne veulent plus
danser : à l'instant arrive un hussard à cheval et armé, tout seul; il dit qu'il aime la danse et qu'il vient
danser en français; il est accueilli; il danse et est
ramené en triomphe au quartier-général; le général
Dumourier, qui aime la danse, lui saute au cou et
l'embrasse; on lui paie son cheval, sa carabine,
5o liv. de gratification; on lui promet 100 liv. de
rente; il dit qu'il y a du plaisir à danser comme
cela.

Mesdemoiselles Ferning, qui aiment la danse aux
baïonnettes, étaient embusquées, et en ont tué et
blessé leur bonne part; elles repoussent l'ennemi
jusqu'à l'entrée des bois.

M. Biron a envoyé le décret concernant les déserteurs aux Autrichiens dans des bouteilles d'élixir;
comme dans cette partie ces Messieurs sont un peu
affamés, j'ai pris le parti de faire acheter du pain
de munition par les paysans des villages français
limitrophes, qu'ils revendent à ces affamés, et dans
chaque pain il y a une vingtaine de décrets; l'un des
déserteurs d'hier soir, nous a apporté sa miche et le
décret que nous avons exécuté sur-le-champ.

Lettre des commissaires à l'armée du Rhin.

Au quartier-général de Délémont, le 28 août 1792,
l'an 4 de la liberté, 1er de l'égalité.

M. LE PRÉSIDENT,

Il est important que l'assemblée nationale connaisse le plus tôt possible le résultat de la négociation qui a eu lieu hier entre nous et les députés de la république suisse de Bienne, à laquelle appartient le passage de Pierre-Pertuis. Sur l'avis qu'avait reçu cette république, et qu'elle avait communiqué à celle de Berne, que les Français devaient s'emparer de ce passage, celle-ci avait sur-le-champ fait marcher deux cents hommes du régiment d'Ernest, avec deux pièces de canon pour le défendre : cependant la crainte de donner lieu à la France de croire que les Suisses approchaient avec des intentions hostiles, avait changé cette première détermination ; et, au lieu des deux cents hommes du régiment d'Ernest, on se contenta de placer au rocher de Pierre-Pertuis trente-deux hommes des milices de Bienne, sans canon. Ces dispositions étaient une suite nécessaire de la neutralité armée conclue et arrêtée par le peuple helvétique, et de la ferme résolution de repousser indistinctement quiconque tenterait de violer son territoire.

Nous avions écrit la veille au bourguemestre de la

ville de Bienne, pour l'engager à nous envoyer deux députés chargés de leurs pleins pouvoirs, à l'effet de concerter avec eux des mesures conciliatoires. Ils arrivèrent hier, et nous firent part de la crainte qui les avait déterminés à mettre une garde au rocher de Pierre-Pertuis; ils nous parlèrent avec franchise et sensibilité du désir sincère qu'eux et toute la nation helvétique avaient de ne jamais voir s'altérer l'amitié qui les unit depuis tant de siècles à la nation française; ils nous dirent qu'ils avaient lieu de croire que si leurs véritables sentiments eussent été mieux connus de l'assemblée nationale, elle n'aurait conçu aucune défiance contr'eux; que les Suisses étaient très-attachés aux nouveaux principes de la constitution française; que si l'on avait pensé autrement, c'est qu'on avait pris le vœu d'une très-petite caste aristocratique qui existe parmi eux, pour le vœu général; que les événements du 10 août avaient été jugés très-impartialement; et que les mesures prises à l'égard des régiments suisses, par l'assemblée nationale, étant regardées par eux, aussi bien que par nous, comme une conséquence nécessaire à nos grands principes de liberté, n'avaient excité que le mécontentement de quelques familles, mais aucun de nation à nation.

Les députés ajoutèrent qu'ayant connaissance intime, par leur séance à la diète helvétique, de la disposition générale des louables cantons et états confédérés, ils s'offraient pour garants des assurances qu'ils venaient de donner aux représentants de la nation française ; et que, pour preuve de leur sincérité, ils allaient, à leur retour vers leurs commettants, faire retirer aussitôt les troupes envoyées pour s'emparer du passage de Pierre-Pertuis, en y laissant seulement la garde ordinaire de surveillance, cinq ou six hommes, pourvu que de notre côté nous leur donnassions assurance, au nom de l'assemblée nationale, que les troupes françaises n'entreraient pas sur le territoire suisse ; qu'au reste ils nous juraient que non seulement ils ne prendraient contre nous aucune mesure hostile, mais qu'ils étaient dans la ferme résolution de repousser énergiquement quiconque voudrait se faire un passage à travers leurs pays pour attaquer les Français, et qu'enfin ils étaient décidés à mourir tous, plutôt que de trahir leurs anciens amis et alliés.

Nous n'avons pas hésité, M. le président, à leur certifier que la France observerait toujours religieusement ses traités ; qu'elle désirait que rien ne pût altérer l'amitié qui unit les deux peuples ; qu'elle avait la plus grande confiance dans les bons et fidèles habitants de la Suisse ; qu'elle n'oublierait aucune des mesures capables de les convaincre qu'elle n'a jamais eu d'autre objet que de pourvoir à sa propre sûreté, et qu'en conséquence il allait être donné des ordres au général pour qu'il eût à s'abstenir de faire marcher ou cantonner aucune troupe à ses ordres sur le territoire de la nation helvétique ; et, pour les assurer davantage de ces dispositions, nous avons écrit au bourguemestre de la république de Bienne, à laquelle appartient le rocher de Pierre-Pertuis, une lettre dont copie est ci-jointe, ainsi que de celle que nous ont remise, en nous quittant, les députés de la république.

Nous pensons donc, M. le président, que l'assemblée nationale ne désapprouvera pas des mesures qui nous ont paru les seules dignes de la loyauté française, qui assurent à l'empire l'amitié d'une nation brave et toujours fidèle, et qui le garantit de toute invasion de ce côté, en déjouant les projets de nos ennemis, projets dont le succès était fondé sur les manœuvres par lesquelles ils espéraient aliéner le peuple helvétique, en nous portant à une aggression inutile en elle-même et contraire à la foi des traités.

Nous osons vous assurer, M. le président, que le peuple helvétique nous restera fidèle, si des personnes malveillantes ou peu instruites de la disposition des esprits et des intérêts respectifs des deux puissances, ne parviènent pas à tromper la religion de l'assemblée nationale, en lui faisant prendre des mesures violentes, lorsqu'il ne faut que droiture et franchise.

Les Français sont très-aimés dans le pays de Porentruy, grâce à la conduite sage et conciliante du général Ferrières dont le patriotisme et les talents militaires sont au-dessus de tout éloge. Nous croyons pouvoir assurer qu'on peut, avec des moyens doux, gagner entièrement l'affection de ce peuple paisible; mais que toute violence ou précipitation par lesquelles on voudrait le pousser à des mouvements extraordinaires pourraient l'aliéner sans retour.

Les commissaires de l'assemblée nationale à l'armée du Rhin,

Signés, ANNE PIERRE, COUSTARD, PRIEUR, CARNOT; RISTON, *secrétaire.*

Proclamation de la commune aux habitants de Paris, après la prise de Verdun par les Prussiens.

CITOYENS,

« L'ennemi est aux portes de Paris; Verdun, qui l'arrête, ne peut tenir que huit jours. Les citoyens qui le défendent ont juré de mourir plutôt que de se rendre; c'est vous dire qu'ils vous font un rempart de leurs corps. Il est de votre devoir de voler à leur secours. Citoyens, marchez à l'instant sous vos drapeaux; allons nous réunir au Champ-de-Mars; qu'une armée de soixante mille hommes se forme à l'instant. Allons expirer sous les coups de l'ennemi, ou l'exterminer sous les nôtres. »

A la suite de cette lecture, M. Vergniaux, exposant avec énergie la nécessité d'une mesure grande et décisive, a représenté combien il importait que Paris se montrât dans toute sa grandeur : combien seraient dangereuses en ce moment les terreurs paniques que des émissaires de la contre-révolution voudraient inspirer au peuple. Elles paralyseraient notre force, tandis que si nous marchons avec courage au-devant de l'ennemi, et si nous lui opposons un front menaçant, il se trouvera inévitablement cerné, coupé, taillé en pièces dès ses premiers pas sur la terre de la liberté. C'est aujourd'hui, a-t-il ajouté, que le peuple de Paris doit montrer pour les combats, l'ardeur que lui inspiraient naguère ses fêtes civiques. Où sont donc les bêches et les pioches qui ont élevé l'autel de la fédération ? Les citoyens ne montreraient-ils pas autant d'empressement à construire un camp qu'à élever les gradins d'une fête ? Je demande que l'assemblée nomme chaque jour douze commissaires, non pour exhorter les citoyens, mais pour piocher eux-mêmes, pour concourir aux travaux du camp.

Ces paroles ont excité le plus vif enthousiasme. L'assemblée entière s'est levée ; elle a décrété la proposition de M. Vergniaux.

Du camp de Maulde, 23 août.

Il ne se passe ici rien d'extraordinaire. Ce camp est une forteresse ; les douze mille hommes qui s'y trouvent peuvent en repousser quatre-vingt mille.

L'ennemi qui d'abord avait tenté de le forcer, est devenu moins hardi depuis qu'il sait comme on s'y défend. Rien ne peut faire lever le camp, si ce n'est le manque de munitions; ce qui n'arrivera pas, car ce camp, servant à couvrir une partie du département du Nord, et les routes des villes les plus importantes, comme Valenciennes, Condé, Bouchain, Lille et Douai, est approvisionné par ces villes. Depuis le 2 juillet que le camp est formé, il n'a perdu que trente hommes, et l'ennemi plus de trois cents dans les fusillades.

Les déserteurs arrivent en foule. Le décret produit un effet incroyable. Les généraux autrichiens en ont senti le danger. Pour servir de contre-poison, ils ont fabriqué un libelle, où ils appèlent les Français *fondeurs de cloches et marchands de chiffons*. Ils jettent le libelle dans les campagnes, et il n'est pas rare de le voir tomber en même temps que notre décret.

Le brave maréchal-de-camp, M. Deflers, a été atteint d'une balle à la cuisse, dans une escarmouche que nos flanqueurs ont eue mercredi matin au-dessus de Maulde : tous les soldats et officiers prennent infiniment de part à cet événement, d'autant plus fâcheux, qu'il paraît que cette blessure mettra ce digne officier hors d'état de servir pendant tout le reste de cette campagne.

Le même jour, il s'est manifesté un incendie dans le Château-l'Abbaye; mais cet événement n'a eu au-

cune suite fâcheuse, et les progrès du feu ont été
promptement arrêtés par les soins des différents
corps qui s'y trouvaient en cantonnement.

Du quartier-général de Mouzon, le 30 août.

Une grande partie des hussards de Lauzun vient
de passer chez l'ennemi. Ces malheureux ont été
séduits et débauchés par le général Pâris, qui commandait l'avant-garde... Ce Pâris venait d'obtenir
le grade de maréchal-de-camp.

Le lieutenant-général Chazot et deux adjudants
sont arrivés le 29 au camp. Leur présence a produit un très-bon effet.

Metz et Thionville sont sur le point d'être attaqués. Les habitants montrent les meilleures dispositions et le zèle le plus ardent.·... Montmédy sera
réduit en cendres, avant que l'ennemi s'en empare.

Il est certain que M. Lafayette est prisonnier
chez les Autrichiens; il a été arrêté avec sa troupe
au-dessus de Rochefort, en Famine, le 19, à huit
heures du soir, par M. le comte d'Harnoncourt,
commandant des volontaires limbourgeois. Cette
troupe était composée de dix-sept à dix-huit officiers,
avec un nombre égal de domestiques et cinquante
chevaux. Tous avaient encore la cocarde nationale
que l'on a fait quitter aux domestiques. Ces émigrés, questionnés sur leurs intentions, ont répondu
qu'ils venaient de Bouillon, et qu'ils espéraient

passer, sans mal-encontre, sur les derrières de l'armée autrichienne. M. d'Harnoncourt a, sur-le-champ, écrit à M. le duc de Bourbon, comme pour lui faire hommage d'une prise qu'il croyait importante.

Metz, 28 août.

On pouvait croire que le funeste exemple de lâcheté, donné par les habitants de Longwy, ne trouverait pas du moins un seul imitateur..... Il est bon cependant d'apprendre à la nation entière que des Français, bourgeois d'Etain et de Briey, sont allés au-devant des Prussiens avec le drapeau blanc, leurs armes et leurs trompettes. Les Prussiens s'avancèrent au nombre de six mille hommes. Il est vrai qu'il n'est pas resté une poutre à Bauville, dont les habitants ont eu l'honneur de se défendre.

La ville de Longuyon a été ménagée, à l'exception de quelques maisons. On traite les aristocrates connus avec beaucoup d'égards.

Luckner a été forcé de replier les deux camps de Fontoy et de Richemont, derrière Metz. Il attend du renfort de M. Dumourier. Le prince Hohenlohe le tient en échec, et paraît vouloir appuyer l'armée du duc de Brunswick.

On vient de chasser de Metz les gens suspects et les prêtres réfractaires. On s'est promis de ne pas rendre la ville. M. Antoine, maire, a juré de sauver Metz.

Lettre du ministre de la guerre au président de l'assemblée nationale.

M. LE PRÉSIDENT,

J'ai reçu depuis hier deux courriers des armées, un de M. Dumourier, et l'autre de M. Biron. Ce dernier m'annonce qu'il a donné ordre à dix mille hommes de joindre Kellermann ; ils arriveront le 3 de ce mois. Il s'occupe maintenant à organiser quinze mille hommes, à la tête desquels il marchera à la défense de la capitale.

M. Dumourier se porte pour défendre les gorges du Clermontois et les trouées d'Autry, et m'expose la nécessité de former un gros corps à Châlons. Le besoin le plus urgent est celui de dix à douze mille fusils. Paris en contient plus de quatre-vingt mille. On pourrait inviter les bons citoyens à confier ceux dont ils ne voudront pas se servir eux-mêmes.

M. Danton, ministre de la justice. — Il est bien satisfaisant, Messieurs, pour les ministres du peuple libre, d'avoir à lui annoncer que la patrie va être sauvée. Tout s'émeut, tout s'ébranle, tout brûle de combattre. Vous savez que Verdun n'est point encore au pouvoir de nos ennemis.

Vous savez que la garnison a juré d'immoler le premier qui parlerait de se rendre. Une partie du peuple va se porter aux frontières, une autre va creuser des retranchements, et la troisième, avec des piques, défendra l'intérieur de nos villes. Paris va seconder ces grands efforts. Les commissaires de la commune vont proclamer, d'une manière solennelle, l'invitation aux citoyens de s'armer et de marcher pour la défense de la patrie. C'est en ce moment, Messieurs, que vous pouvez déclarer que la capitale a bien mérité de la France entière. C'est en ce moment que l'assemblée nationale va devenir un véritable comité de guerre. Nous demandons que vous concouriez avec nous à diriger ce mouvement sublime du peuple, en nommant des commissaires qui nous seconderont dans ces grandes mesures. Nous demandons que quiconque refusera de servir de sa personne, ou de remettre ses armes, soit puni de mort.

Nous demandons qu'il soit fait une instruction aux citoyens pour diriger leurs mouvements. Nous demandons qu'il soit envoyé des courriers dans tous les départements, pour les avertir des décrets que vous aurez rendus.

Le tocsin qu'on va sonner n'est point un signal d'alarme, c'est la charge sur les ennemis de la patrie. Pour les vaincre, Messieurs, il nous faut de l'audace, encore de l'audace, toujours de l'audace, et la France est sauvée.

Proclamation du conseil exécutif provisoire de la nation française; 25 août 1792.

Citoyens,

Le despotisme blessé en 89 s'était bientôt relevé. Couvert d'un masque constitutionnel, il conspirait; c'était au nom de vos lois nouvelles qu'il espérait vous ramener sous le joug; et, cependant, des despotes que les traîtres appelaient, vous ordonnaient de respecter les traîtres. Lassés de tant de perfidies, indignés de tant d'insolences, vous vous êtes levés pour la seconde fois. L'ennemi du dedans a été frappé de mort, et cette énergique réponse est la seule que vous ayez faite à l'ennemi du dehors.

Citoyens, il paraît l'avoir entendue. Les tyrans semblent vouloir ne prendre conseil que de leur désespoir; ils avaient osé dire qu'ils vous raviraient une partie de vos droits, aussitôt vous avez déclaré que vous vouliez la liberté toute entière. Maintenant leurs armes touchent vos frontières, et c'est au milieu de leurs armes que vous appelez cette convention chargée de proclamer devant l'Europe la souveraineté des peuples et les usurpations des rois.

Quel spectacle! Il n'en fut jamais d'aussi grand. Jamais époque aussi solennelle n'honora les fastes des nations les plus fameuses par un ardent amour de la liberté.

Citoyens généreux, que faut-il vous demander

encore, sinon de demeurer toujours vous-mêmes ?
Ce n'est point à votre courage qu'on doit dissimuler
les nombreux sacrifices et les hasards renaissants
auxquels votre entreprise vous appèle. Déjà le
peuple français et les rois sont en présence, déjà le
choc terrible commence; et dans cette lutte, si digne des regards du monde, il n'y a plus de choix
entre la victoire ou la mort.

Mais, occupés comme vous devez l'être du soin de
vous armer tous pour la défense de vos intérêts les
plus chers, n'oubliez pas qu'au moment où vous
écraserez dans mille et mille combats l'ennemi du
dehors, des hommes élus par vous doivent aussi
terrasser l'orgueil de tout ce que la France peut avoir
encore d'ennemis intérieurs; n'oubliez pas que du
choix de vos députés dépendent les destinées de cet
empire et de l'univers. D'antiques abus sont à ré-
former, de grandes lois restent à faire : ces changements indispensables et difficiles, à qui sera-t-il
donné de les entreprendre et de les consommer ?
Le talent sans courage ne l'oserait pas, le courage
sans talent l'oserait en vain. Ce n'est donc pas seulement l'énergie du patriotisme qu'il faut à quiconque prétend à vos suffrages. Le triple ascendant
d'un talent recommandable, d'une âme forte, d'une
vie sans reproche, voilà ce que doit réunir l'homme
assez heureux pour que vous le jugiez digne de
vous représenter dans ces temps de gloire, mais de
péril.

En attendant, citoyens, pour conserver cette union qui seule fait notre force, vous devez vous rallier sans cesse autour des représentants, au choix desquels l'empire a tout entier concouru. Vous devez provisoirement vous imposer le devoir d'observer les lois encore existantes; ces lois dont les défauts, quels qu'ils soient, seront incessamment réparés par les nouveaux représentants que vous allez élire.

Il serait inutile de vous le dissimuler, il serait lâche de s'en étonner, et jamais des Français n'en ressentiront de la crainte. Les périls s'augmentent. Nos ennemis préparent et vont porter les derniers coups de la fureur. Maîtres de Longwy, menaçant Thionville, Metz et Verdun, ils veulent se frayer une route jusqu'à Paris; ils peuvent y venir. Quel est celui d'entre vous dont l'âme indignée ne s'élève fièrement à cette idée avec le juste sentiment de ses forces? Citoyens, aucune nation sur la terre n'obtint sa liberté sans combats. Vous avez des traîtres dans votre sein : eh! sans eux, le combat serait bientôt fini; mais votre active surveillance ne peut manquer de les déjouer. Soyez unis et calmes, délibérez sagement sur vos moyens de défense, développez-les avec courage, et le triomphe est assuré.

Nous, cependant, investis de l'exercice du pouvoir exécutif par le suffrage de l'assemblée nationale, qui seule aujourd'hui représente le peuple français;

nous, les premiers ministres que la nation ait choisis, nous nous efforcerons de remplir les devoirs que sa confiance nous impose ; nous tâcherons que rien ne soit oublié de ce qu'il faut pour assurer le triomphe de l'égalité ; et nos travaux, quoi qu'il puisse arriver d'abord, n'auront pas été inutiles. Oui, dussions-nous périr en combattant pour la liberté, nous emporterons du moins cette consolante pensée, que tôt ou tard les efforts du plus magnanime des peuples anéantiront tous les obstacles et tous les tyrans.

Le conseil exécutif provisoire,
Signés, ROLLAND, SERVAN, CLAVIÈRE,
DANTON, MONGE, LEBRUN.
Par le conseil, GROUVELLE, *secrétaire.*

Lettre des commissaires nationaux envoyés dans le département de Seine-et-Marne et départements voisins pour accélérer la levée des volontaires nationaux.

Nous nous empressons de vous annoncer que le district de Melun montre le patriotisme le plus ardent ; les routes sont couvertes de citoyens enrôlés, les communes ont offert leurs chariots. Les uns s'inscrivent, les autres fournissent leurs habits, leurs armes, et souscrivent des engagements pécuniaires pour secourir les femmes et les enfants de ceux qui partent. L'amour de la liberté brûle dans tous les cœurs, et la sainte égalité brille ici dans tout son lustre. Les mères de famille donnent leurs bijoux.

Les mêmes sentiments se manifestent à Amiens; c'est évaluer modérément les dons qui ont été faits depuis notre arrivée dans cette ville, c'est-à-dire, en deux heures de temps, que de les porter à 60,000 livres.

La commune de Mailly n'avait que soixante gardes nationaux; vingt-quatre étaient déjà sur les frontières. Le surplus s'est rendu armé et équipé sur la place, et s'est enrôlé pour partir, etc.

Signés, MERLIN, JEAN DEBRY, *commissaires de l'assemblée nationale.*

LEGENDRE, *commissaire du conseil exécutif.*

Lettre des commissaires envoyés dans les départements de Seine-et-Oise, Eure, Calvados, Seine-Inférieure.

En partant de Paris, nous nous sommes rendus à l'assemblée primaire du canton de Sèvre; elle a fourni sur-le-champ cent cinquante hommes armés et équipés. Arrivés à Versailles, nous y avons trouvé tous les corps administratifs assemblés et la garde nationale sous les armes. Un amphithéâtre a été élevé, et bientôt il a été chargé de citoyens qui venaient souscrire, soit de leurs personnes, soit de

leurs fortunes. La souscription pécuniaire a produit sur-le-champ 64,000 liv.; un bataillon de
huit cents hommes va être armé et équipé aux frais
de la commune; elle lui donne deux pièces de canon, et plus de deux cents hommes à cheval se forment en compagnies franches. La commune de
Saint-Germain a fourni cent cinquante hommes.
Arrivés à Evreux, chef-lieu du départemet de
l'Eure, nous y avons fait une proclamation. Le ras-
semblement de tous les citoyens sous les armes, le
zèle qu'ils ont fait éclater, nous donnent l'espérance
que ce département fournira un contingent honorable. L'esprit public s'anime dans tous le lieux de
manière à convaincre que s'il s'est refroidi quelques instants, c'est au système de modérantisme
des prétendus honnêtes gens qu'il faut s'en prendre.

Signés, LECOINTRE et ALBITTE.

Lettre des commissaires envoyés à l'armée du centre.

Metz, 29 août 1792, l'an 4 de la liberté,
le 1er de l'égalité.

Le ministère ancien était ifinniment attentif à
cacher tout ce qui pouvait nous donner de salu-
taires alarmes, à ne nous jamais faire connaître le
nombre de nos soldats, le caractère des chefs, l'état
des places, sous le vain prétexte qu'il ne fallait pas
annoncer ces détails à l'ennemi. Long-temps nous

avons eu la faiblesse de tomber dans ce piège grossier. Qu'en est-il résulté? que nous avons tout ignoré et que nos ennemis savaient tout.

Si nous nous étions entièrement reposés sur ces hommes qui se croient prudents et ne sont que timides, nos armées seraient actuellement désorganisées et nos places livrées. Il ne faut plus que la vérité reste cachée dans les bureaux et dans les comités; il faut que nous sachions tout, que nous disions tout à l'assemblée nationale, et qu'elle dise tout au peuple. Si donc par nos dernières dépêches nous avons donné quelques légères inquiétudes, nous avons cru le devoir, parce que nous nous sommes convaincus que l'assemblée nationale et le ministère patriote étaient trompés par des récits infidèles; qu'il n'est plus temps de dissimuler le danger, mais bien de rassembler toutes nos forces pour le repousser. Aujourd'hui notre mission, quant aux événements du 10, est entièrement et heureusement terminée, c'est-à-dire, que nous n'avons plus besoin d'endoctriner, de haranguer le peuple et l'armée, et que ceux que nous voudrions exciter au patriotisme sont aussi patriotes que nous. Les soldats ont juré de défendre jusqu'à la mort la liberté, l'égalité. Ceux de leurs chefs qui ont montré des intentions perfides, sont tellement déconcertés par notre présence, qu'ils n'osent plus se permettre aucun murmure.

L'arrivée du général Kellermann et sa réunion

au maréchal Luckner, vièvent de porter au plus
haut degré la confiance des soldats et des citoyens;
et déjà les ennemis qui s'avançaient sur Verdun, et
qui se flattaient de trouver une libre route jusqu'à
Paris, commencent à mesurer leurs pas, et à regarder en arrière. Ils ont fait mine d'attaquer Thionville, mais on s'apprête à les recevoir plus verte-
ment qu'à Longwy.

M. Wimpfen les a reçus à coups de canon, et a
fait ensuite une sortie vigoureuse qui les a repoussés, et où ils ont perdu plusieurs hommes. Nous
avons écrit au général Wimpfen une lettre de satisfaction, et nous l'engageons, par le patriotisme
et le véritable honneur, à défendre son poste ou à
y périr. Le conseil général de la commune est dans
les mêmes dispositions. Les soldats sont rayonnants
de joie; quand il s'agit de combattre, ils manifestent la plus heureuse ardeur. Le maréchal Luckner
a donné ici la plus grande idée de son caractère et
de ses talents militaires ; nous devons lui rendre
l'hommage public de dire qu'avant notre arrivée il
s'était montré fermement attaché à la nation, à la
liberté et à l'égalité. Une foule d'actes le démontre.
Par exemple, le régiment de hussards Berchigni
s'étant retiré à Bitche, il écrivit au colonel :

« Au nom de la nation, Monsieur, je vous ordonne de sortir de Bitche et de revenir au camp. »
Et sur le refus du commandant, motivé sur la suspension du roi, il lui écrivit une seconde lettre en

ces termes : « Si vous refusez d'obéir à l'assemblée
nationale, je marche sur vous et je vous envoie à
Orléans. »

D'après cela, et lorsqu'une foule de papiers publics annonce la destitution de ce général, nous
n'hésitons pas de demander comme une réparation
à la sensibilité de ce généreux vieillard, que l'assemblée lui donne un témoignage de satisfaction,
il le mérite d'autant plus qu'il nous a convaincus
que la confiance de la nation française lui est infiniment chère, et qu'il ne se consolerait jamais de
l'avoir perdue.

Les soldats lui sont attachés, et avec Luckner et
Kellermann, il n'est rien qu'ils ne fassent. Nous
vous envoyons la liste des officiers que nous avons
suspendus, avec les actes de remplacement. Nous
nous occupons de pourvoir aux besoins les plus
pressants des troupes, et surtout à leur habillement, etc.

Signés, LAPORTE, LAMARQUE.

*Extrait d'une lettre du camp de Frescaty, près
Metz, du 29 août.*

On s'est bien trompé à Paris sur les dispositions
et la conduite du maréchal Luckner. Sans doute,
il a paru vivement affecté des désagréments que les
circonstances lui suscitaient ; mais jamais Luckner
ne trahira lâchement sa patrie adoptive. Ce vieux

guerrier vient de donner une preuve toute récente
de sa franchise et de son attachement inviolable à
la cause sacrée de la liberté... Le général autrichien,
prince de Hohenlohe, lui a écrit une lettre insidieuse, où il cherche à séduire ce respectable maréchal, en le caressant d'abord par l'éloge de ses
talents militaires. Après avoir fait une peinture *très-
fidèle* de l'état actuel de la France, M. de Hohenlohe rappèle au maréchal l'attachement qu'il a dû
vouer au véritable intérêt du royaume et *du roi
son maître.* « Les plus grands souverains se sont
armés, dit-il, contre *le gouvernement factieux
de la France; et* les vues de ces souverains *sont
absolument désintéressées.* » Le général autrichien proteste de la joie qu'il aurait de voir le maréchal concourir *avec ces illustres ligués au rétablissement du roi, de l'ordre et de la véritable
liberté, qui ne gît que dans l'exécution des lois...»*
Que je serais heureux, ajoute-t-il, de combattre les
acharnés ennemis de la cause de votre roi et du
véritable bonheur de la France, *joint à vous, ou
même sous vos ordres....»* Il finit par demander
les ordres du maréchal.

Le maréchal a lu cette lettre avec le sang-froid
du mépris. Interrogé s'il répondrait : « *Oui*, a-t-il
dit, *à coups de canon.* » Et aussitôt il a envoyé
l'original au ministre.

L'officier le plus traître qui fût dans l'armée était
sans doute le lieutenant-général Jarry. Cet homme,

à la nouvelle des événements du 10, avait tellement disposé l'avant-garde qu'il croyait *pouvoir compter sur elle;* mais, grâces aux soins de Luckner, qui sans doute fut éclairé à temps sur ce lâche déserteur, les manœuvres de Jarry furent sans effet; et ce fut alors que voyant son coup manqué, il passa sur les terres de Deux-Ponts. Il était parvenu à effrayer si bien l'avant-garde, qu'elle croyait aller à la boucherie. La présence du maréchal a rassuré les esprits et ramené la confiance, compagne de la victoire.

Rapport fait dans la séance du samedi 1ᵉʳ sept.,
par les commissaires envoyés à Sedan.

La mission que nous avons reçue de l'assemblée nationale embrassait trois objets. La délivrance de nos collègues arrêtés à Sedan, le rétablissement de l'esprit public dans le département des Ardennes, et les mesures générales commandées par le salut de l'empire.

La commune de Reims offrit trois mille hommes pour soutenir toutes nos démarches; mais, pour caractériser en peu de mots l'esprit public qui règne dans cette cité, nous vous dirons qu'avant qu'on eût appris aucuns détails sur l'événement du 10 août, la statue de Louis XV avait été renversée là comme à Paris; le bras du peuple brisa les idoles qui ont trop long-temps trompé et asservi la France.

Nous fîmes imprimer une adresse aux citoyens des
Ardennes; et, tandis que nous leur parlions le langage de la verité et de la persuasion, nous déployâ-
mes toute l'énergie convenable à notre caractère
public par les réquisitions formelles et pressantes
adressées aux corps administratifs des départements
et au conseil général de la commune de Sedan, avec
injonction de faire cesser l'arrestation de MM. Kersaint, Antonelle et Peraldy. Nous voulûmes aussi
mettre à cette épreuve décisive le général Lafayette
lui-même; nous espérions au moins en tirer cet
avantage qu'un refus formel de sa part mettrait au
jour toute sa perfidie, et ferait ensuite retomber
sur lui les forfaits que ses lâches intrigues faisaient
exécuter par des hommes égarés. A l'appui de ces
moyens, des lettres confidentielles aux citoyens les
plus accrédités du département des Ardennes, des
conférences avec des émissaires sûrs qui nous déve-
loppaient les causes de ce qui s'était passé, l'envoi
dans l'armée d'un grand nombre de zélés patriotes
chargés d'y répandre l'instruction, et de faire connaître aux soldats l'outrage fait en leur nom à des
représentants du peuple; enfin, la correspondance
officielle la plus suivie, et telle que nous expédiâmes
dans une seule nuit cinq courriers, préparaient,
autant qu'il dépendait de nous, le succès de notre
mission. En effet, toutes nos opérations tendaient
à provoquer cette indignation profonde qui souleva,
au même instant, les citoyens et les soldats contre

un général qui émigrait, et contre Louis XVI le parjure.

Rhétel est un modèle parfait du patriotisme et de l'union qui doit régner partout entre les magistrats et les citoyens.

Ce fut à Mézières que nous nous réunîmes à MM. Kersaint, Antonelle et Peraldy : la puissance de l'opinion publique avait fait cesser leur arrestation.

Ils avaient pris sur eux de maintenir provisoirement les administrateurs dans leurs fonctions. Dans une place de guerre voisine de l'armée, les mouvements continuels des troupes, leur distribution journalière chez les habitants lors des passages, le transport des vivres, des fourrages, des bagages, des munitions, exigent dans l'administration une activité continuelle, et par conséquent des hommes qui ont déjà la connaissance des affaires et l'habitude du travail; il était douteux qu'on pût remplacer subitement le conseil d'administration ni le conseil général de la commune de Sedan, autre ville de guerre plus considérable, plus peuplée et plus rapprochée de l'armée du Nord.

Nous ne pouvions ni risquer d'entraver la marche de l'administration, ni surtout affaiblir par la mobilité des décisions, la confiance qu'il est si nécessaire d'imprimer aux citoyens envers le corps législatif, confiance qui est le principal ressort de toute autorité.

Nous devons ajouter que l'arrêté pris par le conseil général du département pour refuser la publication des lois du 10 août, avait été délibéré en présence des officiers de l'armée de Lafayette; ils remplissaient la salle des séances, et provoquaient, pour ainsi dire, un acte qui, de la part des administrateurs, fut l'effet de la surprise et de l'erreur. Le procureur-général avait d'abord requis la transcription sur les registres, et une minorité de huit membres y avait adhéré.

L'arrestation de nos collègues à Sedan était un véritable attentat; aussi fut-il préparé par de plus savantes combinaisons; une lettre du général Lafayette en avait donné l'ordre précis. Ce sont les émissaires du général qui excitèrent le soulèvement du peuple, s'écriant qu'il fallait lui livrer des factieux, des séditieux, et que c'était à lui d'en faire justice; tout était disposé pour provoquer le dernier des crimes : telle était la cruelle position des magistrats de Sedan, qu'ils n'étaient plus que les agents passifs des desseins criminels du général.

Mais la désertion de Lafayette fut un trait de lumière pour les magistrats.

De Sedan, nous sommes revenus sur Mézières, où régnait la plus grande fermentation. Les citoyens indignés, mais non pas découragés de la prise de Longwy, avaient demandé la visite des arsenaux et des remparts, dont la seule approche était interdite, même aux canonniers. On venait de tout vérifier et de constater la trahison la plus criminelle. Nous réitérâmes nous-mêmes la visite en présence de plusieurs administrateurs et de plusieurs membres de la commune, de commissaires députés par les citoyens et de chefs militaires de toutes armes. Il fut reconnu que les munitions d'artillerie, dont la place était pourvue, devenaient inutiles, faute d'avoir été préparées et mises en état de servir.

La gravité de ce délit nous parut exiger une mesure prompte et sévère : il fallait mettre les coupables sous le glaive de la loi, et faire exécuter sur-le-champ les travaux nécessaires à la défense de cette place. Nous prîmes un arrêté en conséquence.

A Charleville, où la manufacture des armes à feu attirait notre surveillance, il nous fut aisé de nous convaincre que le pouvoir exécutif n'avait négligé aucun des moyens qui pouvaient diminer la puissance de nos armées. Voici les faits : la nation paie à l'entrepreneur de la manufacture quinze pour cent du prix des bâtiments nécessaires à son exploitation, et cependant l'entrepreneur fabrique pour le commerce et non pour la nation. Autrefois les ateliers fournissaient vingt-cinq mille armes par an ; aujourd'hui et depuis la révolution, ils en donnent à peine cinq mille ; encore si les armes passaient directement dans nos arsenaux ! mais la plupart de ces fusils vendus 20 liv. la pièce en assignats, ont été rachetés par le gouvernement, comme venant de l'étranger, et payés 36 liv. en argent. Que faut-il encore pour douter des trahisons des ministres de Louis XVI? Et si cet homme était encore le chef du pouvoir exécutif, quel moyen auriez-vous de distribuer des armes aux nombreux défenseurs de la patrie? Dans les armées, on distingue les bataillons sortis du sein des campagnes, dont la subordination, la vigueur et le dévoûment seront supérieurs à toutes les fatigues et à tous les périls; partout aussi on entend des plaintes sur le défaut d'armes, de vêtements et de munitions : ce dénûment décèle la trahison la plus profonde et la plus scandaleuse. On regrète que l'événement du 10 août ne soit pas arrivé plus tôt, et n'ait pas rompu à temps le fil de toutes les intrigues qui ont mis la patrie en danger.

Nous devons détruire une erreur qui alarme beaucoup de citoyens : on représente nos armées comme entièrement dénuées de généraux et d'officiers. Nous avons reconnu dans MM. Chazot et Denoue, l'un cammandant au camp de Vaux, l'autre au camp de Soissons, une activité qui ne peut être que le fruit des talents militaires, et du désir constant qu'ils ont de bien servir la patrie. Il est vrai que l'on n'aperçoit plus à la tête des bataillons ces jeunes gens si renommés par leur fatuité et leur ignorance : ils ont tous, dans le cours de la révolution, ou violé leur serment, ou déserté devant l'ennemi : mais ils sont remplacés par des officiers que le mérite, et non la fortune, a nourris dans l'exercice de toutes les vertus militaires; ce sont des hommes actifs, intelligents, amis du soldat, amis de l'égalité, incorruptibles dans les temps de paix, et fermes à leurs postes lorsque le danger approche : on peut compter sur de tels chefs; ils sauront se battre, comme ils savent aimer la patrie.

Liberté chérie, égalité sainte, puisqu'il faut vous conquérir, appelez au combat tous vos amis fidèles. Nous avons enchaîné l'ennemi qui nous dévorait dans l'intérieur, dévorons à son tour l'ennemi étranger, le tyran qui vient profaner la terre de la liberté. Que nous servirait d'avoir vaincu Louis XVI et la cour, si le Prussien nous opprime? Enfants de la patrie, sortez en foule de cette capitale; et, réunis à tous vos frères des départements, fondez tout-à-coup sur les esclaves du nord, écrasez leurs chefs insolents. Ce n'est plus dans l'enceinte des villes qu'il faut veiller sur le salut de la patrie; armez-vous, il est temps de courir sur les remparts, de descendre dans la plaine, de garnir les hauteurs, d'occuper tous les postes, de défendre tous les passages, d'attaquer le nombre par le nombre, la force par la force, et de tout renverser par le courage, enfin, d'en imposer à l'ennemi par la volonté ferme de périr tous plutôt que de souffrir le joug. Il faut vaincre ou mourir : telles sont les dispositions des départements que nous avons parcourus; mais on ne peut les considérer que comme l'avant-garde de la nation, et le moment est arrivé où la nation toute entière doit marcher à l'ennemi.

Nous vous soumettons les propositions suivantes :

L'assemblée nationale décrète qu'elle approuve et confirme provisoirement les mesures prises par ses commissaires pour assurer la tranquillité publique dans le département des Ardennes.

L'assemblée nationale considérant que les citoyens de Rhétel ont donné, dans des moments difficiles, des preuves distinguées de leur dévoûment à la cause de la liberté et de l'égalité, décrète que la commune de Rhétel a bien mérité de la patrie.

Ces deux propositions sont adoptées.

Le courrier extraordinaire qui a remis au ministre de la guerre les dépêches qui annoncent la prise de Verdun, est admis à la barre ; il obtient la parole.

M. LE PRÉSIDENT,

Le 30 août, M. Dumourier a fait faire un mouvement à son armée. Il a vu que l'ennemi avait pour objet d'empêcher qu'il ne communiquât avec la garnison de Verdun. Alors le général a fait la plus habile manœuvre. Il a fait traverser à son artillerie toute la chaîne du Mont-Dieu. Il s'est porté sur les côtes d'Argonne ; cependant son but est de gagner Varennes, où il doit se joindre avec Kellermann, de manière qu'il ne doute pas que l'ennemi ne soit repoussé avec le plus grand avantage. Nous n'avons aucune nouvelle de Verdun. Quant à moi, je pa-

rierais cent contre un que cette ville n'est pas prise.
Lorsque l'ennemi s'est porté sur Stenay, il s'y est
présenté guidé par des aristocrates de l'intérieur :
les habitants et les gardes nationales se sont battus
comme des diables......... Le général Dumourier occupe actuellement les gorges d'Argonne; il va se
porter sur Sainte-Menehould; il est ami de ses soldats; il couche sur la paille comme eux. Il est bon
de vous dire qu'il a trouvé l'armée de Lafayette
presqu'entièrement désorganisée; mais que l'ordre
y est déjà bien rétabli.

Le général Dumourier a reçu cette nuit des affi-
ches, des ordres du maire de Stenay, qui assurent
que l'ancien régime est parfaitement rétabli. Voici
des pièces originales :

Nous maire et officiers municipaux de la ville de
Stenay, pour le service de l'armée impériale, etc.
Cette pièce est relative à la taxe des denrées, fixées
par sa majesté l'empereur et roi très-chrétien.

Nous maire et officiers municipaux, en vertu
d'un ordre des commissaires de sa majesté l'empereur et roi très-chrétien, ordonnons, etc.

Je n'oublierai pas de dire qu'une femme a empoisonné deux tonneaux de vin, qu'elle en a bu la première et qu'elle en a fait boire à quatre cents Autrichiens qui en sont morts.

Je n'ai pas cru devoir taire tous ces détails, parce
que je pense que l'exécution de ces projets sera ac-
complie avant que l'ennemi puisse en être instruit.

Extrait d'une lettre de Charleville.

le 4 septembre.

On vient d'arrêter quatre voitures chargées d'armes et d'argent. M. Chuzeau, inspecteur en chef de la manufacture de Charleville, les conduisait..... Il vient d'être arrêté, conduit à l'hôtel-de-ville; on l'en a arraché, et il a été percé à coups de baïonnettes : on a promené sa tête au bout d'une pique. La générale bat de tous côtés. Les volontaires et les bourgeois partent pour Sédan où est l'ennemi. Je crois que nous allons partir aussi, parce que nous avons la consigne de ne pas sortir de la ville, et que nous sommes tous armés.

Lettre d'un grenadier du 1er bataillon de Paris.

Du camp de Maulde, le 2 septembre.

L'attaque qui a eu lieu du côté de Bleharies et de Rongy paraît avoir eu pour but de connaître, 1° la position de nos redoutes, 2° le nombre de nos bouches à feu, 3° l'adresse de nos artilleurs. L'ennemi a dû être pleinement satisfait sur ce dernier point; car je tiens de la bouche même du général de Beurnonville, que notre artillerie a renversé deux cent cinquante hommes. Le maire de Flines a déclaré que les ennemis avaient emmené trois charriots de morts et de blessés. Leur perte peut être évaluée à trois cent quarante hommes environ, tant tués que blessés. Aucun des nôtres n'a péri dans le combat; mais sur trois blessés, deux sont morts hier.

Un officier général, dont j'ignore le nom, se dépouilla de son uniforme dans la redoute dite du Moulin; et le jetant entre les batteries, il s'adresse à nos artilleurs : *Braves canonniers de Paris*, leur dit-il, *vous me payerez mon habit, si l'ennemi vient le prendre.* Malgré les boulets de canon de l'ennemi dirigés sur cette redoute, et qui passaient aux oreilles des canonniers, le général Beurnonville, monté sur le parapet, enchaînait l'ardeur de nos camarades qui voulaient mettre le feu aux pièces. Il fit jouer l'air *ça ira.* « Quand je me baisserai, dit-il aux canonniers, vous jouerez à votre tour. » Il se baisse, trente-six dragons de la Tour, six hussards de Blankenstein sont renversés. (Je tiens ce dernier fait d'un hussard de ce régiment, qui a déserté ce soir, et qui s'était trouvé à l'affaire.)

Le second coup de canon démonta une pièce de l'ennemi placée près de Bleharies, cassa le caisson et tua deux chevaux.

Furieux de se voir repoussé à Rongy et à Bleharies, l'ennemi se porta vers Flines. Sa supériorité fit retirer le bataillon de flanqueurs dans Mortagne. Pendant ce temps, les Autrichiens pillèrent le village, et brisèrent tout ce qu'ils ne purent enlever. Une pièce de canon chargée à mitraille, et placée dans le château où est l'ambulance, mit bientôt fin à leurs rapines; ils ont emmené trois chariots, tant morts que blessés, et nous n'avons point eu de blessés.

A trois heures du matin, ils revinrent à la charge sur l'Escaut, vis-à-vis le château de l'abbaye; vingt hommes que nous avions sur le bord de la rivière essuient leur feu, et en ripostant leur tuent cinq hommes et leur en blessent quatre, sans aucune perte de notre côté.   B...... G.

Adresse de l'assemblée nationale aux Français,
décrétée le 3 septembre.

CITOYENS,

C'est par le mensonge que des Français parjures ont excité contre leur patrie les armes de l'Autriche et de la Prusse; c'est à force de mensonges qu'une cour conspiratrice était parvenue à cacher la sourde destruction ou la destination perfide des moyens que vos représentants avaient préparés pour la défense des frontières; c'est aussi en employant le mensonge que ceux de vos ennemis qui sont encore au milieu de vous, se flattent d'égarer votre patriotisme, ou de refroidir votre valeur, et qu'ils espèrent répandre parmi vous, ou le découragement, ou la défiance.

Ils ont dit à ceux qu'ils voulaient irriter, que l'as-

semblée nationale se préparait à rétablir Louis XVI :
il ont dit à ceux dont ils voulaient décourager la résistance contre les soldats de la tyrannie, que l'assemblée nationale avait le projet d'élever sur le
trône un prince étranger, et même le général des
armées ennemies, ce duc de Brunswick qui s'est
déclaré l'ennemi de la souveraineté des peuples et
de la liberté du genre-humain.

Citoyens, vos représentants vous ont prouvé qu'ils
ne voulaient pas d'un pouvoir qui ne leur aurait
point été conféré par le peuple ; ils ont appelé une
convention nationale, et elle seule peut régler quelle
forme de gouvernement convient à un peuple qui
veut être libre, mais qui ne veut l'être que sous la
loi de l'entière égalité. Usurperaient-ils un pouvoir
illégitime, après s'être renfermés avec scrupule dans
les limites de ceux qu'ils avaient reçus de la constitution, au moment même où des circonstances extraordinaires auraient pu les excuser ?

Dira-t-on qu'ils chercheraient alors à se couvrir
du voile de la nécessité ? Non. En jurant de mourir
à leur poste, ou de maintenir les droits du peuple,
en jurant d'y attendre la convention nationale, ils
ont juré de ne point déshonorer par de lâches traités
les derniers moments de leur existence : ils rempli-
ront toute l'étendue de leur serment, et ils prête-
raient celui que ces indignes calomnies semblent
exiger d'eux, si le respect pour l'assemblée, chargée
par le peuple de déclarer la volonté nationale, si le

respect pour le peuple lui-même auquel il appartient d'accepter ou de refuser la constitution qui lui est offerte, pouvaient leur permettre de prévenir, par leur résolution, ce qu'ils attendent de la nation française, de son courage et de son amour pour la liberté. Mais ce serment qu'ils ne peuvent prêter comme représentants du peuple, ils le prêtent comme citoyens et comme individus ; c'est celui *de combattre de toutes leurs forces les rois et la royauté.*

Protestation du général Lafayette et des officiers qui l'avaient accompagné.

Rochefort, le 19 août.

Les soussignés, citoyens français, arrachés par un concours impérieux de circonstances extraordinaires au bonheur de servir, comme ils n'ont cessé de le faire, la liberté de leur pays, n'ayant pu s'opposer plus long-temps aux violations de la constitution que la volonté nationale y a établie, déclarent « qu'ils » ne peuvent être considérés comme des militaires » ennemis, puisqu'ils ont renoncé à leurs places dans » l'armée française, et moins encore comme cette » portion de leurs compatriotes, que des intérêts, des » sentiments ou des opinions absolument opposés » aux leurs, ont portés à se lier avec les puissances » en guerre avec la France, mais comme des étran-

»gers qui réclament un libre passage que le droit des
»gens leur assure, et dont ils useront pour se rendre
»promptement sur un territoire dont le gouverne-
»ment ne soit pas actuellement en état d'hostilité
»contre leur patrie. »

Signés, LAFAYETTE, LATOUR-MAUBOURG,
ALEX. LAMETH, LAUMOY, DUROURE, A.
MASSON, SICARD, BUREAU-PUZY, VICTOR
LATOUR-MAUBOURG, VICTOR GOUVION, LAN-
GLOIS, SIONVILLE, A. ROMEUF, PHIL. C.
DAGRAIN, L. ROMEUF, CURMER, PILLET,
LACOLOMBE, V. ROMEUF, C. LATOUR-MAU-
BOURG, AL. DARBLAY, SOUBEYRAN, CH. CA-
DIGNAN.

Différentes pièces de la capitulation de Verdun.

Le 31 août, sommation de la part du duc de
Brunswick au commandant, aux troupes et aux habitants, de remettre cette place en possession de
leurs majestés le roi de Prusse et l'empereur, au
nom de sa majesté très-chrétienne. Il y est dit que
toute résistance sera inutile, attendu que les opérations militaires seront poussées avec toute la vigueur nécessaire.

Réponse du conseil défensif de Verdun, en date du même jour.

Le conseil de guerre, après avoir entendu le

rapport de M. Bellemond, commandant du génie et
de l'artillerie, sur la situation de la place, arrête
qu'il sera fait au duc de Brunswick la réponse suivante :

« Le commandant et les troupes ont l'honneur
d'observer à M. le duc de Brunswick que la défense
de cette place leur a été confiée par le roi des Français, de la loyauté duquel ils ne peuvent douter.
En conséquence, ils ne peuvent, sans manquer au
roi, à la nation et aux lois, la livrer tant qu'elle sera
en état de défense. Ils croient que, sous ce rapport,
leur résistance ne peut que leur mériter l'estime de
l'illustre guerrier qu'ils ont l'honneur de combattre,
et ils comptent sur son humanité. »

Réponse du duc de Brunswick.

« Les sentiments de générosité et de justice qui
animent leurs majestés l'empereur et le roi de
Prusse, ont suspendu les opérations qu'elles auraient pu ordonner pour mettre sur-le-champ la
ville de Verdun en leur pouvoir; elles désirent prévenir, autant qu'il est en elles, l'effusion du sang.
En conséquence, j'offre à la garnison de livrer aux
troupes prussiennes les portes de la ville et celles
de la citadelle, de sortir dans les vingt-quatre heures
avec armes et bagages, à l'exception de l'artillerie.
Dans ce cas, elle et les habitants seront mis sous
la protection spéciale de leurs majestés ; mais si elle

rejetât cette offre généreuse, elle ne tarderait pas d'éprouver les malheurs qui seraient la suite nécessaire de ce refus ; elle serait soumise à une exécution militaire, et les habitants livrés à toute la fureur du soldat. »

Délibération du conseil, en date du 1er sept.

« Le conseil militaire considérant qu'il est bien plus avantageux à la nation de garder trois mille cinq cents hommes qui composent la garnison avec leurs armes et leurs bagages, que de faire une résistance qui ne retarderait que de quelques jours la prise de la place, et qui l'exposerait à une ruine totale ; considérant que sa reddition dans l'état où elle se trouve est conforme, sinon à la lettre, au moins à l'esprit du décret du 26 juillet ; qu'il est impossible d'atténuer les effets de la bombe, attendu la supériorité du terrain sur lequel les ennemis font jouer ce mobile ; que la plus grande partie des remparts est sans parapets, qu'il n'y a au-dehors de la place ni chemin couvert, ni traverse, ni contre-escarpe ; qu'une autre partie est hors d'état de soutenir long-temps l'effet de l'artillerie, et qu'elle peut être considérée comme une grande brèche ; qu'il n'y a ni retranchements intérieurs, ni moyens d'en pratiquer ; qu'il n'y a que trente-deux pièces de canon et un seul canonnier expérimenté pour le service de chacune ; considérant aussi l'état de dé-

sespoir où se trouvent les citoyens à la vue de l'incendie de leurs maisons , etc. etc. accepte la capitulation proposée. »

Délibération du conseil général du district et de celui de la commune.

Nous, etc... considérant que la loi du 26 juillet,
relative aux moyens de défense des places assiégées,
ne peut être exécutée dans cette circonstance, par
la raison que dans l'attaque de cette place, il n'est
question ni de brèche ni d'assaut ; mais que l'on
paraît ne s'attacher qu'à incendier les maisons des
habitants ; que le bombardement de douze heures
qui vient d'avoir lieu, peut être regardé comme
une brèche ; que d'ailleurs la place est pour ainsi
dire ouverte, dans plusieurs parties ; voulant en
prévenir la subversion totale, adhère à la capitulation proposée.

N. B. A la suite de ces délibérations, M. Beaurepaire, commandant, voyant que les habitants
exigeaient impérieusement la reddition de la place,
s'est brûlé la cervelle.

Lettre de l'officier faisant les fonctions de com-mandant, au duc de Brunswick, en date du 2.

J'accepte la capitulation honorable que vous nous
avez proposée hier. Je n'y ajoute qu'une demande,

c'est que les bataillons de Maine-et-Loire, et de la Charente, conservent les quatre pièces de campagne qu'en entrant dans cette ville, ils avaient amenées avec eux.

Capitulation.

Les sentiments d'humanité et de genérosité qui animent leurs majestés impériale et prussienne, les ont déterminées à préférer les moyens de douceur. En conséquence, la garnison de Verdun sortira sur-le-champ par la porte de France, avec armes et bagages et avec quatre pièces de campagne, conformément à la demande du commandant. Elle sera, jusqu'à la prochaine station, accompagnée par des conducteurs prussiens, et elle sera, ainsi que les habitants, mise sous la protection de leurs majestés impériale et prussienne. Ceux qui voudront sortir par la porte Saint-Victor pourront se rendre jusqu'à Metz, et seront aussi sous la protection de leurs majestés. Il leur sera délivré des voitures *gratis*. Les habitants de la ville et des environs jouiront de la même protection, sous condition qu'ils remettront leurs armes, leurs drapeaux et leurs munitions. Les officiers et les troupes qui voudront ne partir que demain, resteront sous la protection des troupes prussiennes. Si les membres de la garnison reviènent comme particuliers, ils seront traités comme particuliers.

Cette lecture est plusieurs fois interrompue par
des mouvements d'indignation.

L'assemblée charge sa commission extraordinaire
de lui faire un rapport sur cette capitulation.

*Lettre du ministre de la guerre au président de
l'assemblée nationale.*

M. LE PRÉSIDENT,

J'ai reçu aujourd'hui une dépêche de M. Kellermann ; elle est datée du 4 de ce mois. Ce général
va faire proclamer Metz en état de siége, et y pla-
cera une forte garnison. Vous ne devez point avoir
d'inquiétude pour cette ville qui est bien approvisionnée ; il lève son camp pour se porter vers Châlons. Vous me permettrez de garder le silence sur
son plan de marche; vous n'ignorez pas que c'est
là le secret de l'état.

Je vous observerai que l'opinion de ce général
éclairé est que l'ennemi n'a pas l'intention de s'a-
vancer vers Paris, qu'il y aurait beaucoup de folie
de sa part à le faire. M. Kellermann a vu avec plaisir
qu'un décret de l'assemblée nationale débarrasse les
officiers et sous-officiers de leurs fusils pour les remettre aux volontaires nouvellement arrivés , et qui
sont sans armes.

Lettre du ministre de la guerre.

Paris, 4 septembre 1792, l'an 4 de la liberté,
1er de l'égalité.

M. LE PRÉSIDENT,

Je viens de recevoir une lettre de M. le maréchal Luckner, et une de M. Dumourier, dont je m'empresse de vous donner connaissance.

M. Luckner m'annonce qu'il hâte le plus qu'il lui est possible l'organisation des troupes à mesure qu'elles lui arrivent; il m'annonce une infraction aux lois qu'il est instant de faire cesser, c'est un empêchement qu'ont mis au départ d'un convoi de farine qui passait pour Soissons, des bataillons qui s'y sont réunis. Vous sentez, monsieur le président, que si un pareil exemple était suivi, la France serait perdue. Je viens de faire partir un courrier extraordinaire pour avertir M. Labourdonnaye de cette contravention, et pour lui prescrire de la réprimer sans délai.

M. Dumourier m'envoie une dépêche du plus grand intérêt. Elle contient le détail de ses projets pour arrêter la marche de l'ennemi s'il veut pénétrer en France, et de ses plans s'il veut au contraire retourner dans les départements de la Meuse, de la Moselle, etc. Je ne puis qu'approuver les vues de M. Dumourier, parce qu'elles sont exactement conformes aux miennes.

Par des mouvements que le général a faits, il aura avant très-peu de temps sous ses ordres trente-cinq mille hommes d'excellentes troupes qui, pleines d'ardeur, de civisme et de confiance en leurs chefs, formeront à l'ennemi une barrière impénétrable.

M. Dumourier m'annonce que la ville de Reims lui a offert quinze cents hommes, dont huit cents grenadiers armés et habillés, et quatre pièces de canon : ce renfort joindra aujourd'hui le général. Il est bien important, monsieur le président, que les Français suivent ce bel exemple ; mais, nous ne pouvons assez le dire, ce sont des hommes armés qu'il nous faut ; les autres, loin de nous servir, nous nuisent.

Le général Dumourier nous transmet une anecdote qui trouvera place dans l'histoire, et qui sûrement obtiendra des applaudissements et des témoignages de reconnaissance de la part du corps législatif.

Cent dix hommes de la petite ville de Mouzon, presque tous vétérans, ont abandonné leurs foyers et leurs propriétés, ont sauvé leurs drapeaux et ont ramené deux charriots remplis d'effets appartenans à la nation ; ils ont fait une retraite honorable devant l'ennemi, sans être entamés, et sont venus se joindre au camp de Grand-Pré, où je les ai logés, et d'où ils ont juré de partir avec moi pour la campagne. Si les habitants de Longwy et de Verdun

avaient montré le même courage et le même patriotisme, la France ne serait pas entamée. Je crois nécessaire de rendre compte de ce trait honorable à
l'assemblée nationale, et de solliciter une récompense pour ces braves gens.

Signé, SERVAN.

Du camp de Frescaty, près Metz,
le 4 septembre.

Il est évident que les ennemis ont des projets
sur la ville de Metz. Mais cette ville présente l'aspect le plus formidable. Pleine de soldats et de citoyens courageux, elle est encore défendue par
tout ce que l'art militaire a de plus terrible.

Thionville et Sarre-Louis sont sous l'eau. La résistance y sera vigoureuse.

Un gros de Prussiens, troupes légères, fort de
trois mille hommes, avec deux pièces de canon,
est venu attaquer un de nos postes avancés à deux
lieues de Metz : ce poste, obligé de céder au nombre, a battu en retraite, en se dirigeant sur cette
ville ; la garde nationale a sur-le-champ pris les
armes. Luckner s'est mis aux trousses des ennemis,
et les a obligés de rentrer dans leur camp de Richemont. Nous n'avons eu que deux morts, et l'ennemi
a considérablement souffert.

Lille, le 5 septembre.

Hier un détachement venant du côté de Lannoy,

Roubaix et Watterloo, est entré en ville, portant à la pointe des baïonnettes et des sabres des casquettes et des lambeaux de haillons ; il conduisait aussi deux chevaux équipés pris sur l'ennemi. Cette rencontre a coûté la vie à neuf Autrichiens ; et un bon tiers, assure-t-on, de leur détachement a été blessé. De notre côté, nous n'avons eu que quelques blessés. Pendant que ce détachement rentrait en ville par une porte, des exprès envoyés du Pont-Rouge entraient aussi par la porte opposée pour venir demander du secours au commandant de la place. Les Autrichiens étaient à la poursuite de quatre belandres chargées de fourrages et autres denrées. N'ayant pu s'en emparer, ils y ont mis le feu, et les provisions ont été consumées. Cet incendie a coûté la vie à une femme et à trois enfants. A la vue des gardes nationales et des troupes de ligne accourant de toutes parts, ces incendiaires ont pris la fuite. Le détachement français, indigné de tant de lâches brigandages, a été se venger dans quelques villages du territoire ennemi ; et leur indignation paraîtra sans doute bien excusable à ceux qui savent que ces malheureux paysans sont toujours les guides des brigands autrichiens.

La nuit dernière, l'ennemi, au nombre de cinq mille, dit-on, s'est porté sur Roubaix. Plusieurs ordonnances sont venues à Lille pour requérir de prompts secours, et ce matin on a fait partir différents détachements avec du canon. On dit que ceux

des troupes de ligne qui cantonnent dans ce bourg
et lieux circonvoisins, sont bientôt parvenus à se
réunir, et qu'ils ont même été grossis par les braves
gardes nationales, dont rien n'égale le courage et
l'activité ; que, réunis en masse, ils se sont battus
comme des lions ; et ont même repoussé vigoureusement cette horde de brigands, avide de butin ;
mais qu'enfin, forcés de céder au nombre, l'ennemi
est entré dans Roubaix, et que ce bourg est dans ce
moment en proie à toutes les horreurs d'une ville
prise d'assaut. On attend des nouvelles plus sûres
et plus détaillées.

Du camp de Maulde.

L'affaire du 31 a été assez sérieuse ; elle prouve
si bien le courage et la bonne tenue de nos troupes,
qu'il ne peut qu'être utile d'en faire connaître les
détails.

Le 31, à trois heures après-midi, les Autrichiens
se déployèrent au nombre de trois ou quatre mille
hommes et cinq cents chevaux, à une demi-lieue
du camp de Maulde.

Ils avancèrent une batterie de fort calibre, à cinq
cents toises du camp, et à deux cents toises de la
redoute de Maulde. Ils tirèrent soixante coups de
canon sur la redoute, et vingt boulets à toute volée
qui vinrent au milieu du camp. Les généraux firent
passer deux pièces de douze à la redoute en avant
de Maulde : elles démontèrent promptement une

pièce de la batterie ennemie. A cette époque l'ennemi fit retirer son artillerie. On aperçut des redoutes du camp un bataillon de chasseurs ennemis
qui débouchaient les haies du village de Bleharies.
Quand il se fut formé dans une prairie où il se
croyait un peu à couvert, on tira douze à treize
coups de canon de douze, qui massacrèrent ce bataillon et le firent retirer dans le village d'où il sortait.
A la droite, l'ennemi inquiéta dans le même moment le village de Mortagne, où il y eut une fusillade
d'une demi-heure : quelques coups de canon massacrèrent également les chasseurs autrichiens dans
cette partie. Le lieutenant-général Marasse, commandant à Douay, et le maréchal-de-camp Dorbé,
inspecteur d'artillerie, se trouvaient au quartier-
général pour assister à un conseil de guerre pour
différents objets importants du service. Ces généraux se sont joints aux lieutenants-généraux Labourdonnaye, Moreton et Beurnonville, aux maréchaux
de camp Desforets et Gélin. Tous les généraux se
sont divisé les postes, et ont dirigé les opérations.
Les soldats, animés par leur exemple, n'aspiraient
qu'à se mesurer avec les ennemis. Les cris de *vive
la liberté*, *l'égalité*, furent répétés.

Pendant toute la canonnade, la musique des bataillons n'a pas cessé de jouer l'air chéri *Ça ira*.
Cent boulets ont traversé le camp, percé des tentes,
et n'ont fait qu'animer la troupe ardente et qui veut
vivre libre ou mourir.

Le général Beurnonville a montré pendant l'action un sang-froid qui honore son courage et ses talents militaires. On assure que l'ennemi a emporté près de vingt voitures, tant de blessés que de tués. On évalue sa perte à plus de trois cents hommes. Nous avons eu treize hommes blessés, et trois tués. Le lendemain, le poste qui observe le passage de l'Escaut a été attaqué; le commandant du Château-l'Abbaye, M. de Savennes, s'y est porté avec du renfort, et l'ennemi y a été harcelé dans un instant.

Vingt-un déserteurs ont profité de cet instant pour se rendre au camp. La perte de l'ennemi, depuis le 24, est de plus de trois cents tués, et de plus de mille blessés; plus de quatre-vingts déserteurs sont venus goûter la liberté au camp de Maulde; trois prisonniers ont pris du service. Les ennemis ont eu une pièce cassée et trois démontées.

Parmi les différents traits de bravoure et de courage dans l'affaire du 31, on distingue celui-ci:

M. Mortemart avait reçu le 10 août une blessure dans la poitrine; il avait failli en perdre la vie. Saigné sept fois en vingt-quatre heures, il était à l'ambulance de Mortagne depuis cette époque. Le 31, l'ennemi vient, avec du canon, attaquer la redoute de Maulde. Le 56e régiment se mit en marche pour aller soutenir la redoute. M. Mortemart est instruit de la destination de son régiment; il monte à sa chambre, s'habille sur-le-champ, prend son épée, et sort de l'ambulance. Un chirurgien le rencontre, et lui demande où il va? *Quelque part. — Mais j'espère que vous n'allez point trouver votre régiment; vous êtes encore trop faible. — Je vais où l'honneur m'appèle*, répond le brave officier; *le canon m'électrise, et je me porte bien lorsqu'il s'agit d'aller défendre mon pays.* En effet, il joint sa compagnie, il prend le commandement et paraît devant l'ennemi. Un boulet de canon tombe à dix pas de son poste, il le ramasse et dit : *Puisque je ne puis pas vous le renvoyer, je vais le conserver toute ma vie.* Le courage et le patriotisme ne sont pas les seules qualités de M. Mortemart. Différents ouvrages l'ont fait connaître avantageusement du public.

Lettre du ministre de la guerre au président de l'assemblée nationale.

M. LE PRÉSIDENT,

Je viens de recevoir, par un courrier extraordinaire, une lettre du général Kellermann, datée de Toul, le 6 à trois heures du matin. Après avoir mis Metz dans un bon état de défense, et l'avoir déclaré en état de siége, il s'est mis en marche sur Pont-à-Mousson, et de là sur Toul. « Quant à la suite de la marche, je veux, dit-il, la faire sans mettre dans ma confidence bien des gens indiscrets. » Je prie l'assemblée de me permettre de ne point trahir le secret de Kellermann, qui est celui de l'état. Il ajoute : « Comme je suis toujours prêt, je lève le piquet d'une heure à l'autre. »

Dépêche de M. Billaut (de Varennes) commissaire de la commune.

Château-Thierry, 7 septembre, l'an 4 de la liberté, 1ᵉʳ de l'égalité.

Je m'empresse, mes chers collègues, de vous rendre compte de ma première station. Je suis parti hier soir à neuf heures, tous les chemins sont des camps; toutes les auberges sont autant de casernes. Si jamais la France n'eut à soutenir une guerre plus redoutable ni plus décisive, jamais aussi elle n'a trouvé ni plus de défenseurs, ni des défenseurs aussi animés du désir de vaincre. Partout on s'enrôle avec un tel empressement, que ceux qui sont ou trop vieux, ou trop jeunes pour marcher sous les drapeaux de la liberté, pleurent et se désespèrent. A Dormans, quand la nouvelle de la prise de Verdun y est arrivée, tous sont partis pour Châlons, à l'exception seulement des femmes et d'un vieillard de soixante-quinze ans. Voilà, mes amis, l'expansion du patriotisme qui se développe dans tout l'empire; et quand nous allons combattre les esclaves des tyrans, je vous demande si nous ne marchons pas sûrement à la victoire?

Hier soir j'ai trouvé près de Claye un détache-

ment de gendarmerie; et ce matin le bataillon du
Marais, à la Ferté-sous-Jouarre, qui marchaient
dans le meilleur ordre; ils ont salué vos commissaires par des cris redoublés de *vive la nation! vive
la liberté!* Je suis maintenant à Château-Thierry,
où je viens d'apprendre que les ennemis étaient
bloqués; comme vous le verrez dans la copie du
procès-verbal que je joins à ma lettre, et que je
vous prie de faire afficher sur-le-champ...... Je pars
à l'instant pour Châlons, où M. Luckner est déjà,
et demain j'espère être au camp de M. Dumourier.
Je vous avoue qu'il me tarde d'arriver où je pourrai voir de près nos ennemis. Je m'en approche
avec une entière confiance, et l'espoir que j'ai de
les voir exterminer, en me promettant le salut de
ma patrie, la mort des tyrans, et la liberté du
peuple, ne laisse place dans mon âme à aucun autre
sentiment.

Adieu, mes chers collègues, courage et énergie, les hommes du 14 juillet sont incapables d'en
manquer; mais, entourés d'ennemis qui n'ont que
les ressources de l'astuce pour vous renverser, per-
mettez-moi de vous rappeler que les machinations
de l'intrigue sont cent fois plus redoutables que toute
l'artillerie des Prussiens. Veillez donc jour et nuit,
le salut public vous le commande, le peuple qui
vous a choisis, vous en fait un devoir sacré. Il n'est
pas moins glorieux de défendre ses droits que de
combattre pour lui. Ainsi, qu'à Paris comme au

camp, *liberté*, *victoire* soit la devise universelle-
ment adoptée

BILLAUD-VARENNES.

P. S. J'apprends dans le moment que l'ennemi
est bloqué.

Extrait des procès-verbaux des corps administratifs de Château-Thierry.

Séance du 6 septembre 1792, l'an 4 de la liberté,
1er de l'égalité.

Les corps administratifs de la ville de Château-
Thierry, réunis, Nicolas-Fampette Degrandprés,
colonel de la 50e division de la gendarmerie nationale, arrivé cejourd'hui, avec deux bataillons, pour
se rendre à Châlons aujourd'hui ; a dit qu'au nom
de toute la gendarmerie et de tous les citoyens, il
importait de statuer si cette nouvelle était vraie ou
fausse, pourquoi il demandait à être autorisé à dé-
pêcher cinq gendarmes, lesquels seraient précédés
d'un courrier, pour se rendre sur-le-champ à Châlons, ou partout où ils le jugeront convenable, pour
connaître la situation de l'armée, et pouvoir en
rapporter des nouvelles certaines, demain avant le
départ des bataillons. Les corps administratifs trouvant que cette demande va au-devant de leurs désirs,
l'ont adoptée à l'unanimité ; en conséquence ils ont
arrêté que M. François, maître de poste, sera tenu
de fournir les meilleurs chevaux, et requièrent tous

les maîtres de postes, au nom de la nation, de faire de même.

M. le maréchal Luckner reposant dans le moment que le présent arrêté m'a été remis pour lui être présenté, et pouvant attester que l'ennemi n'est point dans la proximité de Châlons, j'ai cru ne devoir pas interrompre M. le maréchal dans son sommeil. J'ai en conséquence donné les assurances ci-dessus, en répondant de la vérité de mon énoncé.

Au quartier-général de Châlons-sur-Marne, le 6 septembre 1792, à onze heures du soir, l'an 4 de la liberté, 1er de l'égalité.

L'aide-de-camp du maréchal
Luckner, KLER.

Ensuite est écrit :

Nous, officiers municipaux en permanence en l'hôtel commun de la ville de Châlons, déclarons que par les événements certains arrivés hier à notre département, l'ennemi qui a paru et a passé à Clermont en Argonne, est passé ensuite du côté de Bar-le-Duc, et que la côte de Bienne, au-dessus de Sainte-Menehould, est actuellement occupée par M. Biron, qui commande l'avant-garde de M. Dumourier; qu'indépendamment des six mille hommes qui composent cette avant-garde, il a requis un nombre de citoyens dudit Sainte-Menehould, qui travaillent aux retranchements de son camp. M. Biron est en possession de cette hauteur d'avant-hier

à midi. On regarde cette position comme très-avan‑
tageuse.

Les électeurs qui s'étaient assemblés à Bar-le-Duc
pour députer à la convention nationale, ont trans‑
féré le siége de leur assemblée dans notre ville et la
commencent demain. Les corps administratifs de
Bar ont été requis par le roi de Prusse d'envoyer
des députés sous des menaces de traitements très‑
violents, conférer avec lui à Verdun. Lorsqu'ils ont
été arrivés, il a requis que le département lui four‑
nît vingt mille sacs de farine et d'avoine sous trois
jours, et il a gardé lesdits députés en ôtage.

Ce sont là les faits qui sont à notre connaissance
officielle.

Fait en l'hôtel commun au conseil permanent,
le 7 septembre 1792, l'an 4 de la liberté, 1er de
l'égalité, à demi heure après minuit.

*Extrait d'une lettre du quartier-général de
l'armée du Midi, le 3 septembre.*

Un grand mouvement va s'opérer dans notre ar‑
mée : mille chevaux sont commandés pour le seul
train d'artillerie. Le camp de Cessieux va se réunir à
celui de Barraux, et tout ceci nous annonce une in‑
vasion prochaine en Savoie. Nos soldats arrêtent de
combattre ; ils sont indignés de la conduite lâche et
criminelle des habitants de Longwy ; ils veulent
venger un tel affront, et vièneut de prendre, à cet

effet, le ciel à témoin, de ne jamais capituler, ni transiger entre la mort et la liberté.

Au quartier-général de Weissembourg,
le 31 août 1792, l'an 4 de la liberté.

Un corps considérable de notre armée est allé hier renforcer le camp de Luckner près de Frescaty, à une lieue de Metz. Dans ce nombre se trouvent cinq régiments de cavalerie : chaque régiment n'était composé que de trois escadrons. Il faut que les ennemis aient été prévenus aussitôt de cette mesure par leurs espions ; car, au moment où je vous écris cette lettre, vient un rapport qu'un corps de quelque mille soldats s'approche de la forêt de Bienenwald. Nous nous préparons à les bien recevoir, s'ils se montrent à notre portée, et ne quitterons pas ce camp, qui nous couvre si bien, qu'à bonnes enseignes. Le général Sheldon a fait une chute avec son cheval, et s'est blessé au point d'être obligé de garder le lit.

Valenciennes, 6 septembre.

On a entendu hier matin à Maulde le bruit du canon ; on ne voyait point encore paraître les Autrichiens, et on a présumé qu'il y avait du trouble dans le Brabant. Cependant, vers les huit heures du matin, on a vu les ennemis s'avancer en face du camp, avec du canon ; ils ont même tiré quelques coups, et on était disposé à les laisser avancer pour mieux les accueillir; mais ils se sont retirés aussi-tôt, et il n'y a eu aucune affaire. On ne sait point ce que signifie ce mouvement. L'armée est toujours bien disposée, parfaitement confiante en ses chefs, et prête à périr pour la défense de la liberté et de l'égalité.

La désertion continue et augmente considéra-blement. Les Autrichiens arrivent par bandes.

Lille, 6 septembre.

On n'a pu être instruit au juste des brigandages exercés dans la nuit précédente par les Autrichiens, au nombre, dit-on, de quatre à cinq mille. Cette troupe s'est portée sur Roubaix avec du canon, a tiré sur ce bourg comme s'il eût été fortifié, et l'a traité comme une ville prise d'assaut. Le détache-ment peu nombreux qui y était cantonné, ni la garde nationale, ne pouvaient s'opposer à ces bri-gands, beaucoup plus nombreux, ni résister à des volées de coups de canon chargé à mitrailles, sans y trouver une mort certaine. Peu de maisons ont été exemptes du pillage; ils s'étaient fait suivre par des charrettes pour emporter leur butin. Dès six heures du matin ils se sont retirés riches de mar-chandises, de linges et meubles. En sortant de Rou-baix on dit qu'ils se sont portés sur Lannoy, où ils ont commis les mêmes atrocités. Ces lâches ne se portent que dans les lieux où ils savent qu'ils n'é-

prouveront point ou peu de résistance. Les habitants
des campagnes alarmés ont abandonné leurs habitations et se sont retirés à Lille avec les effets qu'ils
ont pu emporter.

Du 7.—La journée d'hier nous a amené au moins
soixante à quatre-vingts déserteurs autrichiens.
Une compagnie de quarante-cinq hommes est entrée
en ville avec armes et bagages. Cette troupe avait
causé une telle alarme dans les environs des villages
d'où ils avaient été aperçus, que le cultivateur
fuyait son habitation avec ses effets, et déjà l'on
publiait en ville que l'ennemi était à nos portes. Il
est vrai que, voulant devenir nos pensionnaires, et
redoutant de rencontrer nos patrouilles, ils cher-
chaient à gagner Lille à travers les bois et les champs.
Le nombre et cette marche suspecte faisait craindre,
avec raison, que ce ne fût l'avant-coureur de quelque fort détachement qui s'avançait pour exercer
sur notre territoire les pirateries, les vols et les brigandages qui sont si familiers à ces hordes. Peu
après, les chasseurs belges ont amené huit prisonniers.

Lettre de M. Merlin.

Lorsqu'on m'annonça que Thionville était menacé par l'ennemi, je dépêchai un courrier extraordinaire à mes concitoyens, pour leur promettre de
leur envoyer bientôt de puissants secours : Voici la

réponse que j'ai reçue des habitants de Thionville, datée du 26 août:

« Nous recevons à l'instant la dépêche que vous nous envoyez par un courrier extraordinaire : nous attendons l'ennemi avec assurance, et nous sommes disposés à vaincre ou à nous ensevelir sous les murs de notre ville. Dites à l'assemblée nationale que nous portons la patrie dans notre cœur. Et que ne peut l'amour brûlant de la liberté!..... Nous attendons le secours que vous nous promettez. ». »

Extrait des dernières dépêches des commissaires nationaux envoyés à Châlons.

Châlons, 8 septembre, quatre heures du soir.

Le maréchal Luckner est encore ici seul de son état-major; le reste arrivera ce soir ou demain matin. Il a envoyé successivement d'ici à l'armée de Dumourier et à celle de Kellermann, quelques bataillons armés qui s'étaient rendus ici, où il ne reste dans ce moment pas plus de deux mille volontaires; mais leur nombre s'augmente à chaque instant. Le maréchal ne compte pas garder ici plus de douze mille hommes. Il fera passer aux deux armées l'excédent, qui sera en état de servir.

Le camp de Châlons va être établi au premier jour, et successivement sur la rive gauche de la Marne, à côté du pont. Ce camp est de commodité et d'instruction, car il n'y a pas de position militaire à prendre dans ces environs. Le maréchal est résolu à renvoyer sur les derrières tout ce qui n'est pas armé, ou qui n'a pas la force de corps suffisante, et ce, pour ne pas épuiser les vivres, et prévenir la turbulence des gens oisifs.

Observez que Châlons doit être l'entrepôt de la presque totalité des vivres pour les armées Dumourier, Kellermann, et pour le camp à établir ici. On doit donc avoir la plus grande attention à ne pas s'encombrer de bouches inutiles. Nous ne saurions donc trop insister pour que le pouvoir exécutif et la commune de Paris ne laissent partir pour Châlons que les gens valides et armés, et qu'après avoir préalablement donné avis de leur nombre, tant au maréchal qu'au régisseur des vivres qui est ici. Sans ces précautions, nous vous prévenons qu'il pourrait en résulter de grands malheurs. Les régisseurs des vivres travaillent avec activité aux approvisionnements des farines, et à la construction des fours. Ils se louent beaucoup des secours qu'ils reçoivent à cet égard des corps administratifs et de la municipalité. On fait avec activité des balles; on en fournit par jour le poids de huit cents livres, il y a cent vingt mille cartouches de faites.

Voici les détails succincts que le maréchal nous a donnés sur la position des ennemis et sur les armées Kellermann et Dumourier.

L'armée du duc de Brunswick est placée entre Verdun et Clermont; il l'évalue à cinquante mille hommes. Les émigrés sont au nombre de quinze mille en arrière de Longwy, avec environ cinq mille hommes d'autres troupes. Le général Clairfayt est avec trente mille Autrichiens du côté de Carignan. Environ vingt-cinq mille Autrichiens se trouvent entre Sarre-Louis et Longwy; ce qui, avec d'autres petits corps, fait en tout environ trente-deux mille hommes, non compris les troupes de Brisgaw et de la Flandre, qu'il évalue en tout à quatre-vingt mille hommes.

Il dit qu'il se forme aussi des troupes dans l'empire, mais qu'elles ne seront pas en activité pendant cette campagne.

Les ennemis tirent des fourrages de Verdun pour les faire passer dans le Luxembourg, ce qui fait présumer qu'ils en manquent.

Les projets des armées ennemies ne sont pas assez développés pour qu'on puisse savoir quel est leur but, et s'ils veulent pénétrer dès ce moment dans l'intérieur, où s'ils chercheront avant à s'emparer de Thionville et Metz. Le maréchal conjecture qu'ils doivent prendre ce dernier parti. La communication de Thionville à Metz est interceptée.

Le maréchal reçoit un courrier par jour des armées Dumourier et Kellermann.

Le général Dumourier occupe avec son armée la position de Grandpré; son avant-garde, commandée par Arthur Dillon, est à Sainte-Menehould, et un poste de cette avant-garde occupe le point qui est au-dessous des Iletes, village entre Clermont et Sainte-Menehould : la manière dont ces différents corps sont placés, rend ces passages inattaquables, parce que la nature offre à l'art des ressources infinies. L'armée de Kellermann est aux environs de Bar-le-Duc; les généraux Dumourier et Kellermann correspondent facilement avec Luckner; aucun obstacle ne s'y oppose pour le moment.

L'avant-garde commandée par M. Arthur Dillon, est de sept mille hommes. Le 12 de ce mois, l'armée de Dumourier, y compris cette avant-garde, sera de quarante-deux mille hommes. L'armée de Kellermann est de seize mille hommes. Le nombre d'hommes de ces deux armées est indépendant de celui dont le maréchal Luckner pourra successivement les augmenter, etc.

Metz, 4 septembre.

M. Luckner avait porté quatre mille hommes près de Malatour, pour faire diversion à l'ennemi qui s'étendait vers la Woivre : des forces considérables s'étant approchées, ils ont été obligés de se replier sur les Genivaux. M. Luckner a également porté au-devant de Metz, vers la Maison-Rouge, environ trois mille hommes, tant cavalerie qu'infanterie. Hier, cette troupe a été attaquée par un corps de cavalerie prussienne, venant sur trois points différents, et soutenue d'infanterie : les Prussiens ont été repoussés vigoureusement; ils ont fait une perte

d'environ cinquante hommes Nous n avons eu que
quelques blessés. C'était une fausse attaque que
l'ennemi avait faite pour faciliter le passage de la
Moselle à ses troupes, qui maintenant coupent au-
delà du fleuve la communication avec Thionville.

D'après un ordre de M. Favart, commandant de
la ville de Metz, les riverains de la Seille sont prévenus que l'inondation est sur le point d'être tendue.

Thionville, 4 septembre.

La position de l'ennemi n'a point changé sur la
rive gauche de la Moselle. Il occupe toujours les
hauteurs qui nous environnent hors de la portée du
canon; et toute la partie depuis Richemont jusqu'à
Cattenom; là sont des Autrichiens et des émigrés.
Sur la rive droite, l'ennemi s'étend jusqu'à Sierck;
il fait remonter par la Moselle un train considérable
de grosse artillerie; ses patrouilles s'étendent jusqu'à la rive supérieure du fleuve; le gros de sa troupe
est campé à deux lieues au-dessous de la ville. Les
villages sont toujours mis à contribution, et souvent le même fournit à la fois pour les camps de la
Petite-Etange et de Richemont.

Bulletin du ministre de la guerre.

M. Kellermann m'annonce qu'il arrive à Saint-
Avold et à Vry-Boulay : il se loue infiniment des
bonnes dispositions des troupes, de l'ordre et de la

discipline qui règnent entr'elles. Ce général est, comme vous voyez, très à portée de se réunir aux généraux Dumourier, Labourdonnaye et Luckner : ainsi le chemin de Paris ne sera pas aussi facile à parcourir. M. Biron ne m'envoie que des détails militaires. M. Ruol me communique des craintes sur Lille. Quoique je ne voie pas les choses sous le même point de vue, je prends des mesures pour lui envoyer des secours. Je n'ai reçu aucune nouvelle de Valenciennes; ce qui me paraît d'un heureux augure. J'ai écrit à M. Dumourier, pour lui recommander cette partie de la frontière. Les ennemis ont fait sommer la ville de Thionville de se rendre : la réponse ferme que les officiers militaires et administratifs leur ont faite, donne l'espoir que les étrangers apprendront enfin avec quel courage nous saurons garder nos places, et maintenir notre serment, de défendre jusqu'à la mort, la liberté et l'égalité, etc,

Lettre du lieutenant-général Custine au général Biron.

Du quartier-général de Weissembourg,
4 septembre.

Nous sommes si occupés à placer les troupes qui nous viennent de vos côtés, que je n'ai pas pu vous écrire depuis quelques jours. Et vous sentez bien que nous nous piquons à bien recevoir nos frères d'armes et à les loger de même. Comme vous savez le nombre, la qualité, etc. des troupes qui arrivent du Bas-Rhin pour renforcer notre camp, je ne vous parlerai que du bon usage que nous en ferons, et des dispositions qui ont été faites pour maintenir notre excellente position.

Notre camp consiste actuellement à peu près en quinze mille hommes, tous de braves gens, parmi lesquels vous voudrez bien aussi me compter. Il est derrière les lignes qui sont parallèles avec la Lauter, et s'étendent de Weissembourg jusqu'à Lauterbourg, et défendu par beaucoup de redoutes. L'aile droite s'appuie sur Wissembourg, et la gauche touche un grand défilé. Tous les passages jusqu'à Lauterbourg sont gardés par de forts détachements, protégés par des fortifications et garnis de bouches à feu, de manière que si chacun fait bien son devoir, comme il ne faut pas en douter, nous pouvons tenir tête à quarante mille hommes au moins. Il est impossible que l'ennemi puisse nous tourner; il faudrait qu'il passât, ou par les vallées de Fischbach et de Dahn, ou qu'il pénétrât par le Bienenwald, si l'envie le prenait de nous envelopper; et tous les passages lui présentent une destruction certaine. Il ne lui reste donc que le chemin ouvert par Langenkandel et Alstadt. Et en ce cas il faut espérer que les lignes, les redoutes et la Lauter nous mettront bien en état de tenir tête à un nombre d'ennemis. Veillez de votre côté aux postes du Rhin.

Il est de la plus grande importance de conserver la communication entre toutes ces forces distribuées le long de ce fleuve.

Avant-hier, on aperçut une cinquantaine d'impériaux dans le Bienenwald, qui, ayant passé le Rhin, eurent la hardiesse d'aller jusques là : ils furent bientôt chassés de leur asile, et se sont sans doute félicités d'avoir pu repasser le Rhin près de Germersheim.

Il nous a fallu envoyer un renfort plus considérable qu'on ne l'avait demandé, à l'armée du centre, afin de faire place aux nouveaux venus.

Voici les régiments et les bataillons qui nous ont quittés.

Les 8ᵉ et 10ᵉ régiments des chasseurs à cheval ; le 1ᵉʳ des dragons ; le 4ᵉ et le 19ᵉ de cavalerie ; les 1ᵉʳ et 2ᵉ bataillon des grenadiers ; un bataillon du 30ᵉ régiment ; un dit du 62ᵉ ; un dit du 96ᵉ ; un bataillon de Saône-et-Loire ; le 2ᵉ bataillon de la Manche ; le 8ᵉ de la Haute-Saône ; les 4ᵉ, 5ᵉ et 6ᵉ du Bas-Rhin.

                              Valenciennes, 8 septembre.

Un événement auquel personne ne s'était attendu, vient de jeter l'alarme et la consternation dans cette ville. Le camp de Maulde, ce camp qui valait une forteresse, et faisait le désespoir de l'ennemi, vient d'être subitement évacué. Voici les détails de cette opération extraordinaire :

Le lieutenant-général Beurnouville ayant reçu,

jeudi, l'ordre de M. Dumourier, de faire avancer
une division du camp de Maulde du côté de Sedan
et Verdun , les généraux tinrent un conseil de guerre
le même jour, dont le résultat fut de lever totalement le camp de Maulde ; et à cet effet les ordres les
plus précis furent donnés à tous les chefs et commandants des différents bataillons de se tenir prêts
à faire la retraite. En conséquence, hier, à deux
heures du matin, tous les postes de Maulde ont été
abandonnés ; les grenadiers n'ont laissé pour défenseurs de la redoute qu'on avait faite à l'extrémité
de ce camp , que deux hommes de paille en faction, sur lesquels les Autrichiens ont d'abord tiré
six coups de canon vers les cinq heures du matin.

L'armée prit la route de Brulle , et il paraît que
l'intention des généraux était ou de harceler l'ennemi en se retirant, ou d'établir en cet endroit, sur
les bords de l'Escaut , le reste des forces du camp
de Maulde : en conséquence les troupes ont marché
toute la nuit et le jour; mais, soit que cette position n'ait pas paru assez avantageuse, soit que les
généraux aient eu d'autres plans , toutes les troupes
extrêmement fatiguées et harassées, se sont repliées
sur Valenciennes.

On avait donné ordre au 3ᵉ bataillon de la Côte-
d'Or, qui se trouvait à Mortagne, et au 4ᵉ bataillon
du Pas-de-Calais, cantonné au Château-l'Abbaye,
de se replier aussitôt qu'ils se verraient attaqués
par des forces supérieures : les Autrichiens étant

sans doute instruits, vers le matin, qu'on avait évacué le camp de Maulde, se sont présentés au nombre de quatre à cinq mille hommes : l'intrépide bataillon de la Côte-d'Or, en se retirant, a soutenu un long combat, où il a montré la plus grande énergie, et un courage digne des soldats français : l'ennemi a éprouvé une perte considérable, et nous avons perdu neuf hommes de ce bataillon. Celui du Pas-de-Calais a également fait la plus vigoureuse résistance, et a montré un courage étonnant : nous avons eu le malheur de perdre quinze hommes de ce brave bataillon, qui est parvenu à sauver son trésor, et son drapeau en trois morceaux. Mais tout annonce que ce valeureux bataillon a fait perdre beaucoup de monde à l'ennemi, car un seul coup de canon a détruit les trois quarts d'un peloton, sur lequel le coup a porté directement.

Toutes les troupes sont arrivées ici : partie a campé à Famars, et l'autre a logé chez les bourgeois et dans les différents couvents et églises supprimés. Son mécontentement était à son comble, et cette journée nous représentait dans Valenciennes celle du 30 avril. Les commissaires de l'assemblée nationale arrivés le matin, vers les dix heures, du Quesnoy et de leur tournée sur cette frontière, ont appris cette retraite ou évacuation de Maulde avec surprise ; ils ont, à huit heures du soir, fait assembler les généraux à la municipalité, où, après différents rapports, MM. les commissaires ont jugé convenable de convoquer un conseil de guerre aujourd'hui à dix heures du matin, et d'y appeler les différents généraux, Marasse, Omoran, etc.

Nous avons perdu le commandant du Château-l'Abbaye, M. de Savennes, qui a été taillé en pièces par les Autrichiens; on l'accuse d'imprudence.

Dans cette retraite qui n'a été aucunement forcée, et dont on n'ose deviner les motifs, nous avons abandonné à l'ennemi une grande quantité de fourrages, et environ onze cordes de bois qui sont restées au camp. Le premier bataillon de Paris a fait une adresse énergique à l'assemblée nationale, pour l'instruire des craintes que fait naître cette opération.

Les ennemis, profitant de l'évacuation du camp de Maulde, sont entrés dans la petite ville de Saint-Amand, où ils ont dû trouver beaucoup de fourrages.

Lettre de M. Billaud de Varennes, l'un des commissaires de la commune aux armées.

Châlons, 9 septembre.

Sur la route de Château-Thierry à Châlons, nous avons remarqué que la marche des troupes se ralentissait. Ce qui nous a étonnés, c'est de voir des volontaires de la garnison de Verdun qui marchaient vers Meaux pour y former un camp. Ces hommes, qui tournaient le dos à l'ennemi, paraissaient mu-

nis d'ordres du maréchal Luckner. Pour dire la
vérité, nous avons trouvé Châlons dans un état de
quiétude bien étonnant, quand on a l'ennemi à dix
lieues de soi. Nous avons reconnu que l'esprit qui
animait Longwy et Verdun, règne ici. Nous avons
commencé par faire visite au maréchal Luckner.
Nous n'avons obtenu de lui que des réponses insi-
gnifiantes. Il semble très-peu au fait des détails d'administration; il nous a paru surtout avoir très-peu
de mémoire, car il ne se souvenait pas des ordres
qu'il avait donnés vingt-quatre heures auparavant.
La marche rétrograde des troupes venant de Verdun
était bien dangereuse. Ces hommes semaient sur
leur route la consternation et la sécurité; la consternation, en publiant que Verdun avait été livré
par les corps administratifs et les habitants qui y
avaient forcé la garnison; la sécurité, en annonçant que le roi de Prusse et le duc de Brunswick
les avaient comblés de bienfaits, et leur avaient dit:
« Nous ne voulons pas vous faire la guerre; mais
nous venons rétablir Louis XVI sur le trône. Votre
intérêt exige que vous restiez tranquilles, ou que
vous vous rangiez sous nos drapeaux; car vous n'a-
vez pas de forces pour nous résister, et vous êtes
trahis partout. » Malheureusement tous les Français
ne sont pas encore au niveau de ceux qui, pendant
quatre ans, ont lutté contre le despotisme, et ont
fini par le terrasser. Nous avons demandé au maréchal Luckner où en était la formation du camp de

Châlons. Il nous a répondu que rien n'était encore commencé. A l'instant nous l'avons requis de donner les ordres nécessaires pour les travaux de ce camp. Demain vraisemblablement, le campement sera formé; il nous l'a promis.

En sortant de chez lui, nous nous sommes transportés à la municipalité, où nous avons trouvé les corps administratifs : là, nous avons reconnu le principe de cette tiédeur générale; nous n'avons vu aucune de ces mesures vigoureuses propres à électriser le peuple : il est ici, comme partout ailleurs, sans armes. Nous nous proposons de faire une proclamation pour ramener le réveil. Il entre dans notre projet de casser le directoire et la municipalité, si nous n'avons la certitude que la majorité est dans les principes de la révolution. Le citoyen Prieur, député de l'assemblée constituante, et appelé à la convention nationale, se trouve membre de ce département; c'est le seul patriote prononcé que nous ayons rencontré. Les provisions ne manquent pas encore; mais il est instant de faire arriver des munitions de guerre. Il y a ici des salpètres et peu de poudre, parce qu'on a envoyé deux cent mille cartouches à Sainte-Menehould. On a arrêté hier un premier envoi de deux cent cinquante-deux boulets demandés par le ministre de la marine pour Paris; mais, comme il n'y en a pas un seul pour le camp de Châlons, et qu'il faut d'abord munir l'endroit le plus exposé à l'ennemi, nous avons cru devoir souscrire à cette arrestation : encore une fois, le dénuement d'armes de toute espèce est absolu. Dans différents points de ralliement il n'y a point de commissaires des guerres, ou, s'il y en a, ils ne peuvent suffire, ou quelques-uns sont gangrénés d'aristocratie. Il n'existe à Châlons qu'un seul commissaire des guerres, et nous avons reconnu en lui autant d'incivisme que de nullité. On a grand besoin d'un détachement de garçons boulangers pour le camp de Soissons. Nous nous trouvons avec quelques députés de l'assemblée nationale : M. Broussonnet, l'un d'eux, nous les a fait reconnaître. Dans ce moment de confusion, il est heureux de voir rassemblés des mandataires des différentes autorités constituées. Voilà quelle est la situation de Châlons. Au reste, l'impulsion est donnée ; demain le camp sera formé ; les hommes du 10 août sont là ; ils bravent la fureur des Autrichiens, autant qu'ils méprisent les perfides caresses de Brunswick. Soyez tranquilles ; secondez nos efforts : puissent les despotes de l'Europe se réunir à nos ennemis pour rendre notre victoire plus décisive ! il ne nous en coûtera pas davantage. Nos armées sont dans la meilleure position ; elles tiènent en échec celles de nos ennemis ; mais il est instant de les renforcer, car Brunswick travaille à augmenter ses lignes. Nous attendons ici le général Labourdonnaye : c'est lui qui doit commander à Soissons, où tout était, à notre arrivée, en aussi mauvais ordre qu'ici. L'ennemi doit trembler, car les Parisiens ne sont qu'à dix lieues de lui.

Lettre du ministre de la guerre, au président de l'assemblée nationale.

M. LE PRÉSIDENT,

J'ai reçu des lettres des généraux Moreton, Kellermann et Biron. Le général Moreton, par une lettre datée du 9, m'annonce la levée du camp de Maulde. Nos troupes se sont retirées avec ordre et courage. Nous avons à nous louer de la bonne défense de Mortagne, par le bataillon de la Côte-d'Or; du Château-l'Abbaye, par le bataillon du Pas-de-Calais, et de la bonne évacuation de Saint-Amand. Nous avons perdu peu d'hommes. Le général Kellermann m'écrit de Ligny, où il occupe une position qui le met à portée de se porter au besoin, soit sur les bords de la Moselle, soit sur Châlons, soit sur la Meuse inférieure. Le général Biron me mande que, parmi les officiers suspendus, il y en a quelques-uns de l'artillerie et du génie, dont il est urgent de lever la suspension. J'invite l'assemblée à statuer sur cet objet.

Extrait d'une lettre de Sedan, du 10 septembre.

Notre place n'est pas encore attaquée; mais nous nous attendons, d'un instant à l'autre, à la voir investie; l'avant-garde de l'ennemi étant venue prendre poste à Carignan. Dumourier, qui n'est qu'à huit lieues, aura le temps de lui porter du secours. Nous n'imiterons pas la lâcheté des gens de Longwy et de Verdun; la ville sera réduite en cendres plutôt que de se rendre; et, quand il n'y aura plus de maisons, il nous restera encore les remparts pour nous défendre. Nous sommes parvenus, en barrant les arches de Torcy, à inonder toute la plaine de Sedan et de Balan, qui est le côté le plus faible de notre ville; et nos fossés, qui sont remplis de neuf à dix pieds d'eau, font un obstacle invincible pour l'ennemi. Le seul côté par lequel il pourrait nous attaquer, est flanqué d'un bon camp retranché qui opposera une vigoureuse résistance. Vous jugez que nous aurons le temps de recevoir les renforts de votre brave capitale, dont le patriotisme sauvera la France.

M. Dumourier vient de nous envoyer le général Miaczensky pour la défense de notre place, et sous lui, le lieutenant-colonel Naulzier, du 83ᵉ régiment. C'est un homme plein d'expérience, qui connaît les détails de l'artillerie et la défense des places. Le général, qui nous a passés hier en revue, a promis qu'il sévirait rigoureusement contre ceux qui troubleraient l'ordre public, qui attenteraient à la sûreté et à la propriété des citoyens.

Il est arrivé à propos pour rétablir l'ordre et empêcher l'exécution de la liste des proscrits, dont la majeure partie n'est point coupable. On livrera à la rigueur des lois les personnes prévenues de trahison, parce que nulle part on ne doit souffrir des traîtres qui ont jeté la France sur le bord du précipice ; mais leur règne est passé.

Extrait d'une lettre d'un administrateur du département des Deux-Sèvres à un député de ce département.

Un très-grand nombre de rebelles ont perdu la vie dans le district de Châtillon ; d'autres ont été faits prisonniers : tous ces malheureux étaient égarés par les manœuvres des prêtres. Non, on ne croira jamais, à moins de l'avoir entendu comme nous de la bouche même de ceux qui ont été arrêtés, qu'on était venu à bout de persuader à la plupart d'entr'eux que, parce que leurs âmes avaient été bénies et qu'ils portaient sur eux des chapelets, des croix, des scapulaires, des Agnus, etc. les balles des patriotes ne les blesseraient point, ou que si, à cause de leurs péchés, ils venaient à être tués, ils ressusciteraient le troisième jour. Eh bien ! c'est le langage que tiènent presque tous les prisonniers. Que ceux qui ont abusé de la crédulité de ces âmes sont coupables !

Les gardes nationales de Niort et de Saint-Maixent se sont parfaitement bien conduites.

Après dix heures de marche, sans s'arrêter, elles arrivèrent devant la ville de Bressuire, qui était attaquée par les rebelles. Sept à huit cents de ceux-ci occupaient un poste très-avantageux en avant de la ville. Pierre Baugier, lieutenant-colonel d'un des bataillons de Niort, qui commandait le détachement des gardes nationales, le fit ranger en bataille en présence des séditieux, et bientôt après commença l'attaque sur trois colonnes. Dans moins d'une demi-heure il se rendit maître du champ de bataille; trois cents des rebelles tombèrent sous les coups des défenseurs de la liberté; le reste fut fait prisonnier ou mis en fuite; mais ce qu'il y a de plus honorable pour les patriotes, c'est que les vaincus ont été épargnés.

Lille, le 10 septembre.

L'ennemi s'est avancé sur Saint-Amand, où il n'y avait plus personne; il a pillé toutes les maisons, et s'est occupé ensuite d'aller se mettre en sûreté chez lui. — Son expédition d'Orchies a été moins heureuse; il paraît qu'on l'a reçu vigoureusement. — Un petit combat a eu lieu aux environs d'Hellèmes : seize cents Autrichiens s'étaient avancés de ce côté pour aller au pillage; soixante chasseurs belges les arrêtent. Ces soixante braves gens se battirent avec tant de courage, que le commandant de Lille eut le temps d'envoyer à leur secours. Les seize cents Autrichiens furent mis en fuite. Les Belges n'ont perdu que trois hommes. Leurs nombreux ennemis ont emporté des charriots remplis de morts et de blessés. Les déserteurs arrivent successivement avec leurs armes ou sous des déguisements.

Châlons, le 10 septembre.

Les bataillons se suivent rapidement. De nombreux défenseurs accourent de tous les départements ; tous sont pleins de courage, animés du même esprit et enflammés du même amour de la patrie. La prise de Verdun a sauvé la France.... Un bataillon de Paris arrive demain ici. On le dit intrépide, comme tous ceux que cette capitale a déjà envoyés à la défense de la patrie. La gendarmerie à cheval se rassemble, et va former un beau corps de quatre mille hommes. Les routes sont couvertes de guerriers ; les uns attendent des armes ; les autres volent à l'ennemi. Un mouvement belliqueux agite et vivifie toute cette contrée. Pour que l'ennemi s'avance plus loin, il faut qu'il traverse des montagnes de cadavres. Nous n'aurons à gémir que de la lâcheté de Verdun et de Longwy. — Au milieu de l'opprobre dont cette dernière ville est enveloppée, on aime à distinguer du moins quelques traits de courage qui consoleront les âmes affligées de tant de bassesse. Les canonniers, pour ne pas tomber au pouvoir de l'ennemi, se sont échappés par les remparts et les souterrains. — Un d'eux mourut à la bouche de son canon, qu'il avait allumé lui-même. — Cécile Dudion, ci-devant religieuse ;

encourageait, pendant l'attaque, ses concitoyens
effrayés; et ils étaient déjà rendus, qu'elle les acca-
blait encore de ses reproches et de traits d'ironie.

Le bataillon des gendarmes nationaux parisiens,
en marche pour se rendre ici, a rencontré, le 8 de ce
mois, à Foissy près Dormans, un détachement d'environ deux cents hommes du 92ᵉ régiment, ci-devant Walsh. Ces lâches faisaient partie de la garnison de Verdun, lorsque cette ville s'est rendue
honteusement à l'armée ennemie; ils avaient, en
conséquence de la capitulation, reflué sur Châlons,
et le général Luckner leur avait donné l'ordre de
se porter au camp de Meaux. Les officiers de Walsh,
par leur extérieur gêné, et les soldats par l'incivisme de leurs propos, paraissent suspects aux gendarmes parisiens, qui arrêtent aussitôt ce détachement entier, et le désarment; ils les conduisent à
Epernay, et là, en présence des corps administratifs et de trois commissaires de la commune de
Paris et du pouvoir exécutif, ils font la visite de
quelques-unes de leurs caisses, dans l'une desquelles
se trouve un nombre prodigieux de cocardes blanches. Ces traîtres ont été amenés ici hier, sur les
trois heures de relevée, et mis en état d'arrestation
provisoire.

Thionville, le 9 septembre.

L'ennemi garde sa même position sur la rive
gauche de la Moselle. Il est toujours maître des

hauteurs qui environnent la ville hors de la portée
du canon ; les Autrichiens et les émigrés occupent
tout l'intervalle de Richemont à Cattenom ; il attend,
par la Moselle, un train considérable de grosse artillerie. Les paysans sont sommés de porter des
vivres sous peine de mort. L'ennemi pousse ses
patrouilles fort avant. Tous ses mouvements annoncent une attaque..... Mais Thionville se défendra,
tant qu'une pierre et Félix Wimpfen y resteront...
Voici la réponse laconique de ce brave homme
aux avis de M. de Brunswick : « Vous pouvez
peut-être mettre tout à feu et à sang dans Thionville ; vous pouvez y commettre toutes les horreurs ;
mais vous ne ferez, ni à ceux que je commande, ni
à moi, commettre une lâcheté : *Vous ne brûlerez
pas au moins les remparts.* »

*Lettre de M. Servan, ministre de la guerre, au
président de l'assemblée nationale.*

J'ai reçu, depuis ma dernière lettre au corps législatif, les dépêches de M. Ruault, commandant
à Lille, de M. le maréchal Luckner, de M. Labourdonnaye, de M. Kellermann, de M. Dumourier et
de M. Biron. Je vais, monsieur le président, faire
passer sous les yeux du corps législatif une esquisse
fidèle de ces différentes dépêches. M. Ruault, commandant à Lille, m'annonce que les ennemis ont
voulu attaquer ses avant-postes ; mais il me mande

en même temps que des troupes qu'il a fait sortir, les ont déterminés à faire leur retraite.

Ce général m'annonce que les Autrichiens se fortifient au bourg de Lannoy, et qu'ils envoient des détachements pour piller et faire contribuer nos villages frontières. J'ai donné des ordres à M. Moreton, commandant par *interim*. J'en ai adressé à M. Labourdonnaye, pour lui procurer des renforts. J'ai demandé un des chefs de l'armée de M. Dumourier pour les commander. M. Dumourier a envoyé des instructions sur la conduite à tenir sur cette frontière, qu'il connaît bien. Je n'ai, en un mot, rien négligé pour rassurer les esprits, et pour nous faire reprendre, avant peu, l'offensive que nous avons été momentanément obligés d'abandonner, pour nous préparer à frapper un grand coup sur la grande armée. Nous attacher fortement au tronc, c'est, je crois, monsieur le président, le parti que nous devons prendre. Si nous parvenons à le déraciner, nous serons aisément maîtres des branches. Il serait, monsieur le président, infiniment utile que les citoyens, convaincus de cette vérité, ne prissent pas de l'effroi pour de petits événements qui sont inséparables d'une guerre défensive sur une frontière aussi étendue que celle de la France.

M. Dumourier m'a fait passer une adresse qu'il a faite aux citoyens des départements qui avoisinent son armée : cette adresse, dont je joins ici un exemplaire, est digne d'être connue du corps législatif;

il y reconnaîtra l'énergie d'un Français qui ne respire que pour être libre, et prêt à tout sacrifier pour l'indépendance de son pays.

M. Dumourier m'annonce que les ennemis ont abandonné un de leurs camps avec une précipitation extrême; les soldats disent que cette précipitation est l'effet de quelque grand événement arrivé dans l'intérieur de l'armée ennemie. M. Dumourier, sans croire à la cause, a profité des effets, en s'emparant de tout ce que les ennemis avaient abandonné.

Dans une dépêche du 10, M. Dumourier me fait passer le plan de différentes opérations militaires des plus importantes, et qui pourront amener, avant peu, des événements majeurs. Si la fortune ne trahit les plans sagement combinés de nos généraux, peut-être bientôt apprendrons-nous que nos ennemis ont eu tort de penser que les Français ressemblent tous à ceux qui ont lâchement vendu Verdun et Longwy.

M. Kellermann m'annonce son arrivée à Saint-Dizier. Les hussards de sa légion se sont plusieurs fois mesurés avec l'ennemi; toujours ils ont eu un avantage marqué; ils ont fait quelques prisonniers de guerre, pris quelques chevaux et tué quelques hommes. L'accord parfait dans les vues et les moyens d'exécution, qui règne entre MM. Kellermann et Dumourier, me paraît du plus heureux augure.

La marche des ennemis est encore incertaine; mais, comme ils se sont ébranlés, nous saurons, avant peu, quels seront leurs vrais projets; nos généraux paraissent les avoir tous prévus.

M. Biron me dit qu'il ne s'est passé aucun événement militaire dans l'étendue de son commandement; mais il m'annonce qu'une forte inondation a fait quelque ravage à ses lignes de la Loutre; le général Custine s'occupe de la manière de remédier à ce contre-temps. M. Biron m'annonce, en même temps, que le général Ferrières vient d'être établi par lui, commandant à Huningue.

M. Labourdonnaye a commencé à mettre de l'ordre à Reims et à Châlons; j'espère tout du zèle et du civisme de ce général : il fait fabriquer un grand nombre de piques.

Signé, SERVAN.

Avis à tous les citoyens français des deux départements des Ardennes et de la Marne, et particulièrement des districts de Vouziers, Grand-Pré, Sainte-Menehould, Clermont, Sedan, Mézières, Rocroy et Rhetel.

CITOYENS,

L'ennemi fait des progrès sur le territoire des hommes libres, parce que vous ne prenez pas la précaution de faire battre vos grains, de les porter sur les derrières, pour qu'ils soient sous la protection des troupes françaises, d'apporter au camp de vos frères les fourrages et les pailles qui vous seraient payés comptant par vos compatriotes, qui respectent votre propriété. Au lieu de cela, toutes vos subsistances sont dévorées par les satellites des despotes; leurs chevaux sont nourris de vos fourrages sans qu'il vous en revienc aucun paiement; c'est ainsi que vous-mêmes, vous donnez à vos cruels ennemis les moyens de subsister au milieu de vous, de vous accabler d'outrages, et de vous remettre dans l'esclavage. Citoyens, je vous somme, au nom de la patrie et de la liberté, de faire apporter dans nos différents camps, vos grains et vos fourrages, en faisant constater, par vos officiers municipaux, les quantités que vous apporterez. Je vous somme pareillement de faire retirer vos bestiaux et vos chevaux derrière nos camps, sinon je serai obligé, pour le salut de la patrie, de sacrifier vos intérêts particuliers, de me conduire avec vous comme se conduisent nos barbares ennemis, et de faire fourrager, et tout enlever dans vos villages, afin qu'eux-mêmes n'y trouvent pas à subsister. Vous particulièrement, districts de Sedan, Mézières, Grand-Pré, Vouziers et Sainte-Menehould, je vous invite à profiter de l'âpreté de vos montagnes et de l'épaisseur de vos forêts, pour m'aider à empêcher l'ennemi d'y pénétrer.

En conséquence, je vous annonce que, si les Prussiens et les Autrichiens s'avancent pour traverser les défilés, que je garde en force, je ferai sonner le tocsin dans toutes les paroisses en avant et en arrière des forêts d'Argonne et de Mazarin : à ce son terrible, que tous ceux d'entre vous qui ont des armes à feu se portent, chacun en avant de sa paroisse, sur la lisière du bois, depuis Cheveuge jusqu'à Passavant; que les autres, munis de pelles, de pioches et de haches, coupent les bois sur la lisière, et en fassent des abattis pour empêcher les ennemis de pénétrer; par ce moyen prudent et courageux, vous conserverez votre liberté, ou vous nous aiderez à donner la mort à ceux qui voudront vous la ravir. Je requiers, au nom de la loi et au nom de la patrie, tous les administrateurs de départements et de districts, tous les officiers municipaux, de donner les ordres, sur leur responsabilité, pour l'exécution des différents objets de cette proclamation : quiconque y mettra obstacle sera dénoncé à l'assemblée nationale, comme lâche ou parjure; mais, comme cette mesure serait trop lente, je déclare qu'en cas que j'y sois forcé, j'emploierai tous les moyens militaires que j'ai dans les mains pour faire exécuter ce que je crois nécessaire pour le salut de la patrie.

M. Delaunay d'Angers. — M. Beaurepaire, commandant du premier bataillon de Maine-et-Loire, s'est donné la mort à Verdun, en présence des fonctionnaires publics lâches et parjures qui ont livré le poste confié à son courage.

Les volontaires qu'il commandait ont cru que les cendres d'un ami de la liberté s'indigueraient d'être ensevelies dans une terre souillée par les despotes étrangers; ils ont porté ses restes à Sainte-Mene-hould, et ils ont juré sur sa tombe de le venger.

Je viens, au nom de la commission extraordinaire, vous proposer de rendre à sa mémoire les honneurs que vous décernez aux citoyens qui ont bien mérité de la patrie; celui qui n'a pu soutenir la pensée que des Français aient été capables de craindre un ennemi, et de céder à ses sommations menaçantes; celui qui a mieux aimé mourir que de donner à la France le spectacle d'un général capitulant avec des despotes; un tel homme est un héros, la reconnaissance nationale doit l'immortaliser dans les fastes de la patrie, ou plutôt, elle doit solennellement reconnaître son immortalité; car un grand homme ne meurt pas; et lorsque c'est par un sentiment profond du salut du peuple, qu'il périt pour le peuple, il continue de vivre pour ses contemporains et pour la postérité.

Nous devons regretter sans doute que Beaurepaire ne se soit pas conservé pour la patrie; mais en devons-nous moins applaudir au sentiment sublime qui lui a fait désirer la mort? et, parce qu'il a tranché lui-même le fil de son existence, devons-nous en être moins justes et moins reconnaissants? Qu'il tombe devant nous le préjugé insensé, qui trop long-temps nous a fait donner le nom de faiblesse et de fureur au courage des Brutus et des Caton,

Ce n'est pas que je croye que celui qui n'invoque la mort que pour fuir l'adversité, et parce qu'il ne sait pas être malheureux, fasse une action glorieuse; mais Beaurepaire n'est pas mort en homme faible et désespéré; son trépas n'a été que le refus de revoir la lumière après qu'elle a éclairé des trahisons et des perfidies; il a jugé que sa mort nous serait plus utile que sa vie; qu'il fallait que cette grande et terrible leçon encourageât les timides, raffermît les chancelants, qu'elle devînt le premier supplice des cœurs lâches qui ont abjuré la liberté; et qu'enfin elle apprît aux satellites de la Prusse et de l'Autriche qu'on n'asservit point un pays, tant qu'il existe des hommes qui n'ont pas vainement juré de vivre libres ou mourir.

Nous vous proposons de traiter Beaurepaire, comme Rome, si elle eût conservé sa liberté, eût traité Caton et Brutus. Plaçons sa cendre dans le Panthéon français; que son nom y soit gravé pour la honte de ceux qui ont réduit cette âme énergique à l'extrémité de renoncer à servir son pays autrement que par l'exemple d'un rare et sublime dévouement.

Le territoire français, depuis le Panthéon jusqu'à Sainte-Menehould, est couvert de bataillons hérissés de baïonnettes et de piques. Imaginez de quelle impression profonde seront frappés tous nos guerriers, en voyant passer au milieu d'eux un char funèbre portant les restes d'un homme mort pour la liberté : cette vue élèvera les âmes, inspirera le courage et animera tous les cœurs du désir de la vengeance.

Dira-t-on que les honneurs du Panthéon doivent être réservés aux grands talents ? le plus beau des talents, c'est de servir sa patrie et de mourir pour elle.

Chez un peuple libre, n'allons pas peser dans une froide balance les récompenses dues au courage et celles dues au génie ; honorons donc un soldat parvenu à des grades supérieurs après quarante années de services sans reproches ; honorons cette classe de militaires si dédaigneusement traitée par l'orgueil aristocratique, et chez laquelle cependant, depuis la révolution, nous n'avons trouvé que du patriotisme, du courage et des talents.

Craindriez-vous de multiplier les honneurs publics ? Eh ! quel homme, illustré par un grand génie ou par des services éclatants, ne sera pas honoré d'être placé à côté de celui dont la mort fut un tribut à la gloire de la nation, et qui s'est montré véritablement un Français ?

Croyez que cet acte de la reconnaissance publique ne sera pas perdu pour votre gloire ; il rappèlera à nos descendants des souvenirs honorables pour vous ; ils diront : Dans cette urne reposent les cendres d'un soldat citoyen qui s'immola pour la liberté, le jour où les représentants du peuple, rassasiés des rois, vouèrent la tyrannie à l'exécration publique, et jurèrent de nous délivrer des rois et de la royauté.

Voici le projet de décret que la commission vous propose :

L'assemblée nationale décrète que le corps de Beaurepaire, commandant du premier bataillon de Maine-et-Loire, sera transporté de Sainte-Mene-hould et déposé au Panthéon français.

L'inscription suivante sera placée sur sa tombe :

IL AIMA MIEUX SE DONNER LA MORT QUE DE CAPITULER AVEC LES TYRANS.

Le président est chargé d'écrire à la veuve et aux enfants de Beaurepaire.

Le pouvoir exécutif est chargé de l'exécution du présent décret.

Ce projet de décret est adopté à l'unanimité, au milieu des plus vifs applaudissements.

Lettre de M. Victor Broglie au président de l'assemblée nationale.

A Bourbonne-les-Bains, le 2 septembre 1792, l'an 4 de la liberté et de l'égalité.

M. LE PRÉSIDENT,

Au moment où je m'étais retiré à Bourbonne, pour satisfaire au décret de l'assemblée nationale, qui ordonne aux officiers suspendus de leurs fonctions de s'établir à dix lieues des armées, et à vingt lieues des frontières, j'ai appris que les ennemis se sont emparés de la place de Longwy. Cette nouvelle, faite pour affliger tout bon Français, devait surtout affecter un citoyen aussi dévoué que je le suis à la cause de la liberté; aussi n'ai-je pu résister au désir de vous témoigner, monsieur le président, combien il m'en coûterait d'être long-temps privé de la faculté de servir ma patrie dans une circonstance aussi importante.

Je suis loin de prétendre accélérer la décision qui pourra être prise à mon égard; mais, ce que j'ambitionne en ce moment, ce que je regarde comme une faveur à laquelle j'attacherai le plus grand prix, c'est la permission d'aller servir comme volontaire à l'armée, ainsi que j'en avais obtenu l'agrément du général Biron.

Attaché à la constitution, parce qu'elle émanait de la volonté souveraine du peuple, je respecte cette volonté qui se manifeste aujourd'hui par l'assentiment de toute la nation aux décrets de l'assemblée, et personne n'y obéira avec plus de fidélité que moi.

*Lettre écrite par M. Montesquiou, général
de l'armée du Midi, au 5ᵉ bataillon des grenadiers du département de l'Hérault.*

Au camp de Cessieux, le 7 septembre.

FRÈRES ET CAMARADES,

Lorsque la voix de la patrie vous appèle, lorsqu'une noble ardeur vous rassemble, il est du devoir
de votre général de dissiper toutes les inquiétudes
que pourrait vous laisser l'abandon héroïque et volontaire que vous avez fait de vos familles et de vos
affaires. Vos bataillons ne sont point destinés à un
service permanent; vos bataillons n'existent que
pour marcher à l'ennemi, le vaincre et rapporter
ensuite dans vos foyers la reconnaissance et l'admiration de la France entière.

Vous êtes vraiment les héros de la liberté; c'est
librement que vous marchez; et s'il est un seul de
vous qui croye mieux servir son pays en retournant
dans sa patrie qu'en portant les armes pour elle,
il peut s'en retourner. On ne se souviendra que du
zèle qui lui a fait entreprendre plus qu'il ne pouvait exécuter.

J'ignore, juqu'à ce moment, si nous recevrons
l'ordre d'attaquer des voisins qui nous menacent
depuis long-temps. Jusqu'à ce que le pouvoir exécutif m'ait transmis la volonté nationale, je vous

épargnerai les fatigues des camps. Je vous place dans des cantonnements, d'où trois marches vous mettront en présence de l'ennemi, ou d'où vous retournerez dans vos pays si nous n'avons pas l'ordre d'attaquer.

Si nous marchons à l'ennemi, vous passerez par Grenoble, et vous y recevrez le peu d'armes qui vous manquent, tout ce que je pourrai vous fournir en gibernes et toutes les munitions de guerre dont vous avez besoin.

Je n'ignore pas que des libellistes m'ont dénoncé comme un traître, parce que j'avais témoigné de l'estime pour un homme que toute la France a estimé si long-temps, et parce que je n'ai pu croire qu'il fût capable de démentir toute sa vie. Mais j'espère que j'aurai l'occasion de me faire connaître, et c'est devant l'ennemi que vous saurez qui je suis. Je vous déclare d'avance que le plus zélé d'entre vous n'aime pas son pays plus que je l'aime, et que, jusqu'à ce que la France soit triomphante, je serai ou votre général ou votre camarade. D'avance, je vous demande une place dans vos rangs, si je cesse d'occuper la place où je suis. A votre tête ou à vos côtés, mon sang est à ma patrie, et mon honneur qui m'appartient sera intact. Je prends cet engagement solennel avec les citoyens du département du Gard où j'ai reçu tant de marques de bienveillance. Lorsque je vous demande de jouir ainsi parmi vous des droits de concitoyen, certes, c'est parce que je suis bien sûr de m'en montrer toujours digne.

Le général de l'armée du Midi,
MONTESQUIOU.

Valenciennes, 11 septembre.

La levée du camp de Maulde a produit dans cette ville une grande fermentation. Le peuple agité se demandait s'il allait être encore victime d'une trahison. Au milieu de cette agitation des esprits, on apprend qu'un homme, connu par un anti-civisme impudent, M. Dutordoir, maître de poste à Saint-Amand, se trouve à Valenciennes. Il est arrêté et traîné au corps-de-garde ; on le conduit à la maison commune. Le peuple demande sa tête. En vain veut-on le soustraire à la fureur populaire ; ce misérable meurt frappé de mille coups. Sa tête promenée offre une affreuse leçon à ces hommes perfides ou inconsidérés qui provoquent avec tant de constance la fureur populaire. Les citoyens armés ont bientôt rétabli le calme dans la ville.

La division aux ordres de M. Beurnonville doit arriver le 14 à Rhétel.

Le curé de la Rochefaut est parti pour combattre l'ennemi, avec quinze de ses paroissiens. Un desservant dira la messe à sa place.

Récit des événements arrivés les 6, 7 et 8 sep-
tembre 1792, par le général Moreton.

Conformément au vœu unanime du conseil de
guerre tenu à Maulde, le 6 septembre, ce camp a été
levé le même jour à onze heures du soir; j'ai conduit
les troupes et bivouaqué avec elles à Bruille, et le
camp a été tracé et établi vers les six heures du
matin.

Après l'établissement du camp, le général Beurnonville, qui ne devait partir que le 8, ayant témoigné le désir d'aller camper le même jour sous
Valenciennes, pour laisser reposer le lendemain
ses troupes, je n'ai pas cru devoir m'y refuser. Il
est parti avec sa division, vers les neuf heures du
matin. J'avais renforcé le poste de Mortagne et j'y
avais mis deux pièces de canon; il y en avait autant
et un bataillon à celui de Château-l'Abbaye. Le
commandant de Mortagne avait eu ordre de tourner les deux ponts qui sont sur la Scarpe et l'Escaut; de tenir tant qu'il pourrait, s'il était attaqué;
et, dans le cas où il aurait contre lui des forces trop
supérieures, il devait se replier sur Château-l'Abbaye; le dernier poste, en pareil cas, devait en faire
autant sur-le-champ.

J'étais revenu sur les dix heures au quartier-général à Saint-Amand, pour y faire quelques dispositions relatives à l'établissement du nouveau quar-

tier-général à Raismes, et prendre ensuite un peu de nourriture et quelque repos; j'avais laissé au camp, pour le commander, M. Gelin, maréchal-de-camp, avec M. Puthod, adjudant-général à ses ordres. Vers une heure, je reçus, presque coup sur coup, trois ordonnances qui m'apprirent successivement la prise de Mortagne, après une défense très-vigoureuse du 1ᵉʳ bataillon de la Côte-d'Or; et celle de Château-l'Abbaye, où le 1ᵉʳ bataillon du Pas-de-Calais avait perdu une quarantaine d'hommes, son premier lieutenant-colonel et sa caisse. La précipitation avec laquelle on avait cru devoir quitter la position de Maulde, d'après l'avis du conseil, n'avait pas laissé le temps de retirer les bateaux de fourrages qui étaient sur la rivière de Scarpe; et ce sont ces bateaux qui, facilitant le passage de l'ennemi, ont été la cause de la prise de ces deux postes.

Enfin, j'ai reçu une lettre de l'adjudant-général qui m'annonçait que l'ennemi se dirigeait sur le camp sur trois colonnes; je m'y portai légèrement; mais déjà le maréchal-de-camp Gelin, se disposant à se retirer, avait donné ordre au commandant d'artillerie de faire marcher en retraite ses pièces de position; puis, cédant au désir que les troupes marquaient de combattre, il commençait à les mettre en bataille lorsque j'arrivai sur le terrain. Je fis sur-le-champ mes dispositions, je plaçai l'infanterie sur deux lignes, faisant face à l'Escaut, et la cavalerie sur les ailes; mais, à l'instant où j'achevais mon mouvement, le commandant d'artillerie vint m'avertir que les pièces de position ayant déjà effectué leur retraite par l'ordre du général Gelin, et étant sur le chemin de Valenciennes, ne pouvaient rétrograder; il ajouta que le général Beurnonville, ayant amené, avec sa division, cinquante ou soixante canonniers volontaires des bataillons de Paris, il n'en restait pas assez pour servir ces pièces, et qu'il avait fort peu de munitions.

Voyant l'impossibilité de me servir de ma grosse artillerie, manquant de canonniers et presque de munitions, je crus plus sage de faire une retraite prudente, que d'exposer mes braves compagnons d'armes à être battus par des forces qu'on m'annonçait très-supérieures, et peut-être tournés et enveloppés par les facilités qu'en offrait à l'ennemi la prise de Mortagne et de Château-l'Abbaye. Je me décidai donc à faire retirer ma colonne d'infanterie par le bois de Raismes, que j'eus soin de faire éclairer, ma cavalerie déployée protégeant ma retraite et formant ensuite mon arrière-garde. Les troupes arrivèrent en bon ordre aux portes de Valenciennes, où elles sont entrées vers les neuf heures du soir, et où elles sont cantonnées, tant dans la ville que dans les faubourgs.

Aujourd'hui 8, j'ai fait partir deux bataillons pour renforcer le camp de Maubeuge, que le départ de la division de M. Dampierre avait affaibli; j'ai jeté deux bataillons à Douay, un au Quesnoy, deux à Condé, et j'en ai laissé cinq à Valenciennes. Je me disposais à renforcer le poste de Saint-Amand de deux bataillons avec une pièce de huit, des munitions et des vivres qui allaient arriver, lorsque j'appris, vers dix heures du matin, que l'ennemi se portait en force sur ce poste. J'ai sur-le-champ commandé trois bataillons avec le 3ᵉ régiment de cavalerie et environ soixante dragons qui s'y sont portés, sous les ordres du maréchal de camp Lamorlière, avec ordre de protéger la retraite de la garnison de ce poste, si une force supérieure le forçait à l'évacuer.

Cette retraite s'est effectuée sans perdre un seul homme, et j'ai appris qu'environ six cents Autrichiens s'étant portés sur ce poste, le commandant, sommé par le général Latour de se rendre, avait si bien manœuvré, qu'il avait dégagé sa troupe, avant que l'ennemi fût arrivé sur la place, et qu'il a fait sa retraite sans être inquiété ; que deux mille hommes environ étaient entrés dans la ville et s'y étaient établis. Notre garnison, dans ce poste, n'étant que de huit cents hommes, je faisais, comme je viens de le dire, partir deux bataillons pour le renforcer, au moment où j'ai appris qu'un corps considérable marchait dessus, et que n'étant point fortifié, il serait impossible de le conserver.

Le général Omoran, commandant à Condé, vient de me rendre compte qu'il avait envoyé ce matin à

Bruille un détachement qui avait ramassé quelques effets de cantonnement, que le défaut de chariots, au moment de la retraite, avait laissés sur le terrain.

J'ai envoyé ordre au poste d'Orchies de se replier sur Douay, s'il était attaqué par des forces trop considérables, et qu'il ne pût tenir; et je n'ai encore en ce moment aucune nouvelle de cet endroit.

Il résulte des événements dont je viens de rendre compte:

1º. Que la levée du camp de Maulde est le résultat de l'opinion d'un conseil général;

2º. Que la levée de celui de Bruille a été impérieusement dictée par les circonstances, et par les dispositions préliminaires faites avant mon arrivée sur le terrain;

3º. Qu'à l'exception du poste de Château-l'Abbaye, qui a été maltraité, nous avons perdu fort peu de monde; et qu'en renforçant nos garnisons des troupes campées à Bruille, je n'ai fait qu'avancer de quelques jours la mesure que des membres du conseil de guerre m'avaient indiquée, pour l'instant où les places de guerre seraient complètement approvisionnées.

Le lieutenant-général commandant sur les frontières du Nord, en l'absence du général d'armée, MORETON.

Lettre du ministre de la guerre au président de l'assemblée nationale, datée du 14 au matin.

M. LE PRÉSIDENT,

Comme je n'ai reçu hier que des détails sur des mouvements purement militaires, je n'en ai point rendu compte à l'assemblée nationale. Si je n'ai pas communiqué au corps législatif une note que M. Galbeaut m'a adressée hier, c'est qu'il ne me donnait, sur une canonnade qu'il entendait, que des notions infiniment vagues. N'ayant reçu, depuis cette époque, aucune nouvelle de M. Dumourier, je ne puis transmettre cette nouvelle comme officielle. Je viens de recevoir trois lettres de M. Kellermann, une du 12 à sept heures du matin, une du même jour à huit heures du soir, et enfin une du 13 à onze heures du matin.

Par sa dépêche du 12 à sept heures du matin, datée de Saint-Dizier, M. Kellermann m'annonce qu'il se porte sur Bar-le-Duc. Par sa dépêche du 12 à huit heures du soir, datée de Bar, ce général me mande que du moment où les Prussiens ont appris l'arrivée de l'avant-garde de six mille hommes qui s'étaient avancés sur cette ville, ils se sont repliés sur-le-champ, et sont allés rejoindre le gros de l'armée.

M. Kellermann me mande, du 13 septembre à

six heures du matin, qu'il vient de recevoir une lettre de M. Dumourier, par laquelle il lui annonce qu'il est attaqué sur trois points différents. M. Kellermann ne doute pas que le général Dumourier ne résiste : cependant, comme M. Kellermann ne veut rien donner au hasard, il prend le parti de se rendre à Saint-Dizier, pour couvrir Châlons et Paris.

M. Kellermann m'annonce encore que ses émissaires lui ont appris qu'il se faisait un mouvement général dans le camp ennemi; ils ajoutent que la contagion est dans l'armée prussienne, et que les soldats meurent sous la tente. Les habitants du pays soupçonnent qu'un grand nombre de tentes n'est pas occupé.

Dans sa troisième lettre, M. Kellermann m'envoie une copie du compte rendu par M. Wimpfen, commandant de Thionville : l'assemblée apprendra avec plaisir que les ennemis rebutés par le courage de la garnison et des citoyens, s'en sont éloignés. Si Verdun et Longwy avaient imité ces braves Français, notre territoire serait encore dans toute son intégrité.

Dès que j'aurai reçu des détails de M. Dumourier, je m'empresserai de les transmettre au corps législatif.

Signé, SERVAN.

Relation véritable de l'attaque de Thionville, qui a eu lieu dans la nuit du 5 au 6 septembre, et de la vigoureuse résistance de la garnison de cette place.

Les ennemis avaient placé leurs batteries près de la chapelle Sainte-Anne, entre la porte de Luxembourg et de Metz, et dans la petite plaine qui commande le fort au-dessus de la Haute-Guse, sur la rive droite de la Moselle. Les militaires chargés de la défense du fort, se sont aperçus que l'ennemi travaillait à faire des retranchements, et une tranchée pour établir leurs batteries dans les deux endroits indiqués; ils sont convenus de le laisser faire, et d'agir quand il en serait temps. Les assiégés, informés que le signal de l'ennemi était un coup de canon, ont attendu patiemment jusqu'à minuit, les canonniers couchés à côté de leurs pièces; aussitôt que le signal a été donné de la part des assiégeants, leurs batteries ont commencé à jouer; le feu n'a duré qu'un quart-d'heure, pendant lequel trois bombes sont tombées dans la ville; l'une sur la paroisse; la seconde sur la maison de M. Henrion, dans la grande rue, sans dommage; la troisième est entrée par la fenêtre du premier étage de chez M. Josse, rue de l'Hôpital; elle a fracassé les meubles et brûlé le lit; le tout s'est borné là.

Au bout de ce quart-d'heure, les batteries de la

ville et du fort, éclairées par des pots à feu, ont joué
pendant trois heures ; la première décharge à mitraille a tué beaucoup d'ennemis qui s'avançaient
pour tenter une escalade : ce feu continué a forcé
les assiégeants d'abandonner la place. La garnison
a eu pour lors la liberté de faire une sortie pour
aller ramasser le butin abandonné par les ennemis ;
on a trouvé jusqu'à des planches destinées à escalader
les remparts du fort. Après avoir rentré tous ces
objets dans la place, une seconde sortie se fit pour
détruire et combler tous les ouvrages qu'avait faits
l'ennemi. L'on est assuré qu'il y a eu trois princes
tués dans cette action, du nombre desquels se
trouve le prince Valdeck, qui a eu au moins le bras
emporté, et que les ennemis ont enlevé six voitures
de cadavres. Dans la première sortie, on a trouvé
du côté des batteries de la Haute-Guse, bras,
cuisses, armes de toutes espèces, manteaux, montres, etc. Les ennemis, contents de ce premier
échec, n'ont rien tenté depuis. Les déserteurs du
camp de Richemont disent qu'ils ont perdu dans
cette affaire quatre cent cinquante hommes, et
que l'on en aurait bien donné quatre mille pour
conserver le prince Waldeck. Les environs de la
ville sont inondés à présent par la rivière de Seille,
dont on a arrêté le cours. On vient de renouveler
aux citoyens l'avis d'abattre tout ce qui est en-deçà
de deux cent cinquante toises des glacis. L'armée
de Kellermann, composée à présent de trente-cinq

mille hommes, dont douze mille de cavalerie, a quitté samedi Void sur la Meuse, pour se porter du côté de Bar; d'autres veulent qu'une partie de cette armée se soit réunie à celle de Dumourier, et que ces deux colonnes tiènent Verdun bloqué dans ce moment. On ajoute que le roi de Prusse y est.

Voici ce qui se passe à Longwy, sur le dire d'un particulier arrivé de cette ville, par permission du commandant de la place. On n'y a laissé que dix-huit cents hommes et les pièces de siége; les mortiers et les obusiers ont été conduits à l'armée de Thionville. La municipalité continue ses opérations; le district n'existe plus. La mortalité est parmi les chevaux, parce qu'on les a bourrés de froment à peine mûr. Le camp de Richemont a paru faire un mouvement ce matin, en se portant du côté de Briey. On prétend que c'est la cavalerie qui en est partie, et que l'infanterie est descendue dans la plaine de Thionville, où il paraît que l'on veut faire le siége en règle.

Si tel est leur projet, et s'ils ouvrent une fois la brèche, les voilà retenus pour trois mois.

Lettre du ministre de la guerre.

Je viens de recevoir une lettre de M. le maréchal Luckner, dans laquelle il me donne la copie d'une dépêche qu'il vient de recevoir de M. Dumourier, dont voici l'extrait :

« Je suis trop embarrassé, monsieur le général,

pour pouvoir entrer dans aucun détail avec vous. L'ennemi a percé hier au travers des abattis, par la trouée de la Croix-aux-Bois ; ce n'est qu'une très-petite tête des troupes légères. J'ai envoyé sur-le-champ le général Chazot avec sept bataillons et cinq escadrons, et de l'artillerie, pour reprendre cet abattis et le renforcer. J'espère que cela sera fait à l'heure où je vous écris. »

Compte rendu par M. Merlin, l'un des com-missaires de l'assemblée nationale envoyés dans les départements de l'Est.

Je vais maintenant vous faire le rapport des opé-rations dont vous m'avez chargé, concurremment avec M. Jean Debry. Nous avons parlé en votre nom : à ce nom chéri et respecté, la confiance vo-lant au-devant de nous, nous a répondu : A votre voix, la terre de la liberté s'est couverte de défen-seurs qui s'indignent de ne pouvoir prouver à l'ins-tant aux tyrans ligués contre nous que ce n'est pas en vain que nous avons juré de mourir, s'il le faut, pour assurer le triomphe de l'égalité et des droits du peuple.

Nous parcourûmes ainsi le département de l'Oise. A Beauvais, nous fûmes accueillis avec transport. La garde nationale y montre le zèle le plus ardent. En un instant, le registre d'enrôlement est couvert de signatures. Deux vicaires épiscopaux donnent l'exemple; un citoyen n'a plus que sa montre, il la fait remettre, et ne veut pas être nommé. Le président du district envoie ses deux chevaux, on les attèle aux canons, et à l'instant il ajoute un don pécuniaire de 1,200 liv. Les administrations réunies appèlent deux mille hommes à la défense de la patrie; Senlis, Crépy, Pont-Saint-Maxence, Noyon, Compiègne, Roye, font marcher plus de douze cents citoyens habillés et armés; Beauvais et les autres districts complètent le nombre demandé, et ces citoyens sont suivis de neuf cents chevaux, trois cents voitures et trois cents conducteurs.

Nous n'avons pas voulu sortir de Beauvais, sans assister à la société des amis de la liberté et de l'égalité. Officiers municipaux, administrateurs et administrés, toute la ville y était, et toute la ville y a juré avec nous haine éternelle aux rois et à la royauté, avant que l'assemblée nationale ne fît même ce serment. Après avoir revu plusieurs commissaires du pouvoir exécutif qui avaient eu partout le même succès, nous arrivâmes dans le département de la Somme. Que les administrés y diffèrent des anciens administrateurs! Paisibles et tranquilles, mais courageux et adorant la liberté, les citoyens y sont étrangers à l'intrigue, et ne rampaient pas avec ces esclaves sur les marches d'un trône souillé par les crimes du plus vil des tyrans. Nous leur avons fait entendre les plaintes de la patrie, et des larmes d'attendrissement furent le présage des sacrifices in-croyables qui furent faits en notre présence pour la sauver : le père abandonne sa fille, le fils sa mère, l'époux son épouse, et ceux qui ne peuvent voler aux frontières habillent, arment et entretiènent ceux qui se dévouent au salut de l'empire. Nous avons vu de jeunes citoyennes donner leurs bijoux; des enfants leurs épargnes, et pleurer de ne pou-voir faire davantage. Nous entreprendrions en vain de vous peindre les scènes attendrissantes qui se succédaient dans l'église de la ville d'Amiens, de-vant plus de dix mille citoyens et les corps admi-nistratifs réunis. Il suffira de vous apprendre qu'en moins de trois heures le bureau fut couvert de plus de 60,000 liv., destinées, soit à l'armement, soit à l'équipement des citoyens qui s'enrôlaient, soit à l'entretien de leurs femmes et de leurs enfants.

Une lettre que nous avons reçue depuis d'un ad-ministrateur, nous dit que les dons continuent; qu'un seul citoyen a donné 14,000 liv. M. Hourier, procureur-général-syndic, donne son cheval à l'ar-tillerie, et sacrifie, ainsi que M. Maisonrouge, son collègue, le produit des champarts et des dîmes que l'assemblée nationale leur fait gagner. Ceux en-fin, qui jusqu'ici avaient vu avec indifférence, avec dépit peut-être, arriver le règne de l'égalité, émus à la voix de la patrie, entraînés par l'exemple, vin-rent abjurer leur erreur et promettre de se sacri-fier pour une aussi belle cause; ils grossissent le trésor des veuves, des épouses et des enfants des généreux défenseurs de la patrie. Enfin, la patrie peut compter sur quatre mille hommes de ce département, neuf cents chevaux, trois cents voitures et trois cents conducteurs : ils partent ou sont déjà partis pour Reims, d'après les ordres du ministre. Nous vous avons déjà rendu compte du dévoûment sublime de la commune de Mailly : elle n'avait que soixante gardes nationaux ; vingt-trois étaient partis ; la patrie appelait à son secours tous ses enfants, les trente-sept autres marchaient sur Reims ; en un mot, les perfides administrateurs de ce département avaient offert deux cents bataillons à la tyrannie, ils n'auraient pas trouvé un seul homme ; et nous, nous pouvons vous répondre que, si la patrie en a besoin, il ne restera pas un habitant dans ses foyers.

Arrivés à Saint-Quentin, les témoignages les moins équivoques de respect pour l'assemblée nationale, et d'attachement à la liberté nous environnèrent. Nous n'eûmes rien à y dire. Nous ne trouvâmes plus dans cette ville riche et patriote que les enfants, les femmes et les vieillards. Tous les citoyens capables de porter les armes venaient de partir.

Nous nous rendîmes à Vervins, berceau de Jean-de-Bry. Là, tout le monde lui ressemble ; et nous pouvons vous dire avec vérité qu'il ne reste plus dans cette ville que des administrateurs. Tous les citoyens sont aux frontières , et chérissent d'autant plus la liberté, qu'ils savaient braver le despotisme tout-puissant.

A Laon, chef-lieu du département de l'Aisne, ville ci-devant peuplée de prêtres, de moines et de praticiens, nous trouvâmes cependant beaucoup de zèle dans les administrateurs de département, purgé du prêtre Rivoire. Les citoyens avaient déjà fait des sacrifices à la patrie; et cette ville, déclarée en état de guerre, quand elle est démantelée et désarmée, croit cependant devoir se garder, et ne pas éloigner les citoyens. Nous y avons trouvé un commandant militaire très-actif. Le 16e bataillon des fédérés nous a adressé ses plaintes; nous l'avons satisfait. Le patriotisme, le désir de combattre, animent ces généreux défenseurs de la patrie; nous en avons vu pleurer d'indignation de se voir inutiles et sans armes.

Dans le district de Soissons, tous les citoyens veulent marcher; il ne manque que des armes : le camp s'indigne de ne pas en recevoir, et ce dénuement, preuve non-équivoque de la perfidie de la cour et de ses agents, augmente partout l'horreur pour les rois et la royauté; partout le peuple n'aime plus que la liberté et l'égalité; partout il apprend à ses ennemis impuissants à respecter la volonté suprême. Nous lui avons montré toute l'étendue de ses droits; mais nous lui avons rappelé ses devoirs, et nous l'avons laissé convaincu que, pour conserver l'exercice de sa souveraineté, il faut la soumission la plus entière aux lois auxquelles il a concouru, et à l'autorité légitime des magistrats qu'il a choisis : ainsi nous avons encouragé les administrateurs en les investissant de la confiance publique. Les officiers municipaux, presque partout tremblant sous l'autorité départementaire; presque partout hésitant en travaillant au bonheur public, avaient besoin d'être rassurés. Nous avons dit aux uns et aux autres, que leurs pouvoirs cessaient seulement là où s'arrêtaient les moyens de sauver l'empire; et, après avoir uni ainsi les corps administratifs entr'eux, identifié les administrateurs avec le peuple pour qui ils existent, et sans lequel ils ne sont rien, nous avons eu la consolation de les voir marcher de front, et unis par les liens de la fraternité la plus intime. Nous désirons que la convention nationale se serve de ces mesures. Le peuple a besoin de voir ses représentants, les tyrans seuls se rendaient importants en cachant leur nullité; il leur adresse ses plaintes avec confiance, et il est consolé quand il voit que l'on pense sérieusement à son bonheur.

En un mot, nous pouvons vous dire, après avoir consulté l'expérience, que, pour sauver l'empire, il ne vous faut plus que des armes. Un million d'hommes qui veulent être libres, sont prêts à attaquer, à renverser, à anéantir nos ennemis. Ne nous occupons donc plus d'autres mesures que de celles qui peuvent fournir des armes et des munitions.

Quant aux subsistances, les récoltes ont été abon-
dantes, et elles suffiront. Ce n'est pas que l'on ait
voulu inquiéter le peuple; mais il voit bien que
l'on est forcé d'amasser des blés pour les soldats de
la patrie. Les ennemis de la chose publique chercheront en vain à le diviser : la discorde, les troubles, les haines ne seront désormais que le partage
des ennemis d'un peuple de frères. Pourtant nous
avons pris, avec les corps administratifs, des mesures nécessaires pour rassurer les citoyens; et nous
avons droit d'espérer qu'aucun sacrifice ne coûtera
au peuple pour conserver la paix dans l'intérieur,
et que, quand nos ennemis envahissent quelques
lieues de terrain que nous saurons bientôt leur arracher, nous remporterons des victoires aussi pré-
cieuses sur les ennemis de l'intérieur, dont le front
courbé sous le poids de l'ignominie, est un présage
certain que nous ferons subir le même sort aux
hordes étrangères.

M. Jean Debry. — Il est une vérité, une grande
vérité que partout nous avons fait sentir au peuple,
et nous avons vu avec plaisir qu'il est mûr pour
cette vérité. Nous lui avons dit qu'aucun sacrifice
ne devait coûter pour maintenir la liberté et l'égalité; que ce n'est plus le moment de calculer les
jouissances personnelles; et partout les citoyens
nous ont répondu qu'ils sentaient que le règne de
l'intrigue était passé; que les tyrans extérieurs,

n'ayant plus de rapports avec ceux de l'intérieur, allaient nous faire une guerre sérieuse, et qu'il fallait par conséquent songer à leur faire une sérieuse résistance. Nous avons dit au riche que le soin de son commerce retient chez lui : Quand le pauvre arrose de ses sueurs et de son sang l'arbre de la liberté, ne lui devez-vous pas le sacrifice d'une légère portion de votre fortune, puisqu'il combat pour vous conserver l'autre ? Ne comptez pas sur vos propriétés si l'ennemi est vainqueur : il s'indemnisera sur vous des frais de la guerre ; partout où il arrivera, ce sera l'homme riche qu'il aura intérêt à regarder comme patriote : il n'ira pas piller la cabane du pauvre : l'homme opulent doit donc savoir que son intérêt est dans le maintien de la liberté et de l'égalité, et qu'il faut qu'il en ajourne les jouissances jusqu'à ce qu'il en ait recouvré les droits. Ces vérités ont été souvent senties. Le peuple est fait pour la liberté ; il la veut ; il l'aura : partout où nous avons passé, nous avons trouvé des cœurs de Romains, et des volontés de Brutus.

Lettre des commissaires envoyés à Châlons par la convention nationale.

Châlons, le 15 septembre, à dix heures du soir.

Nous avons continué à nous occuper sans relâche des moyens d'accélérer la formation du camp.

C'est avec satisfaction que nous pouvons vous annoncer que tous les travaux sont dans la plus grande
activité. Les bataillons de Paris qui arrivent successivement ne campent qu'un ou deux jours, et se
rendent aux armées; ils ont tous deux canons. Le
succès de nos armes dépend moins du nombre
d'hommes, que de l'ordre et de la discipline. Faites
donc en sorte que tous les bataillons et les compagnies franches qui partent de Paris, soient organisés et équipés d'une manière uniforme. On fabrique
des piques. Il serait possible de se procurer sur-le-
champ dix mille fusils, en ordonnant d'en débar-
rasser l'artillerie. La masse des approvisionnements
augmente de telle sorte, qu'on ne doit conserver
aucune inquiétude. L'hôpital, qui est très-bien
situé et convenablement disposé, contient quatre-
vingts malades. Les effets y arrivent, et, sous peu
de jours, il sera suffisant pour deux mille hommes.
On fournira aux malades des couchettes qu'on ira
prendre dans les maisons des émigrés. Le district
de Châlons a choisi dans son arrondissement des
cantonnements pour quatre-vingts compagnies. On
a mis en liberté les soldats du régiment de Walhs,
et on a brûlé les cocardes blanches qui se trouvaient,
à leur insu, mises avec les vieux effets. L'interro-
gatoire n'a laissé aucun doute sur leur civisme; ils
ont crié : *Vive la nation, la liberté et l'égalité!*
L'ardeur de nos volontaires redouble à mesure que
l'ennemi approche.

Les administrateurs du département de la Moselle adressent à l'assemblée une dépêche qui leur a été envoyée par l'administration du district de Thionville.

Vos dernières dépêches nous donnent plus d'encouragements que d'espérances. Le peuple a peine à se persuader que, tandis que le général Kellermann nous quitte pour aller au secours de Paris, cette ville envoie à notre secours une force de soixante mille hommes. Nous vous envoyons copie des deux sommations qui nous ont été envoyées par les princes frères du roi, et des réponses fermes que nous leur avons faites. Ces dernières leur ont tellement déplu, que, la nuit suivante, les Prussiens ont accablé la ville d'un millier de bombes. Ils sont venus porter leur artillerie sans épanchement à la distance de deux portées de fusil des palissades. Leur feu a duré quinze minutes : il a été servi avec une vîtesse incroyable; mais le nôtre n'a pas été moins chaud. Vous eussiez admiré le sang-froid et l'intrépidité de nos citoyens au milieu de cette pluie de feu et de fer. Aucun incendie n'a eu lieu malgré les nombreux artifices qu'ils nous jetaient. Nous avons eu un militaire tué, un volontaire mort de ses blessures, un bourgeois servant l'artillerie, aussi mort de ses blessures, et cinq à six blessés. Il résulte des rapports qui nous ont été faits, que les ennemis ont eu au moins quarante hommes tués, parmi lesquels trois personnes de marque, et six ou sept chariots de blessés. Le même boulet a emporté le bras au prince de Nassau-Siegen, et tué deux émigrés français à côté de lui. Nous craignons maintenant que l'assemblée s'occupe de grands projets de vengeance. Cependant ils ne font encore aucune disposition pour faire le siége en règle. Nous avons fait quelques sorties pour protéger des convois de bestiaux, et il y a eu quelques canonnades. Hier, dans une reconnaissance, le général Wimpfen aurait immanquablement enlevé un poste ennemi commandé par d'Autichamp, s'il eût eu deux cents hommes de cavalerie de plus ; mais nous n'avons que cinquante cavaliers. Il nous faudrait encore au moins deux escadrons et mille hommes d'infanterie : car notre garnison est absolument insuffisante pour garder l'immense front de nos fortifications.

M. Merlin. — Je demande que la ville de Paris, qui dans tous les temps a donné des preuves du plus ardent patriotisme, envoie à Thionville sur-le-champ deux bataillons de volontaires qui y apprendront à recevoir avec sang-froid le feu de l'artillerie, et que le ministre de la guerre soit tenu d'y envoyer un régiment de cavalerie. Je réponds qu'alors cette forteresse fera échouer tous les efforts des Autrichiens et Prussiens, en quelque nombre qu'ils soient.

Lettre du ministre de la guerre à l'assemblée nationale.

M. LE PRÉSIDENT,

J'ai appris avec peine que les commissaires de l'assemblée nationale à l'armée du Midi, ont destitué M. Félix Dumuy, lieutenant-général, sous prétexte qu'il était absent. Ils ignoraient sans doute qu'il avait une mission particulière en Suisse. Par une dépêche que je reçois aujourd'hui, datée de Huningue, il m'apprend qu'il sera bientôt rendu à Paris pour rendre compte de sa mission. Je prie l'assemblée de regarder la destitution de cet officier comme une erreur involontaire, et en conséquence comme non avenue.

Signé, SERVAN.

Lettre du ministre de la guerre au président de l'assemblée nationale.

Il circule dans le public des nouvelles très-avantageuses de l'armée de M. Dumourier : j'espère, et j'ai tout lieu d'espérer qu'elles se confirmeront; mais comme je n'ai rien reçu d'officiel à cet égard, j'ai cru de mon devoir de vous en instruire. Je regarde cette incertitude comme d'un heureux augure; les mauvaises nouvelles arrivant toujours avec une promptitude extrême.

Je reçois chaque jour des réclamations de la part d'un grand nombre de militaires qui ont été suspendus par les commissaires de l'assemblée nationale. Quelques-uns des citoyens provisoirement suspendus de leurs fonctions rapportent aujourd'hui des témoignages favorables; d'autres sont demandés avec instance par des généraux dont le patriotisme est incontestable. Je n'ai pas le droit de lever ces suspensions.... Peut-être serait-il utile que l'assemblée nationale voulût bien déléguer à quelque autorité le droit de juger ces suspensions en dernier ressort. Je vous prie, monsieur le président, de vouloir bien engager le corps législatif à faire connaître quel est le tribunal qui doit juger de ces objets.

Signé, SERVAN.

Lettre de MM. Gossuin, Duhem et Salengros, commissaires de l'assemblée.

Maubeuge, 14 septembre.

Nous ne pouvons différer d'informer l'assemblée de la position où se trouve la ville de Maubeuge. L'ennemi, qui est en force, côtoie le glacis; il dévaste et pille tous les environs. Tout annonce que le siége se fera incessamment. Les habitants et la garnison n'ont pas de confiance dans le commandant. Comme cet objet n'est pas de notre mission, nous avons écrit aux commissaires de l'armée du

Nord pour les prier de se rendre au moins deux
ici. On a trop dégarni le camp de Maubeuge. Celui
des ennemis augmente tous les jours; nous l'écri-
vons au ministre de la guerre. Les ennemis ont fait
tout ce qu'ils ont pu pour débaucher les ouvriers
de la manufacture; mais ils n'ont pas réussi. Ils
arrivent sur deux colonnes.

*Lettre du ministre de la guerre à l'assemblée
nationale.*

M. le Président,

J'ai l'honneur de vous adresser les trois dépêches
que je viens de recevoir de l'armée du Nord. Le
général Dumourier, après m'avoir confirmé la nouvelle de l'ennemi repoussé avec quelque perte,
le général ennemi tué, me transmet un billet de
M. Chazot, lieutenant-général, daté du 14 à onze
heures du matin.

Billet de M. Chazot.

Notre général,

« Après avoir eu le plus grand succès, je viens
d'être forcé à la retraite par des forces infiniment
supérieures. J'avais cru d'abord que l'ennemi n'avait
point de canon; mais une heure après l'attaque, il
nous a prouvé le contraire, par des pièces même de

position et des obusiers; d'ailleurs, cinq mille hommes n'ont pu tenir contre dix à douze mille. Nous avons perdu quelques hommes des deux armées, et peut-être une vingtaine de blessés.

Les ennemis ont dû perdre beaucoup. Ainsi vous voyez, mon cher général, que ce que j'avais craint m'est arrivé. Nous serons plus heureux une autre fois.

Je ne peux que vous parler de la valeur des troupes; je vais me retirer à Vouziers, et je crois qu'il est intéressant que je me tiène dans cette position, sans négliger de porter des secours au général Dubouquet, lorsque les circonstances l'exigeront, en attendant l'arrivée du général Beurnonville et vos ordres ultérieurs. »

Le corps législatif jugera sans doute, monsieur le président, qu'il était bien difficile aux troupes du général Chazot de se conduire avec plus de valeur qu'elles n'ont fait, et que leur chef a des droits à la reconnaissance nationale, pour la conduite qu'il a tenue.

M. Dumourier me rend compte ensuite des dispositions qu'il a faites pour empêcher les ennemis de pénétrer plus avant; il m'instruit aussi des ordres qu'il a donnés aux différents corps de son armée pour opérer leur réunion tant, avec les troupes qu'il commande, qu'avec l'armée de Kellermann, qui, de son côté a marché pour couvrir Châlons et Reims. J'imagine, d'après les rapports qui me sont parvenus des différents généraux, qu'ils occupent ensemble une position qui a déjà une fois servi à des généraux Français à arrêter pendant une campagne entière, avec des forces inférieures, l'ennemi qui voulait pénétrer sur Paris ; c'est celle de Suippe,

M. Dumourier termine ainsi sa dépêche :

« Nos troupes se sont très-bien battues, les Autrichiens ont beaucoup perdu, et nous très-peu. Le prince Charles de Ligne a été tué; nous avons pris un secrétaire du roi de Prusse chargé de dépêches pour le duc de Brunswick. Je vous enverrai les lettres qu'on a trouvées sur lui, qu'on traduit en ce moment,

Le ministre de la guerre,
Signé, Servan.

Lettre du ministre des affaires étrangères, au président de l'assemblée nationale.

M. le Président,

J'ai fait part à l'assemblée, dans la séance d'hier matin, des indices certains qui annonçaient la guerre de l'empire. Les dépêches que j'ai reçues depuis, m'en instruisent officiellement. Le décret de la commission vient de paraître. J'en ai plusieurs exemplaires ; j'en fais faire dans mes bureaux une traduction littérale. Je vous envoie en attendant un précis des huit articles qu'il contient.

« Sa majesté impériale s'attend qu'il sera délibéré dans la diète :

1º. Qu'il sera répondu par une déclaration formelle de guerre, déjà véritablement commencée par la France contre l'empire, par des invasions et des irruptions hostiles ;

2º. Qu'on ne doit pas regarder comme obligatoire à l'avenir ce qui aura été concédé à la France par le traité de Munster, et les traités subséquents ;

3º. S'il ne convient pas de lever le triple des contingents ordinaires pour les employer contre la France ;

4º. Ce qu'il faudra régler sur l'établissement d'une caisse de guerre, et sur les contributions nécessaires pour l'alimenter ;

5º. S'il ne convient pas de rappeler par des lettres impériales, tous les sujets de l'empire qui sont au service militaire ou civil de France ;

6º. De défendre par les lois pénales l'exportation des armes et munitions ;

7º. Ce qu'il sera nécessaire de régler par rapport au commerce avec la France ;

8º. S'il ne convient pas de défendre la neutralité à tout ce qui appartient à l'empire. »

Telles sont les propositions portées à la diète par l'empereur. Tous les ministres ont déjà reçu leurs instructions à cet égard. Ainsi la résolution de la diète sera prise très-promptement ; mais l'adhésion une fois décidée, l'exécution éprouvera des lenteurs inévitables. D'après un examen réfléchi de la situation des Cercles, je crois pouvoir assurer que l'Empire n'est pas en état d'inquiéter la France avant la fin de cette année. »

Le ministre des affaires étrangères,
Signé, Lebrun.

Rapport de M. Letourneur à l'assemblée nationale.

Les travaux qui se préparent pour assurer la défense de la ville de Paris, ont paru, à beaucoup de citoyens, susceptibles d'une plus grande activité, et les circonstances exigent en effet que les moyens les plus prompts soient mis en usage pour parvenir à ce but désirable; mais on ne peut se dissimuler que, s'il est important de hâter l'exécution, il ne l'est pas moins sans doute d'en combiner toutes les parties de manière à obtenir un heureux résultat. Il a donc fallu s'occuper préalablement de tous les détails nécessaires pour asseoir une bonne défensive, organiser régulièrement une vaste machine, prendre enfin les mesures convenables pour seconder efficacement et sans confusion le zèle des bons citoyens animés du désir de concourir à la confection de ces importants travaux.

Votre décret sur la formation d'un camp sous Paris fut à peine rendu, que vous sentîtes la nécessité de nommer une commission prise dans votre sein pour en surveiller l'exécution ; elle vous a présenté successivement tous les projets de loi relatifs à la nomination des agents chargés de diriger les travaux, et à l'organisation des forces mobiles destinées à les défendre : vous les avez adoptés sans délai.

Le sieur Belair fut proposé au ministre de la guerre, par le conseil général de la commune de Paris, comme un citoyen digne de la confiance publique par ses talents et son civisme ; il fut nommé, en conséquence, directeur des travaux. Dès-lors, votre commission militaire, à qui vous n'aviez confié aucune inspection sur les moyens d'arts, a dû se borner à stipuler l'activité du directeur général et de ses coopérateurs ; mais elle s'est convaincue, dès le principe, que les moyens d'exécution n'étaient pas à beaucoup près dans la proportion des vastes projets conçus par M. Belair. Elle a pensé qu'il serait utile de former un comité central spécialement chargé d'imprimer à ses travaux l'action qui leur manquait essentiellement, et d'en diriger toutes les dispositions. Vous avez décrété, sur sa proposition, que trois commissaires de l'assemblée nationale se réuniraient aux ministres de la guerre et de l'intérieur et aux trois commissaires nommés par le conseil général de la commune de Paris pour remplir cet objet.

Ce comité a porté ses premiers regards sur la nécessité de développer les plus grands moyens d'accélération; le général de l'armée suit exactement ses conférences, et tous ses coopérateurs ont été appelés pour y présenter leurs vues et y soumettre leurs plans. Celui de M. Belair, quoiqu'il n'ait été communiqué jusqu'ici que partiellement et par aperçu, a paru tellement vaste et si incertain dans sa marche, que le comité a jugé impossible que ce directeur pût raisonnablement répondre de son exécution dans l'espace de temps présumé à notre disposition pour se mettre en état de résister à l'ennemi, s'il a véritablement des vues hostiles sur Paris.

Le seul moyen de remédier à un inconvénient aussi grave, est d'augmenter le nombre des agents de manière qu'en les chargeant simultanément d'une exécution de parties distinctes, ces travaux puissent acquérir en peu de temps toute l'activité qu'il est dans la puissance humaine d'y apporter.

Le comité s'est déterminé, d'après ces considérations, à faire concourir à l'exécution des immenses travaux qu'exige la défense de Paris, l'administration des ponts et chaussées, qui, par son organisation et par la nature de ses services, peut en rendre de très-utiles dans cette circonstance.

Les ingénieurs des ponts et chaussées, de concert avec des officiers du génie, mandés à cet effet, seront chargés de tracer, d'après les ordres du général, dans les parties de la défensive, dont M. Belair ne s'est point encore occupé, toutes les lignes et retranchements qui seront jugés nécessaires par le général, et dont ils dirigeront l'exécution; les travailleurs bénévoles des sections de Paris, dont le zèle a été jusqu'ici infructueux, pourront incessamment être mis en activité, et chaque jour présentera alors un résultat qui, en rassurant les citoyens sur les moyens employés pour la défense de Paris, mettra bientôt cette importante cité à l'abri de toute insulte. Les batteries seront successivement établies dans les positions qui en exigent; on travaille au pont de communication, aux chevaux de frise, aux palissades. En un mot, Messieurs, rien ne sera négligé, et toutes les mesures que nous avons prises vont concourir à seconder l'ardeur et le patriotisme des citoyens qui se dévouent à la défense de la liberté et de l'égalité.

M. Letourneur lit un projet de décret qui est adopté en ces termes :

L'assemblée nationale, considérant que le vaste plan de défense qu'exige la sûreté de la ville de Paris, nécessite un grand nombre d'agents tant civils que militaires, et qu'il est juste de leur accorder un traitement proportionné à la nature de leur service, décrète qu'il y a urgence.

L'assemblée nationale, après avoir entendu le rapport de la Commission militaire et décrété l'urgence, décrète ce qui suit :

TITRE PREMIER.

Organisation des travaux de M. Belair.

Art. 1er. Il sera adjoint au directeur desdits travaux, créés par le décret du..... deux inspecteurs,
quatorze ingénieurs, et un nombre de conducteurs
et de piqueurs, déterminé progressivement suivant
les besoins du service.

2. Les appointements des officiers de tout grade
employés au camp sous Paris, y compris le traitement et la gratification de guerre, seront d'une moitié en sus des fixations décrétées pour les autres
armées.

3. Les directeurs en chef de l'artillerie des travaux jouiront du traitement de colonels, et les directeurs en second de celui de lieutenant-colonel,
conformément aux dispositions de l'art. 2.

4. Les inspecteurs des travaux recevront le traitement des capitaines de la classe de 2000 liv., employés à Paris sur le pied de guerre, et il leur sera
délivré à chacun deux rations de fourrages.

5. Les ingénieurs seront traités comme les capitaines de la classe de 1600 liv., sur le même pied
de guerre; ils recevront chacun une ration de fourrage.

6. Les conducteurs seront payés sur le pied de
150 liv., et les piqueurs de 100 liv. par mois.

7. Le directeur-général des travaux est autorisé

à employer tous les ouvriers d'arts, ainsi que les tambours qui lui seront nécessaires pour le service, lesquels seront payés sur l'état qu'il en dressera, ordonnancé par le commissaire des guerres chargé de cette partie.

TITRE II.

Organisation des travaux dirigés par les ingénieurs des ponts et chaussées.

Art. 1ᵉʳ. L'administration des travaux dirigés par les ingénieurs des ponts et chaussées, pour la défense de Paris, sera composée de quatre ingénieurs, de douze élèves, et du nombre de conducteurs et de piqueurs proportionné à celui des travailleurs.

2. Les ingénieurs jouiront du traitement de capitaine de la classe de 2000 liv., employés à Paris sur le pied de guerre, et recevront deux rations de fourrages.

3. Les élèves recevront les traitements de capitaine de la classe de 1600 liv., sur le même pied de guerre, et une ration de fourrage.

4. Les conducteurs et piqueurs jouiront de la solde fixée par l'art. 4 du tit. 1ᵉʳ.

5. Cette administration pourra également employer, et selon la même forme de comptabilité, tous les ouvriers d'arts et les tambours qu'elle jugera nécessaire pour le service de ses travaux.

TITRE III.

Traitements des employés non-militaires dans l'état-major, et aux travaux relatifs à la défense des postes avancés.

Art. 1er. Les adjoints et aides-de-camps, non-militaires, employés dans l'état-major de l'armée de Paris, jouiront du traitement attribué aux capitaines de la classe de 2000 liv. d'appointements, sur le pied de guerre, fixé par l'art. 2 du tit. 1er.

2. Il sera adjoint aux officiers du génie employés à la défense de Paris, douze coopérateurs divisés en trois classes d'appointements, suivant leurs talents; savoir : trois de la première classe aux appointements de 3600 liv.; trois de la seconde, aux appointements de 3000 liv.; six de la troisième, aux appointements de 2400 liv.

Rapport de M. Vergniaux à l'assemblée nationale.

Les détails que vous a donnés M. Coustard sont sans doute très-intéressants ; cependant il est impossible de se défendre de quelques inquiétudes quand on a été au camp sous Paris. Les travaux avancent très-lentement. Il y a beaucoup d'ouvriers, mais peu travaillent : un grand nombre se reposent. Ce qui afflige surtout, c'est de voir que les bêches ne sont maniées que par des mains salariées, et point par des mains que dirige l'intérêt commun. D'où vient cette espèce de torpeur dans laquelle paraissent ensevelis les citoyens restés à Paris? Ne le dissimulons plus; il est temps enfin de dire la vérité. Les proscriptions passées, le bruit de proscriptions futures, les troubles intérieurs, ont répandu la consternation et l'effroi. L'homme de bien se cache, quand on est parvenu à cet état de choses que le crime se commette impunément. Il est des hommes, au contraire, qui ne se montrent que dans les calamités publiques, comme il est des insectes malfaisants que la terre ne produit que dans les orages. Ces hommes répandent sans cesse les soupçons, les méfiances, les jalousies, les haines, les vengeances; ils sont avides de sang; dans leurs propos séditieux, ils aristocratisent la vertu même, pour acquérir le droit de la fouler aux pieds; ils démocratisent le crime, pour pouvoir s'en rassasier sans avoir à redouter le glaive de la justice. Tous leurs efforts tendent à déshonorer aujourd'hui la plus belle des causes, afin de soulever contr'elle toutes les nations amies de l'humanité.

O! citoyens de Paris, je vous le demande avec la plus profonde émotion, ne démasquerez-vous jamais ces hommes pervers, qui n'ont, pour obtenir votre confiance, d'autres droits que la bassesse de leurs moyens et l'audace de leurs prétentions? Citoyens, lorsque l'ennemi s'avance, et qu'un homme, au lieu de vous inviter à prendre l'épée pour le repousser, vous engage à égorger froidement des femmes ou des citoyens désarmés; celui-là est ennemi de votre gloire, de votre bonheur; il vous trompe pour vous perdre. Lorsqu'au contraire un homme ne vous parle des Prussiens que pour vous indiquer le cœur où vous devez frapper; lorsqu'il ne vous propose la victoire que par des moyens dignes de votre courage, celui-là est ami de votre gloire, ami de votre bonheur, il veut vous sauver. Citoyens, abjurez donc vos dissensions intestines; que votre profonde indignation pour le crime encourage les hommes de bien à se montrer. Faites cesser les proscriptions, et vous verrez aussitôt se réunir à vous une foule de défenseurs de la liberté. Allez tous ensemble au camp, c'est là qu'est votre salut.

J'entends dire chaque jour : nous pouvons éprouver une défaite. Que feront alors les Prussiens? Viendront-ils à Paris? Non, si Paris est dans un état de défense respectable; si vous préparez des postes d'où vous puissiez opposer une forte résistance; car alors l'ennemi craindrait d'être poursuivi et enveloppé par les débris même des armées qu'il aurait vaincues, et d'en être écrasé comme Samson sous les ruines du temple qu'il renversa. Mais si une terreur panique ou une fausse sécurité engourdissent notre courage et nos bras; si nous livrons sans défense les postes d'où l'on pourra bombarder cette cité, il serait bien insensé de ne pas s'avancer vers une ville qui, par son inaction, aurait paru l'appeler elle-même, qui n'aurait pas su s'emparer des positions où elle aurait pu le vaincre. Au camp donc, citoyens, au camp! Eh quoi! tandis que vos frères, que vos concitoyens, par un dévoûment héroïque, abandonnent ce que la nature doit leur faire chérir le plus, leurs femmes, leurs enfants, demeurerez-vous plongés dans une molle oisiveté? N'avez-vous pas d'autre manière de prouver votre zèle, qu'en demandant sans cesse comme les Athéniens, qu'y a-t-il aujourd'hui de nouveau? Au camp, citoyens, au camp! Tandis que vos frères, pour notre défense, arrosent peut-être de leur sang, les plaines de la Champagne; ne craignons pas d'arroser de quelques sueurs les plaines de Saint-Denis, pour protéger leur retraite. Je demande que la commission du camp nous fasse, ce soir un rapport sur l'état des travaux, et qu'il soit fait une proclamation pour inviter les citoyens à se réunir aux ouvriers; car tout citoyen doit être ouvrier, puisqu'il s'agit de la défense de tous.

Dans la séance du soir du 16 septembre, on fit la lecture d'une adresse du conseil général de la commune de Maubeuge: en voici l'extrait:

La ville de Maubeuge est à la veille d'être assiégée. Le 11 de ce mois, à neuf heures du matin, les impériaux, au nombre de quatre mille, se sont pré-

sentés aux environs d'un de nos postes avancés. Ce
poste, placé environ à une demi-lieue de la ville,
était gardé par un détachement de douze cents
hommes. Déjà l'ennemi en force se préparait à l'envelopper.

Le général Lanoue arrive, mais avec des secours
trop faibles pour résister au choc; il se replie très-
précipitamment; mais ce qu'il y a d'inconcevable,
c'est que cette opération a laissé le centre à découvert, et les Autrichiens sont entrés dans le faubourg, où ils ont commis beaucoup de brigandages.
L'ennemi s'est campé près de Maubeuge, et notre
poste avancé n'est plus qu'à un petit quart de lieue
de la ville. Cependant la garnison qui n'est composée que d'un bataillon, n'a rien qui puisse présenter
une défense imposante; elle est si dénuée de ce qui
est nécessaire pour soutenir un siége, que rien ne
pourrait résister au moindre effort des ennemis.
Nous ne savons par quelle fatalité on nous a enlevé
les troupes légères qui, harcelant continuellement
l'ennemi, l'empêcheraient de rester campé si près
de la ville, et d'exercer impunément ses brigandages dans tous les faubourgs et villages voisins.

M. le maréchal Luckner a écrit au ministre de la
guerre, que de trois bataillons volontaires auxquels
il avait donné l'ordre de se rendre à l'armée de Dumourier, un seul avait voulu marcher. Un officier

du bataillon des Lombards allant à Suippe, rencontra plusieurs volontaires qui fuyaient. Ils lui dirent que leur bataillon avait été rencontré par l'ennemi et taillé en pièces. Bientôt après, deux chasseurs vinrent qui assurèrent que l'armée de Dumourier avait été attaquée et défaite, et que son avant-garde, commandée par M. Dillon, avait été hachée.

Des nouvelles reçues de M. Dillon contrarient ce fait et annoncent que le corps d'armée qu'il commande était en bon ordre à Sainte-Menehould à l'heure à laquelle on prétend qu'elle a été battue.

D'après les différentes lettres, et le rapport d'un officier de l'armée de Dumourier arrivé aujourd'hui, les faits se réduisent à ceci : M. Dumourier a levé son camp de Grandpré, et s'est rendu à Dommartin, où son arrière-garde a été attaquée avec quelque succès par l'ennemi. Des vivandiers et des conducteurs, frappés de terreur panique, ont pris la fuite. Mais le 15, à onze heures du soir, son armée était arrivée à Sainte-Menehould, et l'ordre était rétabli. Le 16 il a campé à Brau, près de cette ville; toutes ses forces étaient réunies, les esprits étaient calmes; les fuyards ont été arrêtés, déshabillés et renvoyés garottés; ils n'étaient qu'au nombre de cinquante.

Ce qui doit ôter toute inquiétude, c'est que Paris est maintenant couvert par l'armée de Kellermann; campée à Vitry, et que ni celle de M. Dillon ni celle de M. Beurnonville n'ont été attaquées.

Le ministre de la guerre pense qu'il serait bon de faire une adresse aux volontaires réunis à Châlons pour leur rappeler que sans discipline il n'existe pas d'armée, et que dès-lors on ne doit plus compter sur la victoire.

M. Omoran, commandant sur la frontière du Nord, a repoussé très-loin l'ennemi qui entourait Condé. Il rend le compte le plus avantageux de l'ardeur et du courage des chefs et soldats qui ont concouru à cette expédition.

Un citoyen arrivé aujourd'hui de Valenciennes, a rapporté que nos troupes avaient remporté, près de Dangy, un avantage très-considérable. Mais, comme cette nouvelle n'est point officielle, le ministre ne la certifie pas.

Lettre du général Dumourier au ministre de la guerre.

Soyez sans inquiétude. La personne que vous m'avez envoyée a vu une retraite sur plusieurs colonnes. Mon arrière-garde est maintenant en bon ordre. L'ennemi n'a pas paru. Il s'est borné à recueillir ce qui a été abandonné par les nôtres, qui ont vu quelles peuvent être les suites terribles d'une terreur panique. Il n'y a pas eu action, mais une fuite de dix mille hommes devant quinze cents. Si l'ennemi eût poussé pointe, il eût pu dissoudre toute l'armée. J'ai ici vingt-cinq mille hommes dans un bon camp; et si l'ennemi paraît il sera battu.

M. Beurnonville me rejoint demain avec dix mille
hommes. Pourvu que vous m'envoyiez des munitions, je puis répondre encore du salut de ma patrie. J'ai déjà commencé les exécutions; j'en ferai
de terribles. Je vais vous renvoyer les bataillons qui
ont abandonné leurs canons. Je préfère avoir mille
ou deux mille hommes de moins, et ne point avoir
de lâches. J'ai fait chasser tous ceux qui ont perdu
leur fusil. Quatorze fuyards ont été arrêtés et garottés. Je vais traiter de même plusieurs officiers.
Il faut purger cette armée avant de s'en servir, et
sous ce rapport, cet événement ne fera pas de mal.

Signé, DUMOURIER.

Lille, 14 septembre.

On voit partout enfin l'habitant de la campagne
las des vexations d'un ennemi cruel, se lever avec
énergie, et jurer de le repousser de son territoire.
On a vu des légions armées de ces braves gens,
venir demander aux officiers supérieurs, au district,
à la municipalité, des chefs pour les conduire au
combat. On compte, dans l'arrondissement de notre
district, plus de cent trente petites villes, bourgs et
villages, qui peuvent mettre sur pied chacun jusqu'à
huit cents à douze cents hommes. Cette sainte ligue, qui ne veut point être à charge à la nation,
a résolu de se nourrir et de s'entretenir pendant six
semaines. Cette armée civique arrêtera sans doute
cet ennemi dévastateur, qui vit dans l'espoir, s'il

faut en croire les gazettes officielles des Pays-Bas, *de ne plus faire la guerre que sur notre territoire.* Partout où les Autrichiens se sont rendus maîtres, ils ont réinstallé les curés réfractaires ; et, la baïonnette dans le dos, ils forcent les habitants de quitter leurs travaux pour aller entendre prêcher le meurtre, le carnage, le pillage et la guerre civile.

Hier au soir, la diligence d'Arras et celle de Paris n'étaient pas encore arrivées. On dit que celle de Paris avait été arrêtée par une bande de brigands qui la conduisaient à Orchies avec les voyageurs ; mais qu'un détachement de nos braves hussards du 3ᵐᵉ régiment en ayant été informé, a couru sus, et que l'ayant aperçu, les Autrichiens ont pris la fuite, en abandonnant leur capture.

Beaucoup de déserteurs sont encore venus se ranger sous les drapeaux de la liberté.

Du 15. Les Autrichiens continuent leurs ravages dans notre district ; ils rétablissent les anciens curés qui étaient réfugiés dans les Pays-Bas ; ils forment des corps de magistrature dans les bourgs et villages ; ils somment les communes de leur amener des grains, fourrages et bestiaux qu'ils font conduire à Tournay. Ils occupent la ville de Lannoy et les bourgs de Turcoing, Roubaix, Commines ; ils ont plusieurs petits camps en avant, et de là ils coupent les communications avec Valenciennes,

Douai, Arras, Armentières et Dunkerque. La Lys, si utile, est en leur possession ; de sorte que nous ne pouvons plus faire rien parvenir par eau à Douai, ni de Douai ici par la Lys et la Deule.

Deux ou trois mille hommes épars dans ce district, font tout ce mal, parce qu'on les laisse faire sans leur opposer aucune résistance. On reste stupidement à Lille, comme si l'on avait peur que cette poignée de brigands en fît le siége. On promet des secours, et il n'en est pas arrivé. Il sera bien temps quand nos moissons seront enlevées. Vingt-deux bélandres chargées ont été conduites à Tournay, sans compter celles qui ont été brûlées et pillées près de Wartenon. Nos campagnards sont découragés, et crient à la trahison. Les aristocrates, très-nombreux ici, la leur persuadent, et les ennemis de la chose publique se grossissent tous les jours, etc.

Extrait du rapport des commissaires envoyés à l'armée du Midi.

MM. Gasparins, Lacombe et Rouyer, commissaires envoyés à l'armée du midi, rendent un compte sommaire de leurs opérations. Ce compte, lu par M. Gasparins, n'est que le résumé des différentes lettres qu'ils ont successivement écrites à l'assemblée. La nouvelle des événements et des décrets du 10 août les avait précédés, et partout la sa-

gésse de ces lois, le patriotisme éclairé et l'enthousiasme des citoyens, les dispensaient de tout com-
mentaire et de toute instruction. Le fanatisme avait
fui, les couleurs nationales flottaient sur les clo-
chers et sur les édifices publics. Les femmes qui,
même dans les temps d'agitation, ne renoncent pas
au désir de plaire, changeaient de parure, s'or-
naient de l'emblème de la liberté ; et depuis, elles
se coiffent d'un bonnet rouge au retroussis bleu et
blanc, qui leur sied très-bien. L'armée du midi
est en très-bon état, et remplie des plus heureuses
dispositions. Aucune crainte d'invasion de la part
de la Savoie : au contraire, les départements limitrophes voudraient se transporter tout entiers sur
cette terre esclave. Il devient même très-urgent, non
pas d'ordonner, mais de permettre cette expédition.
La lenteur des approvisionnements en armes pourrait seule y apporter quelque retard. Les commissaires se louent infiniment du zèle des sociétés
populaires, trop calomniées par les ennemis de la
révolution, pour qu'on ne dût pas en attendre les
plus grands services. Le plus parfait accord règne
entr'elles et les autorités constituées. Le club de
Montauban a fourni, en une journée, deux compagnies franches, armées et équipées. Les commissaires ont terminé leur mission par la revue du
port de Toulon. Cinq vaisseaux de ligne et cinq
frégates armés dans la rade, sont en très-bon état ;
l'équipage partage le patriotisme et l'ardeur de son

chef, le contre-amiral Truguet, et des capitaines qui commandent sous ses ordres. Mais l'inspection de l'arsenal a montré, dans toute leur noirceur, les trahisons de l'ancien pouvoir exécutif. A peine renferme-t-il des munitions pour deux vaisseaux, tandis que quinze doivent être armés. Il n'y a ni assez de canons, ni assez de poudre; plusieurs vaisseaux ont besoin de radoub. Les cables et les cordages sont en quantité très-insuffisante. Le fort qui garantit la rade, n'est en état de défense que depuis un mois.

M. Rouyer a examiné le tout en homme de l'art, et a recueilli de nombreux renseignements, à l'aide desquels, le pouvoir exécutif actuel pourra réparer les trahisons de l'ancien. De nombreux bataillons de gardes nationaux partent des départements du Midi, pour couvrir la capitale, etc.

M. Lacombe-Saint-Michel, l'un des commissaires: J'apporte ici en hommage à l'égalité soixante-cinq décorations militaires, quelques écussons aux trois fleurs de lys et une décoration de la société de Cincinnatus; ces marques de longs, pénibles et honorables services, nous ont été offertes pour le soulagement des veuves de ces citoyens valeureux morts à la mémorable journée du 10 août. Les militaires citoyens qui vous présentent cette offrande, rejettent des marques de distinction qui leur furent données par le despo-

tisme, et trouvent leur récompense dans les services
mêmes qu'ils ont rendus à la patrie : il ne m'est pas
possible aujourd'hui de vous en dire tous les
noms, je le ferai demain ou après, et vous demanderai que mention honorable en soit faite au procès-
verbal.

J'ajouterai peu de mots à ce que vient de vous
dire le préopinant; il a parcouru successivement et
avec une rapidité attachante, les différentes parties
du service militaire que l'assemblée nationale nous
avait chargés d'inspecter; le département de l'Isère
nous a offert le spectacle de l'accord parfait de tous
les corps constitués et des sociétés populaires : aussi
cette union si précieuse excite-t-elle l'enthousiasme
des citoyens de ces belles contrées; la nature est
leur temple, l'égalité leur culte; c'est dans la ville
de Grenoble que nous avons vu l'esprit se réunir
aux talents, pour jeter sur la tombe des héros de la
saint Laurent (10 août 1792), les fleurs que de-
vront à leur mémoire les races futures des hommes
libres. Que ne puis-je, heureux habitants de l'Isère,
peindre dans mon discours, avec autant de feu que
vous savez en mettre dans l'action, l'enthousiasme
que vous avez manifesté pour les bienfaits de l'assemblée nationale ! Pères du peuple, veillez sur
tous les points de l'empire; mais soyez dans la plus
grande sécurité sur le sort de nos contrées méri-
dionales : les gorges du département de l'Isère, et
le courage ardent de ses habitants vous assurent que

cette vallée restera le séjour de la liberté , ou ne sera plus qu'un désert.

J'aurais les mêmes choses à vous dire de tous les départements que nous avons parcourus. Nos différentes dépêches ont dû vous donner à ce sujet des détails satisfaisants. En général, nous avons distingué les administrés des administrateurs, autant qu'il fallut toujours distinguer les peuples des gouvernements : ce n'est qu'en remontant à la source qu'on retrouve la pureté des eaux ; les administrés sont excellents, les administrateurs sont quelquefois dépendants de leurs passions ; ce n'est que la de formation de l'esprit public que nous pouvons attendre tout ce qu'ils nous laissent à désirer.

Parmi les fonctions que vous nous avez donné à remplir, la plus pénible sans doute a été lorsque nous avons ôté à des officiers un état acquis par de longs services ; nous avons fait à ce sujet notre devoir à regret, mais sans faiblesse ; les liens du sang doivent être oubliés ; toute considération doit disparaître , lorsqu'il s'agit du salut de la patrie. Nous avons fait des suspensions et des remplacements provisoires ; nous espérons que l'assemblée nationale les ratifiera. Il n'existe en France que cette autorité, et vous sentez, Messieurs, combien il est important que les opérations des dépositaires de sa confiance aient leur effet.

Il est un objet sur lequel je dois attirer votre attention. Nous vous avons fait part que nous avions fait arrêter cinquante personnes , qui avaient été désignées comme suspectes ; ces personnes sont dans les prisons de Marseille. Si elles sont coupables, il est affreux pour les citoyens de les voir au milieu d'eux ; si elles sont innocentes, il est bien pénible pour elles d'être détenues, et d'être sous le poids d'une accusation aussi grave. Si le citoyen doit au salut public le sacrifice momentané de sa liberté , il est du devoir du législateur de le laisser le moins possible dans ces liens. Grand nombre sont réclamés par les sociétés populaires , comme d'excellents citoyens. Je demande que l'assemblée, sans aucun délai, nomme un tribunal voisin , pour les condamner ou les mettre en liberté.

Vous pouvez compter sur votre armée du Midi , et vous y promettre des succès ; il règne le plus parfait accord entre les troupes de ligne et les gardes nationales ; ils ne prononcent entre eux que le nom de frère , et leur bouche n'est jamais que l'interprète de leur cœur. Nous avons été témoins du spectacle attendrissant de voir les citoyens de tous nos départements méridionaux se rendre à l'armée ; ils abandonnent leurs affaires, ils quittent leurs femmes, leurs enfants ; ils doublent, triplent leurs journées, pour voler plus vîte à la défense de la patrie, pour soutenir une révolution à laquelle ils ne gagnent rien. Est-ce pour le peuple que sont ces riches abbayes ? hélas ! ils ne connaissent les assignats que par la perte que l'agiotage leur fait éprouver. Que demande cette classe de citoyens qui n'a pour toute richesse que des bras et des vertus? ce que la nature ne leur a pas refusé, l'égalité des droits. Qui sont ceux qui les calomnient? ceux-là mêmes qui, enfants gâtés de la patrie, l'abandonnent au moment de la secourir, et vont rejoindre nos ennemis, dans l'espoir de porter le poignard dans le sein de cette patrie qui les nourrit et qui les protégea. Transfuges! que tout lien soit désormais rompu avec vous et nous.

Législateurs! le peuple ne voit que vous, ne voyez que le peuple; vous êtes dans la ligne des principes, qu'aucune considération ne vous la fasse abandonner. Consultez votre sagesse, consultez votre courage; pourriez-vous douter de vos forces, le peuple français est derrière vous?

Bruxelles, le 6 septembre.

Le sort des officiers français arrêtés au poste de Rochefort, a été différemment décidé. Le général Lafayette, M. Latour-Maubourg, maréchal-de-camp, M. Alexandre Lameth, maréchal-de-camp, et M. Bureau-Puzy, capitaine de génie, ont été transférés de Nivelles à Luxembourg, pour y être prisonniers au château : ils avaient chacun un officier autrichien dans leur voiture, et une escorte de trente hussards les accompagnait. La rigueur avec laquelle on les distingue, malgré leurs réclamations fondées sur le droit des gens, paraît avoir pour motif qu'ils ont été membres de l'assemblée constituante. M. du Roure, maréchal-de-camp; le colonel Sicard, le lieutenant-colonel Langlois, l'adjudant-général d'Arblay, l'adjudant-général d'A-grain, et le lieutenant Victor Romeuf, ont pu continuer leur voyage pour la Hollande, sans reparaître dans les provinces autrichiennes. Les autres resteront, jusqu'à nouvelle ordre, à Nivelles ou à la citadelle de Namur. — M. Breteuil, qui résidait ici depuis quelque temps, a été rappelé près des princes frères du roi, immédiatement après la prise de Longwy, d'où l'on infère qu'il y a repris ses fonctions ministérielles.

En quittant son armée, M. Lafayette lui avait adressé des *adieux* le jour même de son départ. Cette pièce n'a encore été publiée nulle part, et nous n'avons pas appris que l'intention du général fugitif ait été remplie, puisqu'on n'a pas appris qu'elle ait été lue à cette armée. En voici une copie fidèle :

« Lorsqu'après avoir concouru à deux grandes révolutions, je jouissais dans la retraite du succès de mes constants efforts pour la cause du peuple, les dangers de la patrie m'arrachèrent à la vie privée ; je vins, au milieu des applaudissements de la nation, commander l'armée que le roi m'avait confiée ; et l'assemblée nationale daigna, par l'organe de son président, me dire *qu'elle opposerait aux ennemis coalisés contre nous*, *la constitution et Lafayette*. Depuis cette époque, vous avez été à portée de me juger. Votre confiance m'a démontré que vous approuviez ma conduite; votre amitié répondait au tendre attachement que je vous ai voué. Heureux de défendre, au milieu de soldats chers à mon cœur, les principes auxquels ma vie entière a été consacrée, et la constitution que la souveraineté nationale nous a donnée, je trouvais dans cette lutte d'une nation libre, contre tant d'efforts réunis contre elle, tout ce qui pouvait satisfaire mes sentiments et animer mon zèle. Vous vous rappelez avec quelle inquiétude je craignis qu'une *faction turbulente*, et dont les mouvements me parurent correspondre avec ceux des ennemis extérieurs, ne cherchât à nous enlever ce qui fait la force des peuples libres, *le respect des lois et la fidélité à une constitution* qui, dans ce moment de crise, me semblait être notre plus sûr ralliement. Mes démarches vous furent connues, et mes opinions furent partagées par vous. Ma franchise anima de plus en plus contre moi tous les ennemis de la constitution; mais, quels que fussent leurs efforts et leurs menaces, l'assemblée nationale, à une majorité des *deux tiers* des voix, repoussa les accusations absurdes qu'on avait amoncelées contre moi.

« Vous avez su les violences faites le lendemain à l'assemblée nationale, celles qui furent exercées le 10 août contre le roi, l'état où Paris était au moment où la suspension du roi fut décrétée, les meurtres, les proscriptions qui ont eu lieu, non-seulement pendant le combat des Thuileries, mais encore les jours suivants. Je m'en rapporte, à cet égard, aux arrêtés du département des Ardennes, de la municipalité de Sedan, au peu de renseignemens qu'on a laissé passer, tandis que tous les papiers voués au parti jacobin ont été répandus avec profusion. Il est évident que les mesures prises le 10 août étaient contraires à l'acte constitutionnel, et qu'elles avaient été arrachées par des violences à l'assemblée nationale: cette conviction a guidé ma conduite. Les corps administratifs et municipaux vous ont requis de renouveler le serment civique. La constitution a déterminé ce serment, et vous ordonne d'obéir aux réquisitions des autorités civiles. C'est avec regret que j'ai vu une partie de l'armée tellement éloignée de remplir ce devoir, que j'ai voulu lui épargner le tort de s'y refuser. Les soins qu'on a pris de calomnier auprès de vous mon opinion, ont réussi à m'aliéner une partie de votre confiance. D'un autre côté, les commissaires de l'assemblée nationale, qui ont accepté, le 10 août, l'exécution d'un des décrets que la violence lui avait arrachés, m'ont destitué de la partie de mon commandement depuis Dunkerque jusqu'à Maubeuge, et l'on se proposait également de me destituer de celle qui m'unissait à vous, et de renouveler contre moi des accusations contre lesquelles l'assemblée, les jurés ni les juges, n'étaient plus libres de prononcer dans l'état où la violence les réduisait.

« Dans ces circonstances, et lorsque la faction actuelle s'acharne principalement contre les principaux moteurs de la révolution, contre les vrais amis de la constitution, je cessais d'être destiné à combattre à votre tête, et je ne pouvais plus espérer une mort utile. Que me restait-il à faire ? Eloigner de vous un général, auquel on allait vous défendre d'obéir, et conserver à la liberté un défenseur, dont l'inflexibilité lui a mérité dans ce moment l'honneur d'être proscrit. Je m'éloigne donc ; je m'éloigne avec un sentiment de douleur, qu'il m'est doux au moins d'épancher dans le sein de ceux de mes compagnons d'armes qui m'ont conservé leur affection. J'ai pris, avant de partir, toutes les mesures qui me répondaient de votre sûreté ; et je vais loin de ma patrie, où règne un parti qui me proscrit, loin des ennemis coalisés contre elle, et que j'espérais combattre à votre tête, goûter dans ma retraite la consolation d'une conscience pure, et faire des vœux ardents pour que la liberté française puisse un jour triompher de toutes les factions qui cherchent à l'asservir. »

Signé, LAFAYETTE.

Lettre du ministre de la guerre au président de l'assemblée nationale.

M. LE PRÉSIDENT,

Les dépêches de l'armée m'annoncent que M. Dumourier a été attaqué le 17 au matin dans son poste des Ilettes, et que les ennemis ont été repoussés avec perte. M. Dumourier croit qu'il sera attaqué de nouveau le 18. Mon armée, dit-il, brûle de se battre; dès qu'elle verra du secours, elle sera invincible.

M. Kellermann était, le 17 au soir, à six lieues de M. Dumourier; il a été averti par MM. Luckner et Dumourier de se mettre en marche. Je connais le zèle et l'activité de cet officier, ainsi je ne doute point qu'il n'opère sa réunion.

M. Beurnonville a dû partir aussi pour opérer sa jonction; il emmène avec lui, outre ses onze mille hommes, sept bataillons complets. Voilà donc, monsieur le président, l'armée française réunie, du moins je l'espère, et en état, par sa masse, de s'opposer avec force aux projets des ennemis de la liberté et de l'égalité.

Les nouvelles officielles du Rhin n'offrent rien d'intéressant.

Le camp de Châlons continue toujours à se grossir; j'espère que la discipline y fera promptement des progrès.

Les citoyens qui le composent, se souviendront sans doute que les peuples les plus libres au Forum et dans la cité, sont ceux qui ont donné à l'armée des marques de la subordination la plus grande; ils connaissent cette grande vérité, que c'est moins du nombre des hommes que dépend la force des armées, que de leur soumission aux règles de la discipline, et de leur obéissance à la voix des généraux.

Signé, SERVAN.

Du 16, à dix heures du soir.

Les ennemis qui sont à Clermont ne peuvent point pénétrer dans cette partie, à cause de la côte de Bienne, qui est très-bien défendue, et les empêche de passer à Villers : ils dirigent aussi leur marche sur Vouziers, et leur projet est de se porter sur Soissons, laissant Reims à leur gauche.

Les grenadiers des volontaires nationaux, en garnison à Nancy, Lunéville, Sarrebourg, Phalsbourg, Bouquenon, Fénestrange et Dieuze, ainsi que deux cents hommes par bataillon, bien habillés et armés, se rendent à Metz. Cette augmentation de troupes mettra cette ville dans un bon état de défense, et servira également à donner du secours à Thionville.

Le 17. Plusieurs têtes ont été menacées encore hier soir par les volontaires parisiens, entre autres, celles du maréchal et de ses aides de camp. On les

croit des traîtres. — Il faut dire que ce n'est pas la
totalité des Parisiens qui pense ainsi, et on ne peut
pas mettre en doute que, dans le nombre de ceux
qui se sont engagés dans ces volontaires, il n'y ait
des gens *payés* pour mettre le trouble et semer la
discorde. Ce qui prouve encore qu'il y a des *agitateurs* dans cette armée, et que, si l'on n'y veille,
ils seront très à craindre, c'est le fait que voici :
Des volontaires qui étaient partis pour rejoindre
l'armée de Dumourier, ont appris que l'ennemi
était à six lieues. (L'armée de Dumourier intermédiaire.) Ils sont revenus en disant *qu'on les menait
à la boucherie.* Plusieurs reprènent, assure-t-on,
la route de Paris, où ils ne manqueront pas de
crier à la *trahison.* Ils diront *qu'ils ont été pour-
suivis par l'ennemi; ils n'en ont pas vu un seul.*
Les uns disent qu'ils ne sont pas assez instruits,
qu'ils ne savent pas manier les armes, que leurs
fusils sont rouillés; enfin, cela fait pitié, s'il y a lâcheté; si de leur part, c'est l'envie de nous nuire,
cela fait horreur. Nous n'avons point d'ennemis
plus redoutables.

Heureusement onze mille hommes de ceux qui
ont été de l'armée du nord, sont arrivés hier soir,
et partent cette nuit pour rejoindre Dumourier, qui
recevra de l'armée du centre, en même temps,
treize ou quatorze mille hommes qui sont bons, de
sorte qu'il y aura demain cinquante mille hommes
en état de se défendre.

Il arrive encore ces jours-ci des troupes de ligne qui renforceront l'armée. Ces troupes sont très-estimables depuis qu'elles ont secoué les suggestions de l'aristocratie. Le soldat sait qu'il est citoyen, et il en vaut mieux.

On dit qu'il vient encore des gardes nationales qui sont bonnes aussi, et qui brûlent également d'apprendre à obéir à la discipline, et à combattre l'ennemi.

L'armée de Dumourier est parfaitement réunie ; il a usé de sévérité envers les fuyards. Cela a bien fait. Ce moyen n'aurait pas réussi hier. M. le maréchal a voulu l'essayer; il dit seulement à quelques-uns qui étaient ici, et qui lui parlaient dans la foule, qu'il les renverrait à leurs régiments, aussitôt ces gens-là se sont écriés : *Que l'on n'était plus sous l'ancien régime; qu'on ne pouvait pas traiter ainsi des frères; qu'il fallait arrêter le général.* Plusieurs tenaient déjà la bride du cheval; heureusement il s'est trouvé des gens raisonnables, et, à force de perorer, on est parvenu à faire qu'on s'entendît. Certes, de pareils soldats ne sont point nos frères; mais ils se trompent s'ils pensent nous désorganiser; comme l'ennemi se tromperait de croire que les services des agitateurs et de nos camps et de nos villes lui préparent des conquêtes faciles.

Il ne faut pas confondre avec les agitateurs dont dont je parle, un grand nombre de citoyens qui, pleins de courage d'ailleurs, ne connaissent point les camps, ignorent entièrement la guerre. L'agitation de ces derniers est un accident sans doute assez grave, mais il est passager. Par exemple on n'entend parler que de pétitionnaires : les uns veulent qu'on les fasse camper en avant la Marne (ils sont derrière), les autres à gauche, les autres à droite ; ils veulent qu'on change leurs armes (il n'y en a pas ici); qu'on fasse raccommoder celles qu'ils garderont, etc.

Il suffira sans doute de faire connaître ces misères pour que la cause en disparaisse ; on aurait tort de s'en effrayer. Qu'y a-t-il d'étonnant que des citoyens qui n'apportent que bravoure et zèle au milieu des camps, n'y soient pas tout-à-coup transformés en bons soldats obéissants, et bien exercés ? Ils sont d'ailleurs si près de l'ennemi qu'ils ne doivent pas tarder à apprendre que la discipline fait la force des armées, et que, sans l'obéissance la plus passive, il n'y a point de victoire pour les soldats les plus braves.

Quant au mouvement d'insurrection suscité contre le maréchal Luckner, c'est le tort d'un petit nombre de soldats. L'armée toute entière sait bien qu'une trahison, même de la part de ce général, si elle était possible, serait mille fois moins funeste à la France, qu'un attentat de l'armée sur sa personne.

Châlons, le 17 septembre.

L'armée de Beurnonville est arrivée hier à huit
heures du matin. Il y a bien des volontaires campés
et en ville; nous les évaluons à dix mille : nous en
attendons aujourd'hui un grand nombre. Voilà les
forces qui se réunissent. Kellermann est à Vitry;
sous deux jours son armée sera jointe à celle de
Dumourier qui, malgré l'échec qu'elle vient d'a-
voir, est en avant de Sainte-Menehould; et s'est
portée à Dammartin. Il écrit qu'il n'y a rien à craindre; mais sept régiments à cheval se sont laissé
écraser par quinze cents Prussiens seulement. Cependant l'armée, honteuse, reprend courage, et
veut aller en avant; sous peu de jours elle sera forte
de cent mille hommes. Nous avons certes plus à
craindre des mouvements intérieurs que des ennemis : car nos plus cruels ennemis sont les agitateurs. — Hier on a coupé à la tête à un espion. Il
faut rétablir la confiance et ramener l'ordre, ou
consentir à tout perdre.

Cambray, le 18 septembre.

Le 16, on a vu l'ennemi s'avancer près de Douay,
jusqu'au Pont-à-Rache. Repoussé avec la plus
grande vigueur, il a laissé entre les mains d'une patrouille moins nombreuse trente prisonniers et un
capitaine. — A peu près dans le même moment,

un détachement français attaquait un poste assez
important des ennemis au village de Coutiche. Ce
poste s'est trouvé enveloppé avec beaucoup d'art.
On a tué à l'ennemi vingt-un hommes et fait vingt-
trois prisonniers, parmi lesquels se trouve M. Tos-
bach, officier du génie, autrichien. On le traite à
Douay avec beaucoup d'égards.

Lettre du ministre de la guerre au président de l'assemblée nationale.

M. LE PRÉSIDENT,

J'ai reçu depuis hier des courriers de M. Kellermann et de Châlons. Je n'ai point encore de certitude officielle que la jonction se soit opérée avant
que l'ennemi ait attaqué M. Dumourier; mais j'ai
tout lieu de croire qu'il ne l'a point été. En effet,
M. Kellermann m'écrit le 19 septembre du quartier-général de Dampierre, situé à deux lieues de
M. Dumourier; et il ne parle point qu'il y ait eu d'action. Une lettre que j'ai reçue de Châlons, datée du
19 à neuf heures et demie du soir, me dit qu'on n'a
pas de nouvelle d'une attaque. J'ai appris d'un autre
côté, que M. Beurnonville a dû partir du camp
d'Eure à minuit, pour se porter sur M. Dumourier,
et qu'il a dû y arriver de bonne heure. « J'avise, dit le
général Beurnonville, j'avise le général Kellermann,
qui est à Dampierre, de mon arrivée à Eure et de

mes dispositions. Je lui envoie en communication la lettre du général Dumourier, et je l'engage à me donner un point de réunion cette nuit, afin de faire les mêmes mouvements ; et, dans le cas où le général Dumourier serait attaqué, de pouvoir porter ensemble de grands coups sur l'ennemi qui ne lui suppose pas de si grandes forces. Il serait très-heureux pour nous, peut-être, que le général Dumourier fût attaqué ; nous pourrions peut-être écraser l'ennemi. Ma troupe est bien lasse, mais disposée, on ne peux mieux, à se bien battre. »

En rapprochant, monsieur le président, les différents faits que je viens de vous transmettre, il me paraît que M. Dumourier n'a point été attaqué avant la jonction, ou que, s'il l'a été, il aurait été assez puissamment secouru pour faire de la bonne besogne.

Aujourd'hui, M. le président, il ne s'agit donc plus, pour sauver la France, que d'inspirer à nos braves frères d'armes, les volontaires nationaux, l'amour de la discipline militaire, qui seule peut assurer la victoire ; la confiance dans leurs généraux qui la méritent sous tous les rapports, et un peu de calme, lorsque des circonstances contraires ne permettent pas de leur procurer dans les camps tous les secours dont ils seraient entourés si les personnes qui m'ont précédé au ministère n'avaient pas tant fait pour empêcher le triomphe de la liberté et de l'égalité. *Signé,* SERVAN.

Lettre du ministre de la guerre au président de l'assemblée nationale.

M. LE PRÉSIDENT,

J'ai l'honneur de vous adresser l'extrait d'une dépêche que j'ai reçue de M. Dumourier. Ce général, après avoir rendu compte des différents événements qui ont eu lieu dans son armée; après m'avoir assuré que le petit échec qu'elle a éprouvé, n'a pris sa source que dans la négligence très-naturelle à une armée dont tous les liens de la discipline militaire avaient été désorganisés et rompus, me dit: « D'après ce que j'ai fait jusqu'à présent avec une poignée de monde contre une armée formidable, vous jugez qu'il n'y a plus rien à craindre, à présent que je suis égal en force. » En effet, M. Dumourier doit avoir à présent plus de soixante-dix mille hommes réunis, dont plus de douze mille de cavalerie. En me rendant compte de la journée du 14, M. Dumourier m'annonce que, quand les fuyards auront rejoint, la perte se montera à peu près à cinquante hommes. L'armée, ajoute-t-il, m'a demandé elle-même la punition des lâches et des traîtres. J'ai déjà fait raser et chasser plusieurs fuyards et maraudeurs. Je les renvoie sans uniforme; ils ne sont point dignes de le porter. On ne peut se dissimuler, d'après ce qui s'est passé, qu'il n'y eût dans cette armée des hommes vendus à nos ennemis; et ce fut eux qui, en criant : *Sauve qui peut, nous sommes trahis,* jetèrent le désordre dans l'armée.

M. Dumourier me mande, par *post-scriptum:* « Quarante hussards du 2ᵉ régiment ci-devant Chamboran, dont j'étais inquiet, sont rentrés hier, amenant chacun un cheval pris sur l'ennemi. L'avant-garde de M. Duval a pris hier d'un coup de filet un lieutenant et vingt hussards prussiens du régiment de Kœnller. M. Duval me mandait hier au soir qu'on lui amenait encore des Prussiens. »

M. Dumourier m'envoie aussi la copie d'une lettre du général Dubousquet, datée de Rhetel du 17, dans laquelle il lui mande : « Nous avons tué aux ennemis une cinquantaine d'hommes, fait deux prisonniers, dix déserteurs, et environ dix chevaux. »

De tous ces faits, monsieur le président, il me paraît que nous pouvons conclure que notre position actuelle est d'autant plus heureuse que, dans toutes les circonstances particulières où nos troupes ont véritablement combattu, elles ont montré une résolution digne d'éloges.

Le ministre de la guerre,

Signé, SERVAN.

309

M. Lamarque, au nom de la commission extraordinaire.

Vous devez vous rappeler qu'immédiatement après la prise de Longwy, et lorsque les ennemis, enhardis par le premier succès, et croyant qu'ils trouveraient partout des traîtres, osèrent attaquer Thionville, le général Wimpfen les reçut avec la plus grande vigueur; et dans une sortie qu'il sut habilement préparer, il les repoussa avec avantage. — Sur une lettre que vos commissaires à l'armée du centre crurent devoir lui écrire à ce sujet, le général Wimpfen répondit *qu'il avait juré de défendre son poste, et qu'il était fermement disposé à le sauver ou à y périr.*

Mais cet officier a été parfaitement secondé par les braves soldats qui forment la garnison, et par les citoyens de Thionville.

Je veux vous parler, Messieurs, de la journée du 6 septembre, où les ennemis, après avoir jeté dans Thionville une très-grande quantité de bombes, attirés par une manœuvre habile de la garnison, se sont témérairement avancés sous les murs, où tout-à-coup une artillerie effrayante les a frappés comme la foudre, a porté la mort et l'épouvante dans leurs bataillons, et a fait périr un de ces chefs insolents qui les corrompent et les tyrannisent, et qui bientôt, n'en doutons pas, seront aussi odieux à l'Europe entière, qu'ils le sont aujourd'hui aux Français libres.

Cette belle action mérite d'être louée par les représentants du peuple.

Mais en parlant du commandant de la garnison de Thionville, votre commission extraordinaire a pensé aussi, Messieurs, que vous ne deviez pas passer sous silence la conduite de trois soldats qui, dans une affaire précédente, relative à la défense de Thionville, avaient donné les preuves du plus grand et du plus intrépide courage.

Trois hussards furent chargés d'apporter à vos commissaires, qui se trouvaient alors à Metz, les dépêches du commandant et de la commune de Thionville : cette place était alors investie de toutes parts, et la seule route, par où ils pussent passer, se trouvait occupée par l'avant-garde de l'armée ennemie. Ceci n'effraie point ces trois braves soldats ; ils entreprennent de traverser l'avant-garde à la faveur du silence et de l'obscurité de la nuit ; mais une sentinelle les aperçoit, les reconnaît, et crie : *Qui vive ?* alors, au lieu de répondre, ils fondent ventre à terre et le sabre à la main sur la sentinelle, la renversent, ainsi que les soldats qu'ils rencontrent, et auxquels la rapidité de leur course ne permet point de se rallier. Cinquante coups de fusils sont tirés sur eux ; les sabres, les baïonnettes les menacent ; ils bravent tout ; ils traversent l'avant-garde, et arrivent à Metz, déchirés, ensanglantés, mais porteurs des dépêches qui avaient été confiées à leur courage.

On nous a dit que ces actes de bravoure étaient très-ordinaires dans l'armée française : il est doux pour nous d'en avoir la conviction; mais il n'en est pas moins vrai que, lorsque de pareils traits sont connus, ils doivent être honorés par les éloges, et consacrés par la reconnaissance publique.

Voici le projet de décret que vous propose à cet égard votre commission extraordinaire.

L'assemblée nationale, considérant que Félix Wimpfen, commandant de Thionville, la garnison et les citoyens de cette ville, ont donné, dans la journée du 6 septembre, des preuves éclatantes de courage, d'attachement à la liberté, et d'horreur pour les tyrans :

Considérant aussi que les trois hussards, porteurs des dépêches de Thionville, aux commissaires de l'armée du centre, dans la journée du 27 août, se sont conduits en soldats intrépides et en excellents citoyens, décrète ce qui suit :

ART. Iᵉʳ. Félix Wimpfen, commandant de Thionville, le bataillon de...., formant la garnison, et tous les citoyens de cette ville, ont honorablement défendu leur poste et fait leur devoir.

II. Il leur sera envoyé, ainsi qu'aux départements, et à l'armée, un extrait du présent procès-verbal, comme un témoignage de la satisfaction nationale.

Lettre des commissaires du pouvoir exécutif.

Châlons, 21 septembre, à une heure du matin.

Nous profitons, cher concitoyen, du courrier que nous dépêchons au conseil exécutif pour vous dire deux mots sur ce qui se passe ici. La cavalerie légère de l'ennemi a tourné l'armée, et est venue jusqu'à Aure, où elle intercepte la communication de la route. Le général Dumourier a été attaqué hier et ce matin; il écrit qu'il a beaucoup tué de monde à l'ennemi, et qu'il conserve sa position. Il établit sa communication par Vitry. Nous avons envoyé un courrier au citoyen Viala, et nous l'attendons demain matin. Le peuple, je ne sais pourquoi, a arrêté aujourd'hui un sieur Limonier, lieutenant-colonel du régiment ci-devant Dauphiné, aujourd'hui 38°. On a trouvé sur lui des papiers qui annonçaient son intelligence avec les émigrés, et une lettre par laquelle il disait qu'il ne sortait jamais sans avoir sous son habit une cocarde blanche. Le peuple en a fait justice sur-le-champ; son corps a été jeté dans un bras de la Marne, et sa tête dans un autre.

Le colonel de ce régiment, député à la convention, assure l'assemblée de l'incivisme de cet officier.

M. Billaud-Varennes rend compte des faits dont il a été témoin, lors de son voyage à Chalons, en qualité de commissaire du pouvoir exécutif. Il dirige plusieurs inculpations, appuyées de preuves, contre le maréchal Luckner. A la suite de ce rapport, il donne connaissance de la lettre adressée par le général Tauenzin, au duc régent de Brunswick, le 14 septembre, et trouvée sur un secrétaire fait prisonnier.

« J'ai l'honneur de rendre compte à votre altesse que le général Clairfayt est rentré au quartier-général avec toutes les troupes à ses ordres. Nous avons poursuivi l'ennemi jusqu'à Falesse, où il a passé le pont, d'où il s'est retiré par sa gauche, vraisemblablement sur Grand-Pré. Comme nos troupes n'étaient pas dans le commencement assez en force pour le poursuivre avec plus de chaleur, les Français ont fait leur retraite sans perte. Nous les avons canonnés de station en station, à quoi ils ont répondu de loin. Auprès du village au Bois-de-la-Croix, nous avons trouvé plusieurs de leurs morts; et, à en juger par les traces de sang que nous avons trouvées sur l'herbe, ils doivent avoir emporté leurs blessés. Outre le prince Charles de Ligne, nous avons trois officiers de Clairfayt dangereusement blessés; et, autant que j'ai pu m'en instruire, notre perte se monte à dix ou douze hommes tués, et quarante blessés. Le bataillon de Clairfayt et les chasseurs qui se sont trouvés au feu, ont perdu le plus. Le poste de-la-Croix-au-Bois est occupé par un bataillon et deux pièces de canon.

Il est très-heureux que l'ennemi n'ait pas fait plus de résistance, et que nos troupes l'aient attaqué avec autant de bravoure, autrement il leur aurait été facile de s'emparer des hauteurs et de la chaussée ; et pour lors, tout notre corps aurait été obligé de se retirer. Les Français ont beaucoup tiré, et fort bien, et nous ont salués de beaucoup de cartouches à mitraille. Le prince de Ligne avait déjà enlevé deux pièces de canon aux Français ; mais au moment où il allait, soutenu seulement de quelques hussards, s'emparer de la troisième, ils ont été chargés si vigoureusement qu'ils y ont tous péri ; enfin, c'est un petit combat tout-à-fait sans conséquence. Voilà la suite de notre expédition actuelle, dont j'ai voulu faire le rapport à votre altesse le plus succinctement possible.

M. Billaud-Varennes conclut à ce que le ministre de la guerre soit mandé, pour rendre compte sur-le-champ à la convention, si le maréchal Luckner est rappelé.

Un membre atteste que le maréchal est à Paris.

Lettre du ministre de la guerre au président de l'assemblée nationale.

Au quartier-général de Dampierre-sur-Ouvres, le 21 septembre, à neuf heures du soir.

Je m'empresse, Monsieur, de vous instruire de la journée d'hier. Les ennemis ont attaqué, dès la

pointe du jour, M. Desprez de Craffier qui commandait mon avant-garde ; il s'est replié sur moi,
en se défendant avec valeur et intelligence. Les
ennemis, en très-grand nombre, ont marché sur
plusieurs colonnes. M. de Valence, à la tête des
grenadiers et des carabiniers, les a contenus long-
temps sur une hauteur en avant de celle où je
formai mes troupes. Ne pouvant que difficilement
pénétrer, ils ont prolongé leurs troupes par ma
droite, sous la protection d'une immense artillerie.
Je me suis alors rangé en bataille ; et quelque dés-
agréable que fût la position que j'avais prise, étant
bien loin de croire qu'une aussi grande partie de
leur armée eût passé par la trouée de Grand-Pré,
je lui ai présenté le combat depuis sept heures du
matin jusqu'à sept heures du soir. Ils n'ont jamais
osé m'attaquer, malgré la bien grande différence
du nombre ; et la journée s'est passée en une canonnade de quatorze heures, de très-près, et qui
nous a coûté beaucoup de braves gens. On dit que
les ennemis ont prodigieusement perdu, surtout
de leur cavalerie et de leur artillerie.

Les troupes commandées par M. Hemget, maréchal-de-camp, que M. Dumourier avait envoyées, ainsi que M. Chazot, lieutenant-général,
pour renforcer mon armée, se sont brillamment
conduites, et ont fait environ cinquante prisonniers.

J'ai gardé ma position jusqu'à dix heures du soir,

et j'ai alors pris un autre camp sur la droite des ennemis, qui m'ont laissé faire mon mouvement, quoiqu'il n'ait été fini que ce matin, sans m'attaquer.

Je ne puis rendre assez de justice à la valeur et au zèle des officiers-généraux, supérieurs et particuliers, et à la conduite des troupes. Je les ai vus perdre des rangs entiers par l'explosion de trois caissons incendiés par un obus, sans sourciller, ni déranger leur alignement. Une partie de la cavalerie, et surtout les carabiniers, ont été souvent exposés à un feu très-meurtrier; ils ont été des modèles de courage et de tranquillité. J'avais espéré que leur cavalerie engagerait le combat, et la mienne était disposée de manière à devoir espérer du succès. M. Desseraremme, maréchal-de-camp d'artillerie, a eu, ainsi que moi, un cheval fortement blessé d'un coup de canon; et, parmi nos camarades que nous regrettons, se trouve M. Lormier, lieutenant-colonel, commandant un bataillon de grenadiers volontaires, officier distingué de toutes les manières.

Embarrassé du choix, je ne citerai, parmi ceux qui ont montré un grand courage, que M. Chartres et son aide-de-camp; M. Montpensier, dont l'extrême jeunesse rend le sang-froid à un des feux les plus soutenus qu'on puisse voir, extrêmement remarquable.

La nation française, après ce que j'ai vu hier,

peut être sûre que les soldats les plus aguerris ne doivent pas l'emporter sur ceux qui se sont consacrés à la défense de la liberté; ils ont montré que leur confiance en leurs généraux était entière, par la manière dont ils restaient à des postes périlleux. M. Dumourier est venu passer plusieurs heures avec moi aux batteries, et m'aurait amené toute son armée, s'il n'avait craint d'être attaqué lui-même ; il m'a envoyé plus de troupes que je n'aurais dû en espérer dans sa position, et je ne puis assez me louer de sa conduite envers moi.

Ma perte se porte à environ deux cent cinquante, tant tués que blessés. Je ne dois pas vous laisser ignorer non plus que MM. Fabrefond, Hustace et mon aide-de-camp Lajolet, se sont conduits de la manière la plus distinguée dans l'affaire d'hier.

Je vous enverrai, par la prochaine occasion, de pauvres veuves, que je vous prierai de recommander au corps législatif, pour leur faire obtenir des secours.

Le général en chef de l'armée du centre.
Signé, KELLERMANN.

Invitation des commissaires députés, aux habitants de la campagne.

Nous commissaires, etc., indignés de l'audace sanguinaire et dévastatrice des brigands soudoyés qui pillent et ravagent journellement les propriétés

des citoyens habitants des campagnes de cette
frontière, autorisons lesdits citoyens, et leur com-
mandons même, au nom de leur propre intérêt, de
se réunir dans les lieux les plus exposés aux incursions desdits brigands pour les repousser, s'en
défendre, et même les attaquer s'ils sont en force
suffisante, par tous les moyens qui seront en leur
pouvoir; nous nous engageons de leur obtenir de
l'assemblée nationale, outre les indemnités qui leur
sont accordées par la loi pour les pertes qu'ils
pourraient éprouver, les récompenses que leur
auront méritées leur activité, leur courage et leur
zèle, de même que toute indemnité et récompense
seront refusées à ceux qui n'auront pas concouru
de tous leurs efforts à la défense commune.

Signés, J. F. B. DELMAS, DUBOIS-DUBAIS,
BELLEGARDE.

Du camp du glacis de Landau, le 16 septembre.

Hier nous avons fait acquisition d'un brave Po-
lonais, M. *Newulkac*, qui est venu, comme il
nous a dit en très-bon latin, pour demander aux
Français l'honneur de combattre avec eux pour la
fondation *de la liberté et de l'égalité universelle*,
puisqu'un sort malheureux l'empêche de défendre
cette belle cause dans son propre pays. Son costume
national l'avait d'abord fait prendre pour un houlan,
et il fut arrêté à la redoute comme tel, mais bientôt

remis en liberté, après avoir produit son passeport. Il est grand, jeune, et d'une figure très-agréable. Il souriait, en arrivant parmi nous, à tous ceux qu'il rencontrait ; et ne pouvant parler à chacun, il cherchait à exprimer, par un serrement de main, le plaisir qu'il avait de se trouver dans le pays de la liberté.

L'ennemi nous laisse toujours fort tranquilles. Ce repos ne pourra cependant pas durer : la saison s'avance ; il faudra qu'il se retire : mais avant, que ne nous attaque-t-il, pour nous délivrer de cette inaction qui nous importune ?

Lettre de M. Félix Wimpfen, commandant à Thionville, à M. Kellermann, général de l'armée du centre.

Thionville, 9 septembre.

Trois émissaires, Monsieur, chargés de porter à M. Kellermann ma dépêche du 6, sont revenus sur leurs pas. J'essaierai d'un quatrième, dès que je croirai le passage possible ; mais ne pouvant l'adresser directement à M. Kellermann, je vous envoie la dépêche sous cachet volant, afin que vous puissiez en prendre copie, et instruire qui il appartiendra des événements qui ont eu lieu.

Depuis le dernier et rude échec qu'a éprouvé l'ennemi, nous faisons l'un et l'autre notre premier métier, c'est-à-dire, que lui essaie d'établir des batteries de siége, et moi je continue à lui faire le genre de guerre qui l'a empêché jusqu'à présent d'établir des batteries; ainsi tous les jours beaucoup de coups de fusils, etc.

Un homme que j'avais envoyé au camp ennemi, où il a manqué d'être pendu, m'est revenu hier avec cinquante coups de bâton sur les fesses, et m'a rapporté que quatre officiers de marque ont été tués dans l'affaire du 6, dont l'un des quatre est le célèbre prince de Nassau, et un autre cordon bleu, qu'il n'a su me nommer. Tous les rapports font monter la perte de l'ennemi fort haut, surtout en chevaliers français qui avaient engagé le prince de Hohenlohe à former cette imprudente attaque.

Cerné de tous côtés, j'ai voulu voir par moi-même quelles troupes composaient le cordon depuis Rethel jusqu'à Bertrange. En conséquence, je suis sorti à l'improviste hier soir sur les cinq heures, à la tête de toute ma cavalerie, qui consiste en cent quinze hommes. Profitant de différents bouquets de bois pour cacher ma faiblesse et favoriser ma retraite, en cas d'attaque, je me suis hardiment engagé dans la forêt de Kuntzic avec cinquante hommes. Là, passant au trot, afin que l'ennemi ne pût pas être averti de mon arrivée, je suis tombé droit sur le camp de M. d'Autichamp, qui n'avait pas même de vedettes sur les hauteurs, et que j'eusse enlevé, sans difficulté, si j'avais eu trois cents hommes avec moi, et que j'eusse pu faire surprendre ou attaquer en même tems Royal-Allemand, que je laissais derrière moi à Illange.

Mais n'ayant pas les moyens d'entreprendre rien de semblable, je me bornai à mon objet principal, en reconnaissant le camp de Walmestroff, composé de la gendarmerie et du régiment de Saxe, hussards.

Lorsque je les vis prêts à monter à cheval, je me retirai au pas, à travers des claires-voies, en laissant des tirailleurs sur la hauteur.

Bientôt M. d'Autichamp me suivit, et voyant mon petit nombre, il divisa sa troupe très-bien montée, en trois colonnes, pour m'envelopper.

Alors j'avais déjà passé trois bouquets de bois, et il fut arrêté par l'opposition subite des différens pelotons que j'y avais laissés, qu'il prit pour des têtes de colonnes, et qui lui firent craindre d'être enveloppé lui-même; de sorte qu'il ne me suivit plus qu'avec une extrême circonspection. Cependant, appelant à moi ces pelotons l'un après l'autre, il finit par juger ma manœuvre, et essaya de me charger dans ma retraite que je fesais très-doucement.

Mais, à l'instant où il crut me tenir, je le saluai à coups redoublés de quatre pièces de canons, qui lui firent rebrousser chemin à toute bride; et comme le jour commençait à tomber, et que l'ennemi regagna le bois, j'ignore la perte qu'il a faite.

D'un autre côté, Royal-Allemand, placé à Il-lange, étant contenu par des tirailleurs d'infanterie cachés dans le bois de la haute Yutz, n'a pas osé m'attaquer par derrière.

Je suis entré dans tous ces détails, parce que la garnison et les citoyens, témoins du haut des remparts, ayant été inquiets de moi, pourraient rapporter le succès de cette escarmouche comme une victoire, et qu'il est bon d'établir la vérité des faits.

Signé, WEMPFEN, *maréchal de camp.*

Lettre du ministre de la guerre à la convention nationale.

Paris, 23 septembre 1792, l'an 1ᵉʳ de la république.

Au moment où le peuple a reconquis la liberté, toutes les mesures étaient prises pour l'accabler de chaînes mille fois plus pesantes que celles qu'il avait commencé de briser le 14 juillet. Ainsi, il ne paraît plus possible de douter, que du 15 au 25 août, les ennemis seraient entrés dans Paris, comme leur imprudente présomption en laissait depuis quelque tems transpirer la nouvelle. Tout était préparé pour applanir les difficultés, et l'on avait, pour ainsi dire, jalonné leur route. En effet, Luckner n'avait à Metz que dix-sept mille soldats; Lafayette tramait dans son camp de Sedan des trahisons, à la tête de dix-huit mille hommes, dont aucun ne pouvait savoir la vérité; Dumourier formait de vastes, mais inutiles projets, obligé de diviser ses forces entre Pont-sur-Sambre, Maubeuge et Maulde. Biron était sur les bords du Rhin; mais, malgré son ardente envie de servir la chose publique, il ne voyait que des trahisons à craindre, et un peuple séduit par le fanatisme et la cabale; en vain Custine s'était jeté dans Landau; Ferrières était à Porentruy; Kellermann à Wissembourg : les ennemis étaient partout : et, tandis que le roi de Prusse devait marcher tranquillement et sans obstacles sur Paris, les Hessois et les émigrés devaient passer le Rhin, les Autrichiens pénétrer dans les départements du Nord, les Piémontais dans ceux du midi, et l'aristocratie lever ouvertement le masque dans toutes les parties de l'intérieur. Une seule nuit vit disparaître tous ces projets, et le courage de nos braves concitoyens fit évanouir, le 10 août, ces trames si perfidement ourdies contre notre liberté.

Depuis, Messieurs, la scène a changé; en vain les ennemis ont-ils profité des trahisons préparées à Longwy et à Verdun; en vain ont-ils réuni sur un même point la plus grande partie des forces qu'ils avaient sur le Rhin et dans les Pays-Bas.

Déjà nous leur avons opposé plus de soixante mille hommes réunis à Sainte-Menehould; déjà ils

ont été repoussés plusieurs fois devant Thionville :
Metz est dans un état de défense respectable ; la
France toute entière s'est levée, et toutes les villes,
les bourgs, les villages entre Paris et Châlons, se
garnissent journellement de volontaires prêts à se
réunir en corps d'armées ; le Nord va revoir incessamment une armée en campagne ; les Braban-
çons ne nous auront pas appelés en vain ; de
nouvelles forces ne tarderont point à être dirigées
sur les derrières de l'ennemi. Sans un orage affreux
qui a endommagé les lignes de la Lauter, le brave
Custine aurait déjà porté nos armes à Coblentz ; nous
avons dû entrer en Savoie et attaquer le comté de
Nice ; les Espagnols tenteraient en vain de traverser
les Pyrénées ; d'autres entreprises qui exigent du
secret, ne tarderont pas à être mises à exécution.
Enfin, de tous les côtés le peuple français est en
mouvement pour assurer sa liberté, et concourir,
avec ses représentants, à jeter les fondements dura-
bles d'une constitution qui doit l'honorer à jamais.
Si, au milieu d'événements qui tiennent autant du
prodige, il était permis à un citoyen de parler de
lui, je prierais que l'on me permît de me féliciter
de m'être trouvé au milieu des mouvements multi-
pliés et rapides, imprimés en si peu de temps à
toute la machine ; je prierais surtout de pouvoir
nommer les citoyens qui ont concouru et qui con-
courent encore avec moi au salut de la chose publique : mais les effets heureux dont ils sont la

cause, parlent assez pour eux, et dans un moment
où il faut naturaliser l'égalité parmi nous, chaque
Français ne peut plus être heureux que de la prospérité de la république. Cependant, mes forces
n'ont pas suffi à mon désir extrême de répondre
aux bontés excessives de mes concitoyens pour moi.
Dans la place qu'on m'a confiée, il ne suffit pas de
la volonté; il ne suffit pas de méditer pour correspondre avec les armées, il faut s'occuper à les alimenter, les augmenter et suivre leurs mouvements.
Pour entretenir des relations exactes avec toutes les
parties de la république, il faut que le ministre soit
lui-même dans une action continuelle, et c'est ce
qui ne m'est plus possible. Un mois et demi passé
sans aucune espèce de repos, ni le jour ni la nuit,
toujours entre la crainte des événements et celle
de ne pas faire, aussi-bien que je l'aurais voulu,
tout ce qui intéresse le salut de la chose publique,
m'a réduit dans un état de douleur si continuel,
qu'il ne m'est plus possible à peine de signer.
Obligé pour tout le reste de m'en rapporter à
d'autres, je ne peux plus conserver cette responsabilité morale dont tout homme honnête doit être
si jaloux.

Veuillez, M. le président, prier la convention
nationale d'accepter ma démission d'une place que
je ne peux plus occuper pour le bonheur de ma
patrie et mon honneur.... Ce qui me tranquillise
cependant un peu, en me voyant dans l'impossi-

bilité de rester plus long-temps à la place où mes
concitoyens m'avaient appelé, c'est de la quitter
dans un moment où tout est préparé pour donner
bien plus d'espérance que de crainte ; aussi osé-je
me flatter que mes concitoyens me sauront quelque
gré des efforts que je n'ai cessé de faire depuis plus
d'un mois pour le service de la chose publique; et
que, hors d'état de les soutenir, faute de forces physiques suffisantes, je ne continuerai pas moins de
mériter toute leur estime.

Signé, SERVAN.

Le ministre de la guerre transmet à la convention nationale une dépêche du général Montesquiou, ainsi conçue:

Du camp des Marches, le 23 septembre 1792,
l'an 4 de la liberté, et le 1ᵉʳ de l'égalité.

C'est de Savoie, Monsieur, que j'ai l'honneur
de vous écrire. Je vais vous rendre compte des
premières opérations que je vous avais annoncées ;
elles ont eu un succès plus rapide que je n'avais
osé espérer. Je vous ai instruit que les Piémontais
faisaient construire à une portée de fusil de nos
limites, vis-à-vis la gauche du seul débouché qui
conduit en Savoie, trois redoutes dans un lieu
connu sous le nom des *Abîmes de Mians*. Ces
redoutes presqu'entièrement terminées, étaient au
moment de recevoir le canon qui devait, avec celui

du château des Marches, établir un feu croisé sur le débouché de Chaperillau. Il n'y avait pas un moment à perdre pour détruire ce moyen de défense, avant qu'il fût porté à un point de perfection qui aurait nécessité une attaque sanglante. En conséquence, j'ai donné ordre à M. Laroque, maréchal-de-camp, de marcher dans la nuit du 21 au 22, à la tête de douze compagnies de grenadiers, de douze piquets de quatre cents chasseurs à pied, et de deux cents dragons. Le rendez-vous de ces troupes a été à minuit à Chaperillau; elles y ont prêté le serment de respecter les citoyens désarmés, et les propriétés du pays où nous allions entrer, et d'être généreuses envers les ennemis qui leur rendraient les armes. Le détachement s'est mis en marche sur deux colonnes, de manière à envelopper les monticules sur lesquels étaient situés les redoutes que je voulais détruire ; et il devait se trouver posté à la pointe du jour, de manière à couper la retraite aux Piémontais. Ces dispositions ont été contrariées par le temps affreux qu'il a fait toute la nuit, et la plus grande partie de la journée. Cet inconvénient, qu'il n'avait pas été possible de prévoir, a retardé la marche du détachement, qui n'a pu être rendu avant le jour aux points indiqués, et les Piémontais ont eu le tems de se retirer avant d'être entièrement enveloppés. L'objet principal a cependant été rempli ; les trois redoutes étaient occupées par nos troupes avant sept heures du

matin ; tous les ouvrages, qui effectivement n'attendaient plus que le canon, et qui étaient prêts à le
recevoir, ont été détruits dans la matinée. Il a été
tiré quelques coups de fusils, personne n'a été
blessé; mais nous n'avons pu faire que trois prisonniers, dont un lieutenant de la légion Sarde.

M. Laroque a conduit son détachement avec autant d'ordre que d'intelligence, et les troupes ont
montré la plus grande ardeur, ont observé le plus
grand silence, la plus exacte discipline, et se sont
conduites, vis-à-vis des Piémontais, avec la générosité et le désintéressement qui conviènent à un
peuple libre. Il paraît que les Piémontais avaient
établi tout leur système de défensive sur le poste
qui leur a été enlevé ; car aussitôt qu'ils ont eu
connaissance de cette expédition, ils ont, avec la
plus grande précipitation, évacué les châteaux des
Marches, de Bellegarde, d'Aspremont et Notre-
Dame de Mians. J'ai pris possession de ces différents postes dans la journée.

J'ai porté hier au soir en avant du château des
Marches, deux brigades d'infanterie, une brigade
de dragons, et vingt pièces de canon. J'ai fait marcher aujourd'hui deux autres brigades d'infanterie
et une de cavalerie, avec le reste de l'artillerie. La
célérité de cette opération coupe en deux parties
l'armée piémontaise, dont une moitié s'est retirée
sur Montmélian, tandis que l'autre est obligée de
se replier sur Annecy. Je vais continuer de pousser

tous les postes qui garnissaient la frontière depuis
Apiémont jusqu'à Saint-Geniez, afin d'ouvrir le
passage à l'avant-garde que j'avais laissée dans cette
partie aux ordres de M. Caza-Bianca ; et j'ai lieu
d'espérer que la première lettre que j'aurai l'honneur
de vous écrire, sera datée de Chambéry.

Au moment que j'ai l'honneur de vous écrire,
Montmélian vient d'ouvrir ses portes. Il entre dans
mon projet de porter une colonne sur la rive gauche de l'Isère, pour gagner Maurienne, et em-
barrasser la retraite des Piémontais ; mais une crue
subite de l'Isère, ayant rompu hier le seul point que
j'aie sur cette rivière, m'empêcha de remplir cette
partie de mon projet : je n'y ai cependant pas renoncé ; et si, comme je l'espère, le pont est rétabli
demain, j'essaierai demain de me mettre en mesure
de poursuivre l'arrière-garde de l'armée piémontaise, si, comme je le présume, elle exécute sa retraite ; j'espère aussi que bientôt je vous annoncerai
la prise de possession de tout le pays, au nom de la
nation et de la liberté françaises, jusqu'au bord du
lac de Genève.

J'aurai l'honneur de vous rendre compte dans ma
première dépêche, de l'état des magasins, des armes
et des munitions dont je me serai emparé. Les habitants nous ont reçus avec de grandes démons-
trations de joie, et nous avons paru au milieu
d'eux plus en libérateurs qu'en ennemis. Je ne pourrais trop me louer de M. Antonio-Rosey, lieutenant-général, qui avait préparé cette opération, et

qui en avait assuré le succès par les précautions les plus sages.

Je me félicite de ce qu'un seul mouvement, heureusement combiné et exécuté avec précision, a épargné un sang précieux, et nous a procuré tous les avantages d'une victoire. Je vous rends grâce, Monsieur, de m'avoir procuré cette manière de répondre à la calomnie ; c'est ainsi que j'aimerai toujours à la repousser.

Signé, le général de l'armée du Midi,
MONTESQUIOU.

La lecture de cette lettre est interrompue et suivie par de nombreux applaudissements.

La convention décrète que l'exécution du décret qui a prononcé la destitution du général Montesquiou est suspendue, et ajourne la question du maintien ou du rapport du décret de destitution, après le rapport et les éclaircissements qui lui seront donnés par ses commissaires à l'armée du Midi.

Le ministre des affaires étrangères lit une délibération du conseil exécutif national, ainsi conçue :

Les généraux de l'armée du Nord et du centre, ayant fait connaître au conseil exécutif que des ouvertures leur ont été faites de la part du roi de Prusse, qui annoncent son désir d'entrer en négociation, le conseil arrête qu'il sera répondu que la république française ne veut entendre aucune pro-

position, avant que les troupes prussiennes aient
entièrement évacué le territoire français.... (Il s'élève
des acclamations et des applaudissements unanimes
réitérés.)

*Bulletin des armées autrichiennes et prussiennes
combinées, à Richemont, en date du 6 septembre.*

Une partie de notre armée avait investi Thionville
depuis quelques jours ; hier, 5 de ce mois, la forteresse a été sommée deux fois par ordre du général
Wallis ; mais le commandant, M. Félix de Wimpfen, y répondit négativement, au nom de la garnison.

A la première sommation, il répliqua :

Nous ignorons ce qui se passe à Paris. Les bourgeois et la garnison de Thionville n'ont cessé un
moment d'être fidèles à la nation, à la loi et au roi.
Ils dépendent uniquement, à l'égard du civil et du
militaire, d'un pouvoir établi par le département ;
ainsi, ils ne peuvent admettre d'autres ordres que
de sa part.

A la deuxième sommation, la réponse du commandant portait :

Nous gémissons avec vous sur les maux qui
accablent la France. Nous n'avons aucune part, et
nous ne participerons jamais aux crimes dont les
annales de la révolution sont noircies : mais, en

qualité de citoyens français, nous sommes aussi peu disposés à plier sous le despotisme que vous nous offrez; et les princes savent bien que (toute considération particulière mise de côté) des gens d'honneur ne mettent point les armes bas sur de simples invitations, qui ne sont que des menaces.

Sur quoi la nuit passée, à une heure, le premier bombardement s'est effectué; les Français y ont vigoureusement riposté, et plusieurs Autrichiens et Prussiens furent tués ou blessés; on regrette parmi ces derniers le brave prince de Waldeck, général-major au service de l'empereur, auquel un boulet de canon a emporté le bras. Le feu continue de part et d'autre, et nous nous flattons d'enlever bientôt la place, dont la conquête est de conséquence.

M. de Wimpfen a laissé les portes de la ville ouvertes durant cinq heures, pour donner à chaque bourgeois la liberté de s'en retirer; mais aucun n'a voulu profiter de cette permission.

Demain les émigrés, postés sur l'autre bord de la Meuse, ouvriront une deuxième attaque; leur artillerie est déja arrivée.

Compte rendu par le ministre des affaires étrangères à la convention nationale.

Citoyen président, en conformité du décret qui enjoint aux membres du conseil exécutif de rendre compte à la convention nationale de l'état de leurs travaux, et de la situation des différentes parties de la république française, je viens rendre celui du département qui m'a été confié. Je n'y mettrai, Messieurs, d'autre art que la franchise la plus entière, et cette tranquillité d'âme que doit inspirer, même au milieu des dangers les plus apparents, le sentiment de la force d'un grand peuple qui sera libre, puisqu'il veut l'être.

Avant l'époque du 10 août, la nation française avait, pour ainsi dire, perdu toute sa considération au dehors ; c'était le fruit des perfides intrigues d'une cour qui faisait entrer notre avilissement comme élément essentiel dans les projets de contre-révolution qu'elle méditait; c'était le fruit de la publicité que les conspirateurs n'avaient pas craint de donner à leurs complots, tant ils se croyaient assurés du succès.

En effet, Messieurs, et cette circonstance vous paraîtra sans doute assez remarquable, j'ai eu occasion de me convaincre que, dans les contrées les plus éloignées, comme chez nos plus proches voisins, on avait eu d'avance des notions certaines et très-étendues sur tous les fils de cette vaste conjuration qui devait nous être si fatale. Les mêmes causes qui donnaient aux armées combinées tant de sécurité et de confiance; aux rebelles émigrés, tant de présomption et de jactance; aux aristocrates de l'intérieur, tant d'audace et d'insolence; ces causes agissaient aussi dans le reste de l'Europe, et nous perdaient dans l'opinion des peuples. Partout on voyait déjà la contre-révolution consommée, la liberté anéantie ; et le peuple français vaincu, ruiné, rentrant sous le joug du despotisme, n'était déjà plus qu'un objet de pitié et de dérision.

Mais la journée du 10 août, en déconcertant au dedans tous les projets de nos ennemis, a dérangé aussi leurs fausses spéculations au dehors. Les étrangers ont vu que nous allions avoir enfin un gouvernement, et ils n'ont pu le voir avec indifférence. Notre crédit public a commencé aussitôt à se relever ; le commerce n'a plus eu les mêmes alarmes ; le change a éprouvé d'heureux changements en notre faveur ; les peuples ont conçu de nouvelles espérances, et la terreur des rois s'est réveillée.

En prononçant ces derniers mots, je viens, Messieurs, de vous révéler les mystères de la diplomatie actuelle. Telles sont, en effet, les seules données sur lesquelles doivent reposer aujourd'hui tous les calculs de la politique. D'une part, la haine des gouvernements pour nos principes, et d'une autre part, les secrètes dispositions des peuples pour les adopter.

Oui, Messieurs, je n'hésite pas de vous le répéter, presque tous les gouvernements sont les ennemis de la révolution française, parce que tous sont encore plus ou moins infectés du venin de l'aristocratie et du despotisme ; mais aussi j'ose affirmer que nous avons partout de chauds amis parmi le peuple ; j'ose affirmer que les hommes de tous les pays n'ont pas cessé de faire des vœux pour nos succès, malgré les exagérations, les mensonges, les calomnies dont on a essayé de nous flétrir, malgré même les excès vraiment déplorables qui ont fait quelques torts à la plus belle des causes. C'est qu'il y a, dans tous les pays, des hommes raisonnables qui savent que la destruction d'un trône ne se fait pas sans fracas et tremblement; c'est que, dans tous pays, il y a des hommes justes qui ont pesé dans la même balance les effets et les causes de cette vengeance redoutable du peuple; c'est qu'enfin, il y a partout des hommes véritablement sensibles et humains, qui comptent aussi pour quelque chose l'affranchissement de vingt-cinq millions de leurs semblables, et qui mettent en compensation de quelques désordres momentanés, de quelques malheurs individuels, les bienfaits éternels de la liberté et de l'égalité, que, tôt ou tard, tous les peuples de la terre partageront avec les Français.

Les rois ont prévu ce résultat, et ils feront tout pour le prévenir ou le retarder. J'ai promis, Messieurs, de ne pas vous bercer de vaines illusions. Eh bien! voici ce que je crois être de la plus exacte vérité; c'est que la crise actuelle n'est pas la plus périlleuse que nous ayions à redouter; c'est que le moment du plus terrible danger arrivera au printems prochain ; c'est qu'alors la tyrannie coalisée fera son dernier effort, et que nous aurons à repousser à la fois les forces combinées de tous les rois qui auront pu ou qui auront osé fournir leur contingent à cette croisade impie. Mais s'il est prudent de ne pas dissimuler les dangers, il est juste aussi de ne pas les exagérer à plaisir ; et je vois en même temps quelques motifs de nous rassurer, dans l'inquiète jalousie de tous ces potentats, dans la dévorante ambition qui les consume, dans des rivalités qu'un danger commun a pu assoupir, mais n'a pas éteintes ; dans le choc de tant d'intérêts divers qui se contrarient sans cesse ; dans les méfiances réciproques ; dans les craintes respectives qui les agitent entre eux, d'autant plus activement, qu'ils connaissent mieux leur immoralité profonde, leur atroce machiavélisme, leur improbité politique; dans la détresse pécuniaire où les plonge leur insultante prodigalité ; dans la lassitude des peuples :.... enfin, dans mille événements politiques ou physiques, inattendus ou prévus, qui peuvent ou qui doivent infailliblement survenir pendant le cours de six mois, et que, sans doute, nous nous appliquerons à connaître et à surveiller pour notre profit.

Si la prudence permettait de donner à ces aperçus généraux les développements dont ils sont susceptibles, je vous exposerais, Messieurs, une foule de faits particuliers qui achèveraient de vous

faire juger toute l'étendue de nos espérances et de
nos craintes. Je vous montrerais cette femme
étonnante, qui, depuis vingt ans, est habituée à
fixer les intérêts du Nord, et qui aspire vraiment,
depuis vingt ans, à fixer ceux de l'Europe entière ;
cette femme dont tous les genres de grandeurs et
de jouissances n'ont pu encore satisfaire les désirs,
qui sait allier les faiblesses et les qualités de son
sexe avec toute la force et les vices du nôtre ; je vous
la montrerais toujours confiante dans la jalousie
qu'elle a vouée aux Français , et toujours irritée
des distances immenses qui la séparent de nous ;
toujours nous menaçant de ses vaisseaux et de ses
cosaques, et toujours humiliée de la nullité des
uns et des autres ; toujours annonçant l'arrivée de
ses forces de terre et de mer, pour nous asservir,
et toujours arrêtée, soit par l'extrême pénurie de
ses finances, soit pour donner le change et tromper
ses propres alliés sur les véritables projets de son
ambition, soit enfin par la crainte très-fondée qu'en
cherchant au loin les hasards d'une guerre douteuse,
elle ne soit accablée, dans ses propres états , par
des voisins qui ont d'anciennes injures à venger,
des pertes récentes à réparer.

Ces considérations , Messieurs , sont la raison
suffisante des bruits contradictoires qui circulent
sur les préparatifs et les armements de la Russie.
On a dit que quinze ou vingt, et même trente mille
Russes , étaient en route pour se joindre aux ar-

mées combinées qui déjà nous combattent ; mais je vous certifie que, jusqu'à présent, ces troupes n'ont pas dépassé les frontières de la Pologne, et j'ajoute que les quarante mille Russes qui s'y trouvent, suffisent à peine pour y contenir un peuple que l'esclavage irrite, et la faction opposée des grands qui s'entre-déchirent.

On a parlé d'une flotte venue d'Archangel dans les ports du Danemarck, et déjà l'on suppose que cette flotte va se montrer sur nos côtes, et les insulter ; et moi, Messieurs, je puis assurer que les vaisseaux russes, effectivement venus d'Archangel, n'ont pas le quart de leur équipement, et que, pour le compléter, ils vièrent de faire voile pour le port de Cronstadt ; qu'ainsi il est maintenant impossible qu'ils sortent de la Baltique avant le mois de juin prochain.

On a encore fait grand bruit d'une autre flotte apparue subitement de la Mer-Noire dans l'Archipel. Mais d'abord ce bruit n'est pas confirmé ; et, depuis un mois qu'il a été répandu, la flotte, sans doute, aurait été aperçue dans quelques points de ces mers ; mais d'ailleurs, ce passage par le Bosphore, de vaisseaux de guerre russes, manifeste des traités subsistants entre la Russie et la Porte Ottomane ; et certes les Turcs ne seront pas assez fous pour familiariser les Russes avec ce passage.

En parcourant les autres contrées du Nord, vous verriez la Pologne déchirée de factions, à moitié subjuguée par la force, ne pouvant rien contre nous par ses armes, ni pour nous, que par de stériles vœux; la Suède, dont le gouvernement actuel est assez sage pour désirer la paix, et même de plus étroites liaisons avec la France, mais trop faible pour résister toujours aux sollicitations impérieuses de Catherine II, qui exige en ce moment l'armement stipulé par son traité avec Gustave; le Danemarck enfin, qui a l'habitude autant que le besoin de la neutralité, mais qui pourrait être entraîné aussi dans le mouvement de la Russie, dont il est le satellite inséparable : au reste, il sera facile de juger bientôt les véritables intentions de la cour de Copenhague, par la conduite qu'elle tiendra en sa qualité de co-état de l'Empire germanique.

Dès l'origine de la première révolution, tous ceux dont elle froissait les préjugés, ou les intérêts, avaient vu, dans l'abolition du régime féodal, le germe d'une guerre entre l'Allemagne et la France. La cour de Vienne, d'accord avec nos traîtres, s'était promis dès-lors de ne point laisser tarir une source aussi féconde de divisions; et depuis, l'on n'a rien négligé pour arrêter l'effet de toutes les négociations qui auraient pu finir trop promptement ces scandaleuses querelles. Le moment d'en profiter leur a paru favorable, et, après trois ans d'incertitudes, de controverses, de débats, de promesses et de menaces, l'Empire germanique se décidant lentement, se remuant pesamment, a pris enfin la résolution de nous déclarer la guerre, et par conséquent de renoncer aux indemnités que la générosité française lui avait offertes. On attend tous les jours contre la France le prononcé définitif de la diète de Ratisbonne; mais j'espère qu'on attendra long-temps encore l'armée des cercles qui doit le mettre à exécution.

Plusieurs princes et états avaient devancé le jugement de la diète; d'autres états l'apprendront avec peine, et ne s'y soumettront pas sans contrainte. De ce nombre sont toutes les villes impériales dont cette guerre ruinera le commerce, et peut-être l'électeur de Saxe, qui a le bon esprit d'aimer le repos de ses peuples et le sien. Mais les princes de la maison de Hesse, ceux de Bade, les électeurs ecclésiastiques, l'électeur de Bavière, le duc de Wurtemberg, ont déjà accédé, depuis plus ou moins de temps, aux insinuations de l'Autriche et de la Prusse.

Ce fut long-temps, et c'est encore sans doute un sujet d'étonnement pour les hommes d'état, que l'alliance de ces deux maisons, essentiellement rivales et ennemies sous tous les rapports de localités, de prétentions et d'intérêts. Ce rapprochement a-t-il été le produit d'une vile intrigue de courtisans? est-ce le simple effet de l'erreur ou d'un malentendu? la politique n'a-t-elle cédé en cela qu'aux mouvements d'une violente passion particulière, soit la superstition, soit la peur, soit le dépit d'avoir été long-temps dédaignée? ou bien ce sacrifice des vrais et seuls intérêts de la monarchie prussienne aurait-il été acheté par l'appât d'une conquête facile et convenue aux dépens d'un tiers? ou enfin cette inconcevable alliance ne serait-elle qu'une de ces perfidies profondes, dont la politique du cabinet de Berlin a souvent donné le scandale, et dont l'Autriche a été quelquefois la victime? Toutes ces questions se présentent à l'esprit, et il est également difficile d'y répondre, sans risquer de s'égarer dans le vague des conjectures.

Mais ce qui paraît certain, c'est que cette réunion de deux maisons rivales a été généralement improuvée par les grands hommes d'état de la Prusse; c'est qu'elle a achevé de produire à cette cour une scission dangereuse pour le roi, dont les suites sont incalculables; c'est que la guerre dans laquelle Frédéric-Guillaume a été entraîné, a excité dans ses états un mécontentement universel; c'est qu'il existe à Berlin une fermentation sourde qui s'accroît tous les jours, et dont l'explosion, plus ou moins prochaine, sera terrible; c'est que cette guerre achève d'épuiser les trésors amassés avec tant de peine par le grand Frédéric; c'est que le recrutement des armées est devenu extrêmement difficile, au point qu'on ne peut en ce moment, sans exposer la tranquillité de l'intérieur, envoyer au roi un renfort de trente mille hommes qu'il a demandé; c'est que déjà l'on n'aperçoit plus entre les cabinets, ni même entre les deux armées, cette confiance intime qui seule pourrait déterminer la réussite de leurs projets; c'est qu'enfin l'on a des preuves que toutes leurs démarches ne se font plus de concert.

Peut-être, pour bien juger la conduite de la Prusse, faudrait-il ne pas l'isoler de ses autres alliés plus anciens, plus naturels, et surtout plus adroits? Peut-être, ce qui paraît le plus extraordinaire dans sa politique, trouvera-t-il son explication suffisante dans la secrète influence des cabinets de Saint-James et de la Haye?..... Mais vous concevez, Messieurs, qu'il y aurait de la légèreté de publier, sur un sujet aussi délicat, des observations plus ou moins hasardées; il en résulte seulement que plus on supposerait de concert entre ces deux alliés, moins il deviendrait indifférent de surveiller les démarches de l'Angleterre et de la Hollande.

Ces deux puissances ont évidemment suivi, à notre égard, le même système, le même plan de conduite. Toutes deux ont pris *ad referendum*, et se sont dispensées de répondre à la proposition formelle que leur ont faite les cours de Vienne et de Berlin d'entrer dans leur ligue; toutes deux ont rappelé les ambassadeurs qu'elles avaient à Paris; toutes deux ont renouvelé en même temps l'assurance de la plus exacte neutralité, toutefois avec une réserve concernant la personne du ci-devant roi; toutes deux ont témoigné vouloir continuer de vivre en bonne intelligence avec nous; toutes deux, enfin, ont promis solennellement de respecter notre indépendance, et ne vouloir s'immiscer en rien dans les affaires du gouvernement intérieur de la France.

Il y aurait toutefois une témérité impardonnable à se rassurer complètement sur les intentions réelles de ces deux puissances. Car c'est là surtout qu'il est vrai de dire que si en général les peuples y sont favorablement disposés pour notre révolution, leurs gouvernements au contraire l'ont prise en haine, et que cette haine est fortement caractérisée; et d'un côté, si l'intérêt du commerce national permet d'espérer qu'ils seront fidèles à leurs protestations de neutralité, d'un autre nous avons peut-être beaucoup à craindre des affections particulières de ceux qui gouvernent.

La Hollande, à la vérité, n'arme pas, mais elle donne exclusivement à nos ennemis, pour les transports, pour les emprunts, pour les achats d'armes et de munitions, toutes les facilités qui sont en son pouvoir. L'Angleterre n'a équipé cette année qu'une faible escadre, et cette escadre est même déjà rentrée dans le port; mais il ne paraît pas qu'on s'apprête à la désarmer, malgré que la saison des évolutions soit passée. Enfin, on ne remarque depuis un mois aucun mouvement extraordinaire dans les ports de la Grande-Bretagne; mais l'on sait que sa marine est dans tous les temps si bien ordonnée, qu'en moins de six semaines, elle peut avoir en mer une flotte considérable.

L'Espagne est plus lente dans ses armements, et c'est une des raisons de la moins redouter; mais aussi sa malveillance contre nous est plus vraisemblable. Les intérêts de famille, l'honneur d'un sang royal blessé, le nom de Bourbon justement flétri parmi nous, ne sont-ce pas aux yeux d'un roi de légitimes prétextes pour ravager la terre et verser le sang des peuples? Je ne crois donc pas, Messieurs, qu'il y ait à douter un seul moment que l'Espagne ne prenne une part active dans cette guerre. Cependant jusqu'ici le conseil de Madrid n'a pris aucune résolution fixe : la sage circonspection du premier ministre s'est trouvée d'accord avec les folles prodigalités de cette cour, pour retarder cette fatale décision. On n'a donné encore que des ordres provisoires d'inspecter l'armée de terre, d'en vérifier l'incomplet, de préparer l'équipement éventuel d'une flotte; enfin, de fortifier le cordon qui est sur nos frontières, moins encore pour nous observer que pour contenir l'impatiente inquiétude des Catalans. L'armée de terre espagnole ne compte pas aujourd'hui au-delà de vingt-cinq mille hommes; mais la marine est sur un meilleur pied. Je ne crains pas, Messieurs, de vous garantir tous ces faits.

Je ne vous parlerai ni des Suisses, dont il faut peut-être en ce moment respecter les douleurs; dont il est possible de regagner l'attachement par quelques ménagements, sans compromettre en rien

la dignité nationale ; ni de l'Italie, dont les petits
princes sont habitués à rester neutres tant qu'on le
leur permet, et se déclarer pour le plus fort quand
on les force de se prononcer. Déjà vos armes ont
châtié le plus insolent de ces princes : cet exemple
sévère nous répond des autres.

Telles sont, Messieurs, les véritables relations
de la république française avec les puissances étrangères. Or, dans cet état des choses, quel pourrait
être, quel est encore le devoir du ministre des affaires étrangères ?

C'est de veiller à ce que l'indépendance et l'honneur de la nation soient partout respectés ; c'est de
lui faire tenir dans les cours, par l'organe de ses
agents, un langage toujours fier, toujours libre,
toujours digne de la majesté d'un grand peuple ;
c'est de faire protéger partout, et envers tous, les
intérêts du commerce national, et les individus
honorés du titre de citoyens français ; c'est de détruire les impressions défavorables à notre cause,
que nos ennemis n'ont que trop souvent réussi à
propager ; c'est de travailler à diviser ces ennemis
entr'eux, à en diminuer le nombre, à augmenter,
au contraire, celui de nos amis, à maintenir les
puissances neutres dans leurs bonnes dispositions,
à raffermir les faibles qui chancèlent. Je me suis
prescrit ces devoirs en entrant au poste auquel j'ai
été appelé, et j'ose croire que mes efforts n'ont pas
toujours été infructueux ; du moins tous les moyens

qui étaient en mon pouvoir ont été employés avec ce zèle ardent que le patriotisme seul peut inspirer.

Des négociations importantes ont été entamées, et elles promettent une heureuse issue; il en est une surtout qui intéresse essentiellement l'existence politique de la république française; je m'abstiens d'en dire davantage; sans doute vous approuverez cette réserve, sans laquelle nous risquerions de perdre tout le fruit de nos tentatives. Dès que vous l'ordonnerez cependant, je pourrai déposer ces secrets importants dans le sein d'un comité choisi, en attendant qu'il n'y ait plus de danger à les révéler en public.

Mais je ne dois pas différer plus long-temps de vous rendre un compte des sommes que l'assemblée nationale législative a remises dans les mains du ministre des affaires étrangères, pour les dépenses secrètes de ce département. J'ai l'honneur de remettre ce compte sur le bureau : il en résulte que de cette somme de six millions, décrétée le 26 avril dernier, il a été dépensé 2,016,000 liv., y compris 500,000 liv. accordées aux Belges et Liégeois par décret de l'assemblée nationale, et qu'il reste encore, tant à la trésorerie nationale que dans la caisse du département des affaires étrangères, celle de 3,984,000 liv.

J'ai reçu encore un autre dépôt; il consiste en tabatières, montres, bagues à brillants, boëtes à portraits et autres effets précieux, que ci-devant l'on distribuait aux agents politiques étrangers, ou autres personnes, dont l'on recherchait le crédit. Il fallait bien recourir aux vils moyens de la corruption, quand la diplomatie n'était que l'art de la dissimulation, de la perfidie, de l'imposture, de la tromperie ; quand le plus rusé négociateur était aussi le plus célèbre ; quand le titre de grand politique était réellement le synonyme de grand fourbe ; quand tout le talent des médiateurs les plus renommés était de tout brouiller, pour avoir ensuite la gloire aisée de tout débrouiller. Mais aujourd'hui que notre politique sera aussi franche que peu compliquée ; aujourd'hui que nous n'avons plus de présents à offrir aux peuples, que justice et liberté ; que nous n'avons à en exiger pour nous-mêmes que paix et justice, la convention nationale jugera sans doute que ces richesses frivoles peuvent être employées plus utilement en les échangeant contre du fer, le métal de la liberté.

Signé, LEBRUN.

Lettre adressée à l'assemblée nationale par le maréchal Luckner.

MESSIEURS,

Appelé à Paris par le conseil exécutif provisoire, pour examiner avec lui les opérations de cette campagne, je m'y suis rendu aussitôt, où j'ai vu messieurs les ministres. Je m'empressai cependant de comparaître à la convention nationale, assemblée en qui réside toute puissance, et le véritable pouvoir.

Je ne viens point, Messieurs, pour vous faire des compliments sur vos lois. Vous avez érigé le royaume en république : fort bien, j'obéirai à la nation ; mais s'il est du devoir du soldat de veiller à son poste, son poste ne doit-il pas être stable et désigné ? son poste ne doit-il pas être honorable ? Je ne peux vous le taire, Messieurs, la calomnie s'élève sur ma tête, et peu à peu m'environne. J'ai dit, il y a long-temps, que je n'avais pas l'usage de la langue française ; mais j'ai le cœur français. Je ne connais pas l'art de bien parler ; mais je sais me battre, quoi qu'il en soit. L'on parle contre quelques expressions de mes lettres, mais on sait que je ne les fais pas, et on oublie que je n'ai jamais abandonné, et que je n'ai pas souffert que personne abandonnât le poste que la patrie m'a confié. On oublie ma conduite à Courtray, mes débats avec un mauvais ministre et avec Lafayette, vis-à-vis duquel j'étais dans une telle position, que j'ai toujours craint qu'il me mît dans le plus cruel embarras. On ne parle pas de ma conduite relative à l'événement du 10 août, et de ma constance à faire taire toute opposition, en attendant l'arrivée des commissaires de l'assemblée nationale, qui, j'ose le dire, n'ont rien fait autre chose que d'accélérer mon ou-

vrage. On tait mes voyages continuels et ma constante vigilance; mais on parle contre moi de l'événement du 10 août. J'ai, dit-on, fait faire des logements pour marcher vers Paris, et ce soupçon fut
suffisant pour me destituer. MM. les commissaires
de l'assemblée nationale arrivent, le jour luit, et
je me suis vu généralissime; mais est-ce pour commander, pour diriger les armées vers le point milieu de l'action? Non, c'est pour aider les généraux
de mes conseils. On m'avait jeté dans Châlons, j'ai
obéi; mais tantôt ce sont les volontaires que je ren-
voyais qui s'élèvent contre moi, comme si j'avais
fait autre chose que ce que font tous les généraux,
qui est de renvoyer les volontaires pour les former,
et de les éloigner de l'ennemi jusqu'à ce qu'ils soient
formés; tantôt on assure que je n'avais pas la confiance des soldats, comme si, en criant contre moi
auprès des nouveaux venus, on pouvait m'enlever
l'amour de ceux qui m'ont vu avec eux au feu. On
dit que j'ai un fils au service de l'empereur, tandis
que mes deux fils sont au service du Danemarck.
Ce qu'il y a de sûr, c'est qu'ils n'ont jamais donné
occasion de plainte à la France. En général, un mal
suit l'autre; on perd la bonne opinion qu'on a de
moi; on m'appèle à Paris, et l'ennemi prend les
frontières. Je remercie le ministère de ce qu'il ne
s'est pas appesanti sur les soupçons que mes lettres
pouvaient lui donner. C'est une marque de son patriotisme; car il est temps, j'en conviens, que

tous les hommes douteux soient éloignés; mais il
est temps aussi que la confiance renaisse envers ceux
qui se prononcent de manière à ne pouvoir plus
être rangés parmi les douteux. Mandataires de la
nation, Luckner ne vient pas auprès de vous pour
se plaindre; mais il vient pour faire sa profession de
foi; il aime la nation. Honoré dans plusieurs états,
il a voulu finir de vivre dans celui où il a été le plus
estimé, où ayant passé par tous les grades qu'un
militaire puisse obtenir, il veut terminer sa vie avec
honneur: il se croit incapable de souiller son honneur; il ne désire autre chose que de sacrifier sa vie
au service d'une grande nation, qui s'est tant sacrifiée pour sa liberté. Ce général peut parler d'honneur; car il a fait du bien sans nombre; car tout est
compris dans l'honneur, cher à la nation française.
Pourquoi faut-il donc qu'au lieu de pouvoir conduire les troupes à la victoire, il se voie obligé de
se rendre dans cette enceinte pour se justifier? Quoi
qu'il en arrive, recevez le serment qu'il fait d'une
fidélité en tout point, et d'une obéissance sans fin.

Signé, le maréchal Luckner.

Lettre adressée par les électeurs du départe-ment du Nord.

Lille, le 23 septembre.

Représentants du peuple français, nous vous
envoyons, par une députation extraordinaire, le

procès-verbal de nos séances au Quesnoy. Nous y joignons une adresse que nous vous prions de prendre en considération sur-le-champ. Pendant le temps de nos séances au Quesnoy, l'ennemi nous menaçait; nous avons juré alors de nous ensevelir sous les ruines de cette ville, plutôt que d'abandonner notre poste. Nous avons pris inspection de l'état des moyens de défense de cette place; nous avons vu avec indignation qu'elle aurait été infailliblement la proie de l'ennemi si nous n'y étions venus. Sans munition, sans approvisionnements, dans le plus mauvais état de défense, le Quesnoy était perdu. Régie par des administrateurs et une municipalité insouciants et sans énergie, qui auraient à coup sûr imité Verdun et Longwy; telle était la position critique de cette place. Le regard sévère du corps électoral et sa vigoureuse résolution ont sur-le-champ terrassé l'aristocratie qui infectait cette ville.

Notre présence est également nécessaire à Lille; entourée de l'ennemi de toute part, cette ville est sans cesse attaquée par l'ennemi. Au moment même le canon gronde, et les bombes tombent non loin de l'enceinte de nos séances. Les frontières sont dévastées, les courageux habitants trouvent des consolations et des secours au milieu de nous. Le vertueux général Denoue, digne de commander des hommes libres, s'empresse de concourir à tout ce que nous lui demandons. Déjà les braves citoyens d'Armentière, du Frelinghem et de Quesnoy, près Lille, ont reçu par nos soins des secours. Ils ont combattu en héros les scélérats Autrichiens, et ont reçu en vain toutes leurs menaces. Les administrateurs et la municipalité, à l'exception de quelques membres, ont donné les preuves les plus authentiques d'aristocratie. Il y a tout à leur reprocher. Ils seraient assez lâches pour consentir à rendre la ville; mais nous resterons à notre poste jusqu'à ce que des hommes au niveau de la révolution, et faits pour soutenir l'honneur du nom français, les aient remplacés.

Comptez, législateurs, que Lille ne sera rendu que lorsqu'il ne sera qu'un monceau de ruines; mais nous ne serons pas long-temps menacés. Nous demandons, représentants, que le général Denoue nous reste, et qu'il ait carte blanche dans ce district.

Nous vous adressons aussi, représentants, plusieurs exemplaires imprimés des lettres d'un officier autrichien à la commune de Frelinghem, et celle de cette commune au corps électoral.

Signés, les membres de l'assemblée électorale du département du Nord, séante à Lille.

Lettre de M. Montesquiou, adressée au ministre de la guerre.

Chambéry, 22 septembre.

J'avais eu l'honneur de vous mander que ma première lettre serait datée de Chambéry ; vous voyez que je vous tiens parole. Tout enfin depuis les bords du lac de Genève jusqu'à ceux de l'Isère ; et des députations de toutes les villes de Savoie m'arrivent successivement pour rendre hommage à la nation française, et pour implorer sa protection. La fuite n'a été que trop rapide, puisqu'il m'est impossible d'atteindre les ennemis. Mais si je n'ai qu'un faible espoir de leur faire des prisonniers, j'en suis dédommagé par des captures plus utiles que je dois à la précipitation de leur fuite. Je joins ici un total succinct des provisions, des munitions, des armes et des effets militaires qu'ils ont abandonnés. Un procès-verbal exact vous en présentera le détail incessamment et s'augmentera tous les jours des produits d'une déroute qui n'aurait pas été plus grande après la plus complète des victoires. Je n'ai pas eu besoin des troupes qui me joignaient successivement. Je n'avais encore que douze bataillons, devant lesquels quinze mille hommes ont disparu comme un souffle. J'ai lieu de penser qu'une partie de ces troupes qui s'est enfoncée dans les

354

Bauges, y est encore, et j'espère qu'il ne lui sera pas facile d'en sortir. Je suis convenu hier au soir avec M. Rossi, que j'ai laissé à Montmélian, qu'il se porterait à Miolan avec le corps de huit mille hommes qu'il commande, et que delà il pousserait ses postes jusqu'à l'Hôpital et Conflan, débouché des Bauges dans la Tarentaise. Je suis ici avec sept mille hommes, dont une partie occupe les villages de l'entrée des Bauges, et je pousse aujourd'hui mon avant-garde, commandée par M. Casa-Bianca, dans l'intérieur de ces montagnes. Je me conduirai en conséquence des découvertes que nous ferons. J'ai rassemblé entre les Marches et Montmélian, pour servir à renforcer ma droite ou ma gauche, suivant le besoin, les neuf bataillons de grenadiers du Gard, de la Drôme et de l'Ardèche, qui m'arrivent successivement; et je vais envoyer des détachements pour prendre possession d'Aix, d'Annecy, de Romilly, de Carrouge et de Thonon. J'espère que dans huit jours tout le pays sera sous la domination française, de Genève jusqu'au mont Cenis.

Si M. Anselme est aussi heureux que moi, les états du roi de Sardaigne seront bientôt réduits au Piémont et à la Sardaigne. La marche de mon armée est un triomphe. Le peuple des campagnes, celui des villes, accourent au-devant de nous. La cocarde tricolore est arborée partout. Les applaudissements, les cris de joie accompagnent tous nos pas; une députation de Chambéry m'est venu trouver avant-hier au château des Marches; hier matin, j'en suis parti avec cent chevaux, huit compagnies de grenadiers et quatre pièces de canon, pour me rendre dans cette ville; la municipalité m'attendait à la porte en habits de cérémonie, pour m'en remettre les clefs. Le chef de la municipalité m'a exprimé les sentiments de respect et d'attachement du peuple de Savoie pour la nation française; et au nom de cette nation généreuse, j'ai promis protection, paix et liberté au peuple de Savoie. Je me suis rendu à la maison commune, j'y ai reçu les hommages que les citoyens s'empressaient de rendre à la nation; et toute la troupe a été invitée à un grand festin qui lui était préparé. Je ne peux donner trop d'éloges à la conduite des soldats et des volontaires. Elle n'aurait pas été plus régulière et plus cordiale dans leur propre pays. Vous sentez que les Piémontais avant de se retirer, ont épuisé toutes les caisses. Cependant il restera quelques sommes à notre disposition, et j'ai donné ordre aux percepteurs des deniers royaux de continuer, pour le compte de la nation, les diverses perceptions, jusqu'à ce qu'il en ait été autrement ordonné.

J'ai cru devoir à la conduite franche et loyale des magistrats et des citoyens de Chambéry, de leur laisser, à la maison commune, un poste de leur garde bourgeoise. Ils ont été fort sensibles à cette marque de confiance.

Aujourd'hui l'arbre de la liberté sera planté en

grande cérémonie, sur la principale place de la ville.

Il me paraît que les esprits sont disposés à une révolution semblable à la nôtre. J'ai déjà entendu parler de proposer à la France un 84ᵉ département, ou au moins une république sous sa protection. Il est à désirer que je connaisse le vœu du gouvernement, car je crois que je serai à portée d'influer sur les partis que l'on prendra. Quoi qu'il arrive, voilà notre objet rempli. Cet événement est très-imposant pour Genève et pour la Suisse. Nous la touchons à présent de toutes parts. J'ai demandé la liberté de quelques prisonniers détenus pour des propos en faveur de la révolution française. J'en ai fait délivrer quelques autres qui n'étaient accusés que de contrebande. J'ai dit, d'ailleurs, que la nation laissait un libre cours aux lois du pays, jusqu'à ce que la nation savoisienne les ait librement changées. Je vous prie de me mander si je dois tenir un autre langage. Jusques-là je n'interromprai point le cours des lois ordinaires, ni les fonctions des magistrats. Peut-être faudrait-il, pour remplacer l'autorité administrative de l'ancien gouvernement, tant qu'il ne sera pas changé, nommer un gouverneur général de cette province. Je ne peux y exercer que l'autorité militaire, et c'est user du droit de conquête. Je laisse cet examen à votre sagesse.

Je désire que ma conduite ait l'approbation de l'assemblée nationale et la vôtre. Il faudra bientôt vous occuper du nombre des troupes que vous voudrez faire hiverner dans ce pays-ci. La campagne doit y être terminée le 15 du mois prochain.

Le général MONTESQUIOU.

P. S. En attendant le manifeste, j'ait fait publier dans toute la Savoie l'affiche dont je vous envoie des exemplaires.

Pour copie conforme à l'original,

Le ministre de la guerre, SERVAN.

Etat succinct, et par aperçu, des objets pris sur l'ennemi; savoir :

Mille fusils environ. — Un assez grand nombre d'effets de campement, tentes, marmittes, etc. — Cinq cents quintaux de foin. — Trois mille sacs de blé de cent quatre-vingt livres. — Cent mille cartouches à balle. — Une grande quantité de poudre qu'on n'a pas encore pu constater. — Sept à huit cents gibernes, bretelles de fusil, baudriers, etc. — Des bonnets de grenadiers et des chapeaux sans nombre. — Du sel pour la consommation de tous les habitants du duché de Savoie pendant neuf mois. — 30,000 liv. environ dans le trésor public. — 120 à 130,000 liv. qui résulteront au 1er octobre de la recette des gabelles.

Nota. Il n'a pu être dressé encore aucun inventaire, et il arrive à chaque instant de tous les postes occupés par l'ennemi, des avis qu'on y trouve des effets qu'on ira successivement reconnaître et inventorier.

Le commissaire-ordonnateur de l'armée
du Midi,   Vincent.

Lille, 26 septembre.

On vient de proclamer, en exécution d'une décision du conseil de guerre de ce jour, et notifiée au corps municipal, par le lieutenant-général Duhoux, que la ville était en état de siége. Ainsi, la loi du 10 juillet 1791, concernant la conservation des places de guerre, se trouve en pleine vigueur.

Le feu qui s'est manifesté au ci-devant couvent des Célestines dans la nuit de lundi à mardi, n'a pas heureusement été considérable. Les Autrichiens sont venus se loger au faubourg de Fives. Ce faubourg, couvert de maisons qui auraient dû être détruites, sert, dans ce moment, de retraite à ces brigands, qui ont tiré toute la journée sur la ville. Le canon de nos remparts doit en avoir détruit beaucoup. M. Chabot, officier d'un grand mérite dans le 15ᵉ régiment, a reçu un coup de feu dans le flanc et est mort peu d'heures après sa blessure. Il y a eu quelques chasseurs belges de blessés. Ces braves gens sont des lions quand ils sont au feu. On dit qu'ils ont eu la témérité d'aller bloquer le château de M. Vanderligne, rempli de hulans, où, à

travers une fusillade qui sortait des fenêtres, ils ont
été y mettre le feu. Nous n'avons pas entendu parler que le canon de l'ennemi ait occasioné aucun
dégât dans la ville.

Les soldats autrichiens qui sont venus s'établir
à Seclin, ont sommé cette petite ville de tenir à
telle heure des logements prêts pour huit cents
hommes, de leur fournir douze cents rasières de
blé et avoine, quatre mille bottes de foin et paille;
ils ont ensuite été faire abattre l'arbre de la liberté,
et sont partis. Les brigands des forêts n'agissent pas
autrement.

Un prêtre a eu la cruelle perfidie de conduire à
Haubourdin deux cents hulans par des chemins de
traverse, qu'ils n'auraient pu suivre sans se perdre;
mais le tocsin a sonné à leur approche. Les intrépides et braves habitants de Santes, de Loos, d'Em-
merin, se sont levés, les uns avec des fusils, les
autres avec des instruments de labourage, et ont
donné la chasse aux brigands.

Hier dans l'après-midi, les braves chasseurs
belges qui défendent le poste du Pont-Rouge, ont
amené à Lille neuf prisonniers. Ils ont été conduits
à la citadelle. On dit qu'ils ont noyé dans la Lys
une quarantaine de casquettes.

Lettre de MM. Sillery, Prieur et Carra, commissaires de la convention nationale.

Châlons, 27 septembre.

Dans les lieux où nous avons passé, nous avons trouvé tous les citoyens brûlant du patriotisme le plus pur, et applaudissant unanimement au décret qui les délivre pour jamais des tyrans qui les ont opprimés tant de siècles.

A Meaux, le géneral d'Eglantier, commandant dans cette ville, nous a rendu compte de la situation des troupes ; sur deux mille quatre cents hommes, il n'y a qu'environ onze cents fusils. Il y a deux cents cavaliers montés et équipés, que le besoin de cavalerie à Châlons nous ferait regarder comme nécessaires dans cette ville.

Nous avons requis, à la Ferté-sous-Jouarre, le 9ᵉ bataillon de Seine-et-Oise, composé de neuf cents hommes arrivés et équipés qui semblaient oubliés à Fère-en-Tardenois, de se rendre à Reims sur-le-champ.

Nous sommes arrivés jeudi 27 à Châlons. Nous avons trouvé le camp absolument dégarni de troupes, Le général Sparre, suivant les ordres qu'il a reçus du général Dumourier, a posté quatorze cents hommes dans un poste à cinq lieues de cette ville, pour assurer la communication avec Sainte-Menehould et couvrir nos convois. Il restait au camp deux mille hommes qui manquaient d'armes et d'habits; nous avons requis le général Sparre de procéder à l'armement et l'habillement.

Les volontaires nous ont reçus avec la plus vive satisfaction, l'ordre règne parmi la troupe. Le parc d'artillerie est garni de canons et d'obusiers. Mais il manque de caissons. Nous manquons aussi de canonniers. Nous avons écrit au citoyen Santerre pour en envoyer trois cents au plus tôt. Les détachements de gendarmerie qui arrivent des départements ont souvent leur armement incomplet. Il manque quatre cent cinquante paires de pistolets, cent dix sabres et cent dix-neuf chevaux. On ne peut faire trop d'éloges de la manière dont cette troupe sert.

Tous les bataillons qui sont maintenant au camp sont armés. Il est arrivé aujourd'hui cent quarante caisses de vingt-cinq fusils, et ces trois mille cinq cents armes serviront aux volontaires non pourvus.

Nous avons trouvé dans les magasins environ vingt mille paires de souliers; mais cette fourniture ne doit pas se ralentir. Le terrain est humide, et le soldat use considérablement.

Nous comptons partir demain pour nous rendre au camp de Kellermann et de Dumourier; la situation où se trouvent les ennemis est faite pour nous donner de grandes espérances.

P. S. Le général Sparre, dont l'activité et le zèle

sont remarquables, vient de nous faire une réquisition sur la nécessité d'établir un état-major à Châlons qui puisse le seconder dans les nombreux détails qui lui sont confiés. Il demande un second maréchal-de-camp, un adjudant-général du grade de colonel, un commissaire des guerres ordonnateur, et un commissaire ordinaire de plus. Nous ne pouvons qu'appuyer ces demandes, dont nous sentons la nécessité.

Nous vous prions d'accélérer l'envoi des caissons d'artillerie, dont le besoin est urgent.

Adresse aux Français par M. Lavergne, ci-devant commandant de la garnison de Longwy.

Si le plus léger soupçon d'infidélité, d'abus de confiance de citoyen à citoyen, est une injure grave pour celui auquel il s'adresse; s'il est de son honneur de se disculper, de se justifier, et de prouver toute l'erreur d'un tel soupçon, à plus forte raison un citoyen chargé d'une commission importante, un officier français, qu'on accuse de lâcheté et de trahison, doit-il s'empresser de se laver d'une inculpation aussi flétrissante. Se reposer tranquillement sur la pureté de sa conscience; laisser au temps et à la justice le soin de sa justification, ce serait peut-être le parti d'un philosophe qui ne tiendrait à personne; mais quand on appartient à une famille, à un corps, à un département; quand le citoyen inculpé voit tous les regards fixés sur lui; qu'il sait que le crime qu'on lui impute fait l'entretien de toutes les sociétés; qu'enfin la nation entière crie contre sa lâcheté; s'il n'a pu devancer la rapidité de l'opinion publique, au moins doit-il se hâter de détruire l'impression funeste qui résulte contre lui de la connaissance inexacte des faits et des circonstances qui les ont précédés et accompagnés.

Celui qui vous adresse ce mémoire, n'est point surpris du soulèvement et de l'indignation qu'a causés parmi vous la prise de Longwy; jusqu'ici vous n'avez cessé d'être entourés de traîtres; tout ce qui a trait à quelque nouvelle trahison, ne fût-il qu'un simple soupçon, est bien fait pour répandre l'alarme et exciter la vigilance d'une nation qui a tant de raison pour se tenir sur ses gardes, et de s'assurer de tous ceux qu'elle ne fait que soupçonner.

Je ne demande point de grâce, si je suis coupable; il n'est point de supplice trop affreux pour un traître : si je suis innocent, rendez-moi mon honneur; c'est le seul bien auquel j'aspire.

Louis-François Lavergne, lieutenant-colonel du régiment ci-devant Rouergue, aujourd'hui 58ᵉ régiment d'infanterie, et ci-devant commandant de la garnison de Longwy, est le militaire malheureux qui souffre, dans l'horreur des prisons de Langres,

tout le poids du mépris et de l'indignation générale.

Avant d'entrer dans le détail de l'inculpation qui
m'est faite de toutes les parties de la France, je
crois devoir rendre compte de mes principes.

Je ne suis point né gentilhomme; mon goût
pour le service avait porté mes parents à m'y faire
entrer : on sent bien que ma qualité, alors défavo-
rable, de non-noble, dut me causer bien des désagréments de la part des officiers, qui n'admettaient
que des nobles parmi eux : il me fallut subjuguer
un préjugé qui donnait tout au seul hasard de la
naissance.

Ce ne fut que par une conduite soutenue d'honneur et de bravoure, que je parvins à fixer les regards et l'estime de mon corps et du ministre, à
mériter la croix, même long-tems avant le terme
ordinaire, et à parvenir au grade de lieutenant-
colonel du même corps où j'avais fait mes premières armes.

Je n'avais pas moins gagné l'estime des villes où
j'avais commandé mon régiment; j'invoque surtout
le témoignage des habitants de Vannes et de Thionville, qui, certes, ont dû être étonnés d'entendre
dire que Lavergne est un lâche et un traître.

J'étais retiré du service, lorsqu'une grande émigration du régiment où je servais, m'avertit que je
devais retourner à mon poste.

Quoique les désagréments que j'éprouvai à mon

arrivée fussent sans nombre, j'eus le bonheur de ramener la discipline douce et paternelle qui doit toujours exister dans les troupes : je m'enorgueillis de commander à des soldats citoyens.

Je mis un si grand zèle dans ma conduite, que mon second bataillon, qui n'était composé que de recrues, fut en très-peu de temps parfaitement instruit et habillé à neuf.

Ayant eu le bonheur de réussir dans une expédition militaire à Sierck, où je fis trois prisonniers, je m'attirai la confiance et l'estime des généraux Luckner et Wimpfen.

M. Berruyer, maréchal de camp, avait demandé à défendre Longwy; il n'y eut pas été vingt-quatre heures, qu'il écrivit au maréchal Luckner que, s'il ne le faisait pas relever, il abandonnerait la place.

M. Wimpfen, commandant à Thionville, fut chargé de me proposer de le remplacer; je le refusai, sous prétexte que je n'entendais rien à la défense des places : le vrai est que, connaissant Thionville pour une bonne et forte place, et y étant connu, je présumais qu'on pouvait acquérir beaucoup de gloire à la défendre; je fus tellement sollicité, que, malgré tous mes efforts, je fus forcé d'accepter et de partir.

Je devais trouver à Longwy une garnison excellente et complète; je n'y trouvai que trois bataillons de volontaires, dont était celui de la Côte-d'Or, moitié recrues, et arrivant sans instruction et sans armes; le premier bataillon d'Angoulême, de l'aveu de ses officiers, fort indiscipliné, avec quarante-quatre cuirassiers : c'est tout ce qu'on opposait aux efforts d'une armée de près de cent mille hommes bien aguerris. M. Berruyer fut très-satisfait de me voir arriver; il me montra les fortifications : ce fut alors que je vis l'horreur de ma position; les fortifications qu'on avait faites, montraient Longwy comme une ville qu'on commençait à fortifier; les autres fortifications étaient toutes écroulées. M. Berruyer me dit qu'il partait, parce qu'il ne voulait pas se déshonorer, et compromettre quarante-deux ans de service, quatorze campagnes et onze blessures. Je le priai instamment de parler au maréchal, de l'état de cette place; je lui écrivis et lui demandai en grâce de me donner mon bataillon. Etranger à tout le monde, sans connaissance, sans appui, c'était bien la moindre chose qu'il eût dû faire. Je n'en reçus aucune réponse; je reconnus alors que j'étais sacrifié : il n'y avait pas une seule disposition de faite; mes postes avancés furent attaqués la même nuit; le colonel d'Angoulême n'avait pas voulu commander, parce que la place ne valait rien; mais, furieux de ce que je le commandais, il partit en poste pour demander de faire sortir son régiment : en vain je lui dis, à son retour, qu'il fallait nous réunir pour le bien commun; que, vis-à-vis de lui, je n'aurais que le nom de commandant; il ne put digérer cela; je ne pus rien obtenir : il n'est pas de mauvais conseils, d'avis faux, d'insinuations perfides dont il ne m'ait entouré. Je puis dire qu'il épuisa toutes les ressources de la perfidie : tout cela ne me fit pas chanceler. Je commençai par régler la défense de la place; chaque officier eut, sur cela, son ordre par écrit : je visitai mes postes, les batteries, les travaux; je n'en trouvai aucun achevé, aucun boulet de posté. Dans cette position funeste, j'étais seul pour parer à tout; toute ma bonne volonté ne pouvait y suffire; en vain je fis les plus grands efforts pour encourager.

Les officiers supérieurs me portaient sans cesse des plaintes contre l'insubordination qui régnait dans la garnison. La prison était un lieu public où on jouait des jeux énormes; je cherchai à parer à tous ces abus par des ordres sévères. Je fus assiégé trois jours après mon arrivée; je ne connaissais pas encore la moitié de ce qui m'était nécessaire, malgré toute mon activité : cela ne pouvait pas être autrement; je ne me couchais point, je ne dormais pas; je pensai, je l'avoue, que mon zèle et ma démocratie m'avaient perdu. Le moindre général sait que, lorsqu'il est obligé de se retirer, la première chose qu'il doit faire est de jeter du secours dans la place menacée. Au lieu de cela, le général laissa sa cavalerie à Fontoy, où elle fut hachée : il n'envoya pas un seul homme à Longwy.

Au lieu de venir nous encourager par sa présence, il se retira à Frescati. J'appris, d'un autre côté, la désertion du traître Lafayette. Un secours qui me parut précieux sembla venir à mon aide : neuf compagnies de grenadiers de gardes nationaux du district, ignorant que j'étais entouré, venaient passer la revue ; je fis tout ce que je pus, mais en vain, pour les déterminer à rester au secours de la place : que ne leur dis-je pas au nom de la patrie, de leurs propriétés, de leurs femmes, de leurs enfants ! que ne voulus-je pas leur prodiguer ! argent, les meilleurs vivres, des honneurs. J'engageai les officiers municipaux à seconder mes efforts : le nom de patrie devait seul, selon moi, les électriser. Je montai en chaire, je leur assurai qu'ils ne seraient commandés que par leurs officiers, que je ne serais que leur camarade, leur ami. Au lieu de les convaincre, ils se mutinèrent et voulurent me pendre. Armé de la puissance nationale, je crus devoir user de fermeté. Je fis arrêter et conduire en prison les trois plus mutins ; j'avais ordonné une sortie, le succès m'en était bien précieux ; j'en attendais des nouvelles avec la plus vive impatience, tous mes hussards y étant employés, ainsi que trois cents hommes d'infanterie, sous les ordres de M. Bruyere, commandant le 4e bataillon des Ardennes ; elle eut le plus brillant succès : douze cents ennemis furent mis en fuite, il y en eut quatre cents de tués ou de blessés, et vingt-six prisonniers. J'en fis, le lendemain, une autre, sous les ordres du commandant du 3ᵉ bataillon des Ardennes. Il repoussa tout ce qui se présenta. Je ne pus engager les grenadiers dont je viens de parler à coopérer à la défense de la place ; les pleurs, la mutinerie, la lâcheté étant à son comble, je fus forcé de les faire sortir de la ville. Il y avait une belle compagnie de canonniers bourgeois, qui tous disparurent au moment de l'attaque ; je n'en vis plus aucun. Le commandant de la légion avait promis, huit jours auparavant, sept mille hommes pour défendre la place : je m'en étais flatté ; mais tout m'a abandonné, ni lui ni un seul bourgeois n'ont paru : voilà quelle était ma situation.

Je reçus la lettre d'un émigré, capitaine au régiment de Rouergue ; le roi de Prusse l'avait lui-même remise au porteur. Que de séduisantes promesses ne m'y faisait-on pas ! Tout autre qu'un vrai patriote y eût certainement succombé. Indigné de ce qu'il avait osé dire de ma femme, qui est autant que moi dans le sens de la révolution, je la montrai aux officiers et aux bourgeois qui se trouvèrent chez moi au moment où je la reçus. Ayant besoin de montrer à la municipalité toute la confiance qu'elle devait avoir en moi, je fus la lui lire, ainsi qu'à toute la commune qui était assemblée.

Je visitais mes batteries, lorsqu'on vint m'avertir

qu'un trompette avec un officier demandaient à
me parler. Après leur avoir fait bander les yeux, je
les fis introduire dans la maison commune, où tous
les officiers, Messieurs du district et la municipalité étaient assemblés. Je levai alors les bandeaux;
je lus à haute voix la sommation qui me fut remise;
je lus celle qui était pour la municipalité. Ma réponse fut conforme à l'indignation qu'elle m'avait
causée : elle fut tellement goûtée, qu'elle fut adoptée à l'unanimité. Je crus devoir faire rafraîchir
l'envoyé; on but à la santé du roi de Prusse, du
duc de Brunswick. Il proposa la santé du roi, je
dis que je ne buvais point à la santé d'un roi parjure qui faisait la guerre à ses sujets. Nous bûmes
à la santé de la nation. Toutes mes démarches ont
été publiques, loyales, franches, sans nuls détours :
c'était le moyen d'enchaîner la confiance.

Une heure après, le bombardement commença
de la manière la plus terrible; trois bombes à la
fois étaient comme portées par la main sur cette
malheureuse ville. Le feu fut mis en six endroits à
la fois; une maison fut consumée en entier; il n'y
en eut pas vingt d'épargnées. Toujours à mes batteries, sans les abandonner un instant (celui qui a
osé dire que je m'étais mis en sûreté, est un infâme;
et s'il osait me le soutenir, je le convaincrais d'atrocité), j'ose dire que qui que ce soit n'a pu qu'admirer
ma fermeté et mon courage. Un officier d'artillerie
me conseilla de m'éloigner des batteries; mais,

fidèle à ma patrie, j'y restai constamment et je les
fis servir avec la plus grande vivacité, mais malheureusement sans beaucoup d'effet. Il existe un vice
de localité non loin des fortifications, qui met la
ville de Longwy dans le cas d'être abîmée, sans
que ses batteries puissent l'en garantir. Les ennemis, connaissant la faiblesse de la place et de la
garnison (les officiers du génie et d'artillerie qu'on
avait chargés de faire réparer les fortifications étaient
passés chez l'ennemi), croyaient voir à chaque
instant arborer le drapeau blanc. J'avais dit que je
ferais pendre le premier qui parlerait de se rendre.
Deux fois le district et la municipalité députèrent
vers moi pour cela. Je leur demandai le décret sur
la défense des places. Ils me dirent qu'ils ne le
connaissaient pas. Je ne les écoutai pas davantage.
Les bourgeois, consternés et retirés dans leurs
caves, abandonnaient leur bien pour sauver leur
vie, et s'écriaient à toute force, en faisant les plus
fortes menaces, que ce n'était point le cas d'attendre
qu'il y eût une brèche à leurs remparts pour capituler, attendu que les ennemis annonçaient par le
bombardement que leur intention était d'incendier
la ville entière avant de s'occuper à y faire une
brèche. Le feu continuant, j'envoyai des soldats
pour l'éteindre. Ils se livrèrent à de tels excès, que
deux heures après, ils furent presque tous ivres. Je
fus au désespoir de voir que des soldats de la patrie
se fussent mis dans le cas de ne pouvoir rendre

aucun service au moment de la plus terrible attaque.

Trois soldats d'artillerie, condamnés par un jugement de la cour martiale, long-temps avant mon arrivée à Longwy, me sollicitèrent pour obtenir leur sortie de la prison, afin de coopérer à la défense de la place. Leur civisme me fit tant de plaisir que je parlai en leur faveur à leurs officiers qui m'assurèrent qu'il n'était pas en mon pouvoir de leur donner leur liberté même momentanée. J'en fus désolé, parce que j'étais par là privé d'un secours qui m'était fort nécessaire.

Les ennemis, sûrs de quelques habitants, avaient fait parvenir leurs projets de destruction dans la ville; ils y avaient par là jeté les plus vives alarmes. Les vieillards, les femmes et les enfants ne me laissaient aucun moment de repos. Résolu de soutenir le siége, je pris le parti de les faire mettre hors de la ville.

Ayant envoyé mes ordres pour faire rentrer mes postes extérieurs, voulant m'en tenir à défendre le corps de la place; tous les officiers supérieurs ayant les leurs pour le poste qui leur était confié, l'artillerie surtout étant abondamment munie de charges à balles, les feux à revers, les piques, les halebardes bordaient le rempart; rien n'était épargné; je touchais au plus beau et au dernier jour de ma vie, lorsqu'on vint me dire que les bourgeois, poussés à bout, parce que je n'écoutais aucune représenta-

tion, voulaient me forcer à capituler. Beaucoup de
notables, le colonel du régiment d'Angoulême, le
premier capitaine, et autres, me firent les plus fortes
représentations. Je m'adressai à un officier du génie,
à un vieux capitaine d'artillerie commandant l'arsenal; tous m'assurèrent que la place ne valait rien,
que tous les travaux qui avaient été nouvellement
faits, annonçaient la trahison; que si les ennemis
s'opiniâtraient aux poternes, ils les enfonceraient.
J'espérais trouver de l'âme, de l'énergie dans le
conseil de guerre, je le rassemblai, ainsi que les
corps administratifs; mais loin de là, excepté le
commandant du bataillon de la Côte-d'Or, il n'y
eut qu'une voix pour capituler. Je dictai publiquement ma lettre au duc de Brunswick; je la lus à
tous ceux qui voulurent l'entendre, ainsi que la
réponse qu'il me fit.

Le général Clairfait ayant voulu le lendemain
nous faire prisonniers de guerre, je lui envoyai la
lettre du duc de Brunswick, et lui fis dire que, s'il
ne m'accordait pas les honneurs de la guerre, et la
liberté de nous retirer où nous voudrions, il pouvait
recommencer l'attaque : le soldat avait été instruit
de tous ces faits. Nous étions dix-huit à table lorsque la capitulation, telle qu'elle a été envoyée à
l'assemblée nationale, arriva: chaque officier supérieur en fit la lecture à son bataillon, tous y ac-
quiescèrent unanimement; j'y mis par une apos-
tille que c'était contre mon vœu, et je lus haute-

ment ma protestation : aucun officier présent ne peut dire ne l'avoir pas entendue.

La rage dans l'âme, outré de douleur, je signai enfin cette capitulation si désirée, ne pouvant seul soutenir le siége. Si quelqu'un ose contredire ces faits, et peut prouver qu'ils ne sont pas exacts et vrais, je leur donne l'argent que j'ai, et un billet au porteur de 50,000 liv. Des imposteurs, peut-être des ennemis de la patrie, en raison de mon amour pour la liberté, et du civisme que j'ai toujours manifesté avec franchise, ont dit que j'avais vendu la ville. Quelle somme d'argent pouvait jamais être mise en balance avec l'honneur, et l'assurance que j'avais d'être fait colonel, (j'étais sûr que M. Luckner avait écrit au ministre pour lui demander un régiment pour moi,) avec 6000 liv. d'appointement, et bientôt maréchal-de-camp ? On a dit que j'avais vendu la ville, parce qu'on m'a trouvé de l'argent : cet argent, je l'avais mis en dépôt chez M. Voyard, entrepreneur des vivres, qui me le remit à mon départ. L'ennemi ayant mis le scellé sur les caisses, n'étant comptable en aucune manière, n'ayant point de caisse particulière, il serait à l'ennemi s'il n'était à moi. Sans cesse sous les yeux des corps administratifs, qui surveillaient toutes mes démarches, attaqué depuis quatre jours, n'ayant aucune liaison avec les ennemis, comme on en peut juger par la lettre isolée que j'avais reçue d'un émigré, comment a-t-on pu m'accuser d'aucune machination ? Un patriote, qui avait refusé d'émigrer, parce qu'il regardait cet acte comme un crime, ne peut être coupable d'une telle infamie : si j'en eusse été capable, aurais-je osé revenir dans ma patrie ?

Outre la présomption favorable de vingt-quatre années passées sans reproches au service, presque toujours à la guerre, sur mer et sur terre, marchant aux grenadiers et aux chasseurs ; la sécurité qui m'accompagnait après l'événement malheureux que je n'ai pu empêcher, ne repousse-t-elle pas l'inculpation d'avoir trahi mon pays ? Je m'y rendais, lorsque, faute de passeport, j'ai été arrêté ; j'allais rendre compte à l'assemblée nationale de ma conduite : loin que j'aie trahi la liberté, j'ai tout fait, tout osé pour propager la révolution ; j'ai donné la liberté à deux de mes prisonniers après avoir sondé leur intention, aux conditions qu'ils porteraient parmi leurs compatriotes le décret de l'assemblée nationale, traduit dans les deux langues, d'après lequel la nation accorde une récompense à ceux de nos ennemis qui voudraient s'établir en France ; et, pour leur inspirer plus de zèle à remplir mes vues, je leur donnai une somme d'argent, dont ils furent fort satisfaits. Une conduite dirigée par de tels principes, est-elle la conduite d'un traître ?

Les mensonges et les perfidies de mes ennemis, ont plongé dans la désolation deux oncles et deux frères qui, toujours demeurés fidèles à la patrie, occupent dans les armées les postes les plus importants. Français! lisez et pesez de sang-froid mes réclamations.

Le lieutenant-colonel du 58ᵉ régiment,
LAVERGNE.

Réponse de M. Lavergne, à la sommation qui lui fut faite par le duc de Brunswick.

Nous, commandant les troupes de la ville de Longwy et pays adjacents; et nous, maire et officiers municipaux et notables de la même ville de Longwy, sensibles aux honnêtetés de son altesse le duc de Brunswick, ne sommes pas moins étonnés du style de sa sommation, puisque, combattant au nom du roi et de la nation française, toujours souveraine, nous voyons cependant que c'est au nom d'un roi, que nous avions jusqu'à présent jugé notre père, qu'on nous menace de toutes les rigueurs de la guerre; mais, fermes dans notre conscience, pleins de confiance dans la justice de notre cause, nous espérons repousser la force par la force : rien ne peut étonner un Français, que la honte et l'infamie; et vous jugerez à la manière de nous défendre, que nous sommes dignes de toute votre estime.

Longwy, dans la salle de la maison commune, 21 août 1792.   *Signé,* LAVERGNE.

Certificat donné par MM. les administrateurs du district et officiers municipaux de la ville de Longwy, au sieur Lavergne.

Nous, administrateurs du district et officiers municipaux de la ville de Longwy, certifions et attestons, à tous ceux qui le présent verront, que M. Lavergne, commandant de cette place, n'a proposé la capitulation, que sur la demande réitérée qui lui en a été faite par nous, au nom de tous les habitants et de l'avis du conseil de guerre, d'après la certitude que nous avions du bombardement et des préparatifs irrésistibles qui ont eu lieu de la part des ennemis; nous ajouterons qu'il est impossible d'avoir mis plus d'ordre, d'activité et de surveillance à remplir les devoirs de la place de brave militaire et de bon citoyen.

En foi de quoi, nous lui avons délivré le présent.

Longwy, ce 23 août 1792.

Signés, LHOTE le jeune; J. JAUNICOT, officier municipal; GUILLEMARD, maire; BERNARD, J. HUCNAUD, et autres.

Pour copie certifiée véritable,

Signé, LAVERGNE.

*Détails utiles de l'armée de Kellermann, du
25 septembre.*

Depuis notre affaire du 20, il ne s'est rien passé
entre les deux armées; elles sont toujours en présence. Celles des ennemis se sont portées plus sur
leur gauche: par ce moyen ils occupent les deux
routes de Châlons et de Reims, ils nous ont coupé
ces deux communications, ils ravagent tous les villages qui les environnent; mais bientôt ils mourront
de faim, car les paysans ont sauvé leurs bestiaux.
Dans ce moment il y a une suspension d'armes ver-
bale. Des officiers prussiens sont venus dîner avec
les généraux Kellermann et Dumourier. M. Hey-
man, officier émigré, maintenant général-major au
service de Prusse, était du nombre. Il y a eu des
conférences particulières, dont le résultat n'a encore rien produit. Les propositions prussiennes sont
de rétablir le roi : vous vous doutez bien comme
cela a été reçu. Hier, le premier aide-de-camp du
roi de Prusse a dîné chez M. Dumourier; il se
nomme Manstein; on a bu à la santé de la nation et
à celle du roi de Prusse. On allait entrer en conférence, lorsque l'on a appris que la royauté était
abolie en France: on en a fait part à l'aide-de-camp;
les larmes lui sont venues aux yeux, et il est re-
tourné à son camp; en partant, on lui a remis le
bulletin du samedi 22, qu'il n'aura pas manqué de
montrer à son maître. Tout ce que l'on peut dire,

c'est qu'ils sont dans une triste position. L'affaire du 20 a fait voir que les soldats de la liberté valent mieux que ceux des despotes.

Il y a une division entre les Prussiens, les Autrichiens et les émigrés : ces derniers sont méprisés des deux partis. Avant-hier nos chasseurs en ont pris trois ; ils se sont jetés à leurs genoux pour obtenir la liberté, mais ils ne l'ont pas obtenue. On les a fouillés, on leur a trouvé des lettres très-coupables, beaucoup de louis que nos braves chasseurs se sont partagés. On les cerne de toutes les manières, et, dans quelques jours d'ici, leur position ne sera que plus affligeante. Cependant, les vedettes causent ensemble ; on leur offre la soupe qu'ils dévorent ; on leur coule en même temps le décret sur la désertion, qui a fait un grand effet ; car depuis ces entretiens, tous les jours il nous arrive cinq ou six Prussiens.

Au moment où j'écris, l'adjudant-major du prince de Hohenlohe vient d'arriver avec un trompette : il est chez le général Kellermann.

Rhetel, 26 septembre.

Les troupes françaises qui avaient établi leur camp dans les districts de Rethel, Vouziers et Grandpré, s'étant retirées pour se joindre à l'armée principale, tout cette partie de la frontière s'est trouvée occupée par celle des ennemis, et en proie

à leurs vexations. Vouziers, chef-lieu du district,
est devenu le quartier-général d'un corps nombreux
d'Autrichiens et d'émigrés, campé aux environs, et
commandé par le ci-devant maréchal de Broglie.
Les habitants de Vouziers, de Chêne et autres lieux
ont été désarmés. Les administrateurs du district se
sont retirés. Alors les ennemis de la patrie se sont
livrés au pillage, aux contributions, aux brigandages
de toute espèce. Voncq, bourg des plus importants
du district de Vouziers, dans lequel un parti ennemi avait déjà enlevé un envoi considérable de pain,
de farine et de plusieurs voitures de transport avec
leurs chevaux, reçut lundi matin, 24 de ce mois,
un ordre, au nom du ci-devant maréchal Broglie,
pour fourniture de pain, avoine, foin, etc. Les
officiers ayant répondu que les lois du royaume leur
défendaient d'obtempérer à un ordre de ce genre,
dans le courant de la journée, nouvelle sommation,
nouveau refus. Sur les trois heures après midi, le
village fut investi par des pelotons de cavalerie,
portant l'uniforme des ci-devant gendarmes de la
garde, chevau-légers ou mousquetaires. La garde
nationale de Voncq, à laquelle s'étaient joints quelques détachements des paroisses voisines, se mit
en devoir de repousser l'ennemi; mais monté à
l'avantage, et pouvant se porter à la fois dans les
differentes parties du bourg, il s'en rendit bientôt
maître. Les gardes nationaux se retirèrent pour
n'être pas désarmés; ils avaient dans l'attaque blessé

un cavalier et tué deux chevaux. Les féroces ennemis de la liberté portèrent sur-le-champ et en un
clin d'œil le feu dans les coins et au milieu du
village. Bientôt la flamme eut réduit en cendres la
plus belle récolte qui ait été faite depuis long-temps,
tant en froment et orge que fourrages et menus
grains; les granges qui les contenaient, les écuries
et les chevaux de labour qui y étaient, près de deux
cents maisons faisant les deux tiers de ce lieu, dont
la population est de onze cents âmes environ, ont été
consumés. Il est à observer que les quartiers incendiés contenaient la maison du maire, de son frère,
député à la convention nationale, l'église, le pres-
bytère, les maisons des plus riches particuliers de
l'endroit et les fermes les plus considérables. Ces
cannibales se tenaient auprès du feu pour qu'on ne
l'éteignît point : trois enfants ont été brûlés, parce
qu'ils empêchèrent leurs mères de les sauver. Ils se
portèrent, pour exercer leurs fureurs, chez le maire
et le curé, qui, ainsi que les officiers municipaux,
se sont dérobés par les faux-fuyants au sort qui leur
était préparé.

Leurs premiers soins, après avoir versé des larmes
sur leurs infortunés concitoyens, a été de se retirer
pardevers MM. les administrateurs du district de
Rethel, comme le plus voisin, et celui de Vouziers
étant éloigné, pour les prier de certifier les faits
ci-dessus énoncés, et aller ensuite solliciter de la
convention nationale des secours et les moyens né-

cessaires pour loger et nourrir six cents personnes, auxquelles il ne reste que des cendres et leur fidélité à la patrie.

En calculant la valeur des édifices et bâtiments, le prix des grains, fourrages, bestiaux, denrées, meubles et effets, en y ajoutant le préjudice qui résultera nécessairement du défaut de culture et de semence, et toutes les conséquences naturelles de ce désastre affreux, comme le temps et les dépenses qu'occasionera la destruction de tous les actes et registres incendiés, on peut évaluer la perte à quinze cents mille livres au moins. De tout quoi nous avons rédigé le présent rapport, que nous attestons sur notre honneur.

A Rhetel, le 26 septembre 1792, le 1er de l'égalité.

Signés, REIGNÉ, curé de Voncq; ROBERT, maire de Voncq.

Lille, le 27 septembre.

Notre position est telle, que nous sommes absolument cernés par l'ennemi, et toutes les routes sont presque interceptées. Le canon a tiré toute la journée d'hier, de part et d'autre : le nôtre a fait un grand ravage; une bombe, surtout, qui a éclaté au milieu des travailleurs ennemis qui élevaient des retranchements, en a tué un grand nombre, et détruit leur ouvrage. Nous avons eu cinq hommes de tués d'un coup de canon ; un citoyen a aussi perdu la vie. Les intrépides chasseurs belges font des merveilles. Un seul, dit-on, qui s'était tapi derrière le pignon d'une maison, a tiré quarante coups de carabine, et a tué ou blessé quarante casquettes ; un boulet de canon est malheureusement venu emporter ce brave homme au grand regret de ses camarades. On voit de nos remparts que l'ennemi charge sur des chariots ses blessés et ses morts. Les Belges ont été hier au soir mettre le feu dans plusieurs maisons du faubourg de Fives, qui aurait dû être détruit plus tôt, afin de ne pas donner retraite à l'ennemi qui alors ne se serait pas approché si près de nos remparts. Ce matin, on dit que ce faubourg est tout en feu et presque détruit.

MM. Grammon et Roussillan, commissaires du pouvoir exécutif pour le mouvement de l'artillerie, sont arrivés à Lille hier au soir. MM. Delmas, Bellegarde et Dubois-Dubay, députés à la convention nationale, commissaires-députés de l'assemblée nationale législative, envoyés aux frontières et à l'armée du Nord, sont partis pour Paris, et ont transmis à M. Briez, procureur-syndic du district de Valenciennes, leur collègue à la convention nationale, leur pouvoir pour suivre en leur nom les opérations commencées, et que leur départ laisse imparfaites.

Valenciennes, 27 septembre.

Les habitants de la commune de Wandignies ont
été assez courageux pour repousser deux sommations
de la part des Autrichiens, qui leur demandaient
d'abord paille, foin, lard, bière, etc., et ensuite
de leur fournir vingt chariots attelés de deux chevaux et dix ouvriers. Ils ont été obligés d'abandonner leurs foyers, et ils se sont réfugiés en cette
ville.

Les ennemis se sont présentés mardi matin, au
nombre de six mille hommes devant Lille, tant du
côté de la porte de Fives que de celle des Malades;
et, après avoir sommé la ville de se rendre, voyant
qu'on ne leur répondait qu'à coups de canon, ils
ont envoyé quelques bombes; mais la garnison, les
volontaires, etc., ont fait une vigoureuse sortie, et
chassé ces brigands, qui n'ont eu que le temps de
ramasser leurs cadavres, et de les faire conduire à
Orchies et à Tournay. Nous n'avons éprouvé aucune perte.

On a exécuté le plan combiné pour prendre
Saint-Amand. Cette nuit, quinze cents hommes
d'élite avec quatre pièces de canon et deux obus,
commandés par le maréchal-de-camp commandant
cette place, M. Ferrand, et un corps de réserve,
commandé par le maréchal-de-camp Lamorliere,
ont été faire l'attaque de Saint-Amand par Raismes,

tandis que la garnison de Lille a dû amuser ou poursuivre les troupes ennemies qui sont sous ses murs ;
celle de Bouchain a descendu sur Marchiennes et
Hasnon ; celle de Douay sur Orchies, et celle de
Condé sur Bruille et Maulde, pour envelopper tout
ce qui se trouve à Saint-Amand, à Mortagne et dans
les bois.

Tous les volontaires de Saint-Amand, d'Hasnon
et des différentes communes ci-devant envahies par
les Autrichiens, marchent en éclaireurs ; et le courage de ces braves défenseurs est inexprimable.

A neuf heures du matin, nos troupes sont entrées dans Saint-Amand : on apprend que la jonction des différentes colonnes de Bouchain, Douai
et Condé, a été parfaitement exécutée. M. Ferrand
demande des forces pour poursuivre les ennemis,
et à l'instant voilà encore douze cents hommes qui
partent avec ardeur.

Nous n'avons eu que trois hommes de tués et dix
blessés.

*Lettre du ministre de la guerre, au président de
la convention nationale.*

La copie que je joins ici d'une lettre du lieutenant-général Moreton, commandant l'armée du
Nord, fera connaître à la convention l'affaire qui a
eu lieu, le 27 de ce mois, à l'attaque de Saint-
Amand. Elle lui fera connaître aussi les causes qui

se sont opposées à ce qu'elle ait été aussi heureuse qu'on avait le droit de l'attendre. Les détails affligeants qu'en donne Moreton, me mettent dans la nécessité de renouveler à l'assemblée la proposition que je lui ai faite, de donner au ministre de la guerre les moyens et le pouvoir nécessaires pour réprimer les écarts des troupes. — Je n'ai jusqu'à ce moment aucune nouvelle des armées réunies, ni du Midi.

Lettre du général Moreton au ministre de la guerre.

J'avais l'honneur de vous marquer dans ma dernière dépêche que je m'occupais sur ce point-ci de la frontière d'une diversion qui pût inquiéter l'ennemi, ou au moins replier quelques-uns de ses postes, et l'éloigner de nous ; j'avais en conséquence résolu d'attaquer Saint-Amand, où je savais que l'ennemi avait environ huit cents hommes et du canon, et où il établissait des retranchements. Notre attaque s'est faite à la pointe du jour, et, après une vigoureuse défense de trois heures et demie, l'ennemi a évacué la ville en dirigeant sa retraite sur Maulde et Orchies. Il a laissé une quarantaine de morts et quelques prisonniers, et il a emporté avec lui un grand nombre de blessés. Nous avons perdu quatre hommes et environ quinze blessés. Nos troupes ont montré un grand courage et beaucoup de subordination pendant l'action ; mais du moment qu'elles ont été en possession de la ville, il n'y a plus eu de moyens d'empêcher le soldat de se débander et de piller beaucoup de maisons. Quelques officiers même ont partagé ces excès ; une grande partie s'est enivrée au point de n'être plus capable de rendre aucun service si l'ennemi eût attaqué. Le maréchal-de-camp Ferrand a, en conséquence, fait approcher de lui, pour le soutenir, en cas de besoin, un second corps de douze cents hommes, que j'avais mis à sa portée, sous les ordres du maréchal-de-camp Lamorlière. Pendant ce temps arrivait à Saint-Amand le détachement de la garnison de Condé qui avait marché sur Bruille, et qui se livra aux mêmes excès. Le maréchal-de-camp Ferrand apprit alors que la partie de la garnison de Bouchain, qui s'était portée sur Marchiennes, avait été repoussée par l'ennemi qui y était retranché derrière la Scarpe avec trois pièces de canon ; que M. Marassé n'avait pu faire sortir de Douay que deux cents hommes qui avaient attaqué le poste de Coutiche, en avant d'Orchies, et n'avaient même pu l'entamer, parce qu'il avait été renforcé à temps par Orchies.

Ces nouvelles, jointes à la situation de la troupe dans Saint-Amand, déterminèrent M. Ferrand à évacuer cette ville, dans laquelle il pouvait facilement être attaqué par les troupes de Maulde, et tourné par celles d'Orchies et Marchiennes, de manière à ce que sa retraite fût coupée. Cette expédition n'a pas eu, comme vous voyez, tout le succès que je pouvais en attendre; mais beaucoup de causes y ont concouru; l'impossibilité où a été M. Marassé d'attaquer Orchies; le renforcement du poste de Marchiennes que nous ne savions pas; le défaut de cavalerie, qui ne consistait qu'en cent hommes à ce détachement; enfin l'indiscipline de la troupe, qui, après s'être parfaitement conduite pendant l'action, s'et totalement débandée, à quelques compagnies de grenadiers près. Tout cela nous a empêchés de garder Saint-Amand, de pousser l'ennemi dans sa retraite, et de lui faire des prisonniers. Cependant il me reste une satisfaction, c'est que cette expédition, qui a été conduite avec zèle et intelligence par le maréchal-de-camp Ferrand, donne une bonne idée du courage de nos troupes, et qu'à leur indiscipline près, personne n'a de reproches à se faire.

Le lieutenant-général en chef de l'état-major de l'armée du Nord,

J. H. MORETON.

P. S. J'apprends à l'instant que l'ennemi est rentré hier au soir en forces dans Saint-Amand, presque aussitôt la retraite de M. Ferrand, et qu'il a fait sommer le village d'Hasnon de payer la moitié des impositions des années 1791 et 1792. Il s'y porte ce matin; je viens d'y envoyer deux cents hommes et du canon.

Voulez-vous savoir quelle a été la cause de cette fureur de la troupe contre les habitants de Saint-Amand? C'est que cette ville a été, il y a quelques semaines, livrée par eux aux Autrichiens, qui ne s'en seraient pas emparés sans cette trahison. Je me trouvais alors dans l'un des bataillons qui y étaient en garnison, et j'atteste ce fait.

Dépêche de la municipalité de Lille, en date du 29 septembre.

Nous vous adressons copie de la sommation qui vient de nous être faite de livrer la ville et la citadelle à l'empereur. Nous y joignons une copie de la réponse que nous y avons faite, après en avoir conféré avec le conseil de guerre et avec l'administration du district.

Lettre de M. Albert de Saxe.

Placé devant votre ville avec l'armée de S. M. l'empereur et roi, confiée à mes ordres, je viens, en vous invitant à rendre la place et sa citadelle, vous offrir à vous et à la ville, la puissante protection de S. M. Mais si vous faites la moindre résistance, mes batteries étant prêtes à foudroyer la ville, vous serez responsables envers tous les habitants de toutes les horreurs de la guerre.

Réponse du conseil général de la commune.

Nous venons de renouveler le serment d'être fidèles à la nation, de maintenir la liberté et l'égalité, ou de mourir à notre poste. Nous ne sommes pas parjures.

Proclamation du maréchal-de-camp Ligniville aux corps administratifs et citoyens français de l'arrondissement de Montmédy.

> Montmédy, 22 septembre 1792,
> l'an 4 de la liberté.

Je suis assuré, mes concitoyens, que depuis quelques jours les étrangers, qui ont osé porter leurs armes chez un peuple libre, répandent avec profusion un manifeste de M. de Brunswick, pour séduire les aveugles, ou donner un prétexte aux traîtres et aux timides. Je sais qu'ils n'ont pas honte de vous le faire parvenir dans vos campagnes par des citoyens soi-disant Français, avec injonction de leur porter des subsistances : il faut les arrêter, ces soi-disant Français.

Je n'ai pas besoin, j'espère, de vous dire que ce manifeste ne renferme qu'une série d'absurdités ; vous devez savoir qu'aucune puissance humaine n'a le droit d'empêcher un peuple de se donner des lois. Vous voyez avec quelle cruauté ces ennemis de la liberté vous traitent, vous qu'ils osent dire servir! Cette conduite parle à vos yeux.

Français, vous n'avez plus qu'un instant à souffrir. Déjà vos ennemis ont à se repentir de leur cruelle entreprise. Le fer de nos armées, la faim, les maladies, la désertion de ceux de leurs soldats qui peuvent venir nous joindre, leur ont appris ce qu'ils ont à espérer. Vous avez vu que leurs armes ne se tournent pas sérieusement là où ils savent trouver une longue résistance; leur témérité s'arrête là où il y a des dangers.

Continuez à nous amener vos bœufs, vos moutons, vos denrées que je vous conserverai, ou que la nation vous paiera amplement, si elles sont consommées.

Vous savez que j'ai interrompu la plupart des passages des ennemis; réunissez-vous au premier village attaqué, hommes, femmes, enfants : toutes les armes sont bonnes; repoussez, égorgez ceux qui veulent vous enlever vos subsistances, et ralliez-vous, si vous êtes repoussés, sous ce boulevard de votre liberté, dont je vous réponds.

Le maréchal-de-camp LIGNIVILLE.

Les commissaires de la convention nationale envoyés au camp de Châlons.

Au quartier-général de l'armée de la république, à Sainte-Menehould, le 1er octobre, l'an 1er de la république française.

CITOYEN PRÉSIDENT,

Dans notre lettre datée du 28 septembre, nous vous avons mandé que nous avions jugé nécessaire de nous rendre à l'armée; nous n'ignorions pas que la position des armées était l'objet des espérances des uns et des inquiétudes des autres. Cette diversité d'opinions exigeait un examen général que vos commissaires ont cru indispensable. Le 29 septembre au matin, nombre de municipalités sont venues nous trouver à Châlons et nous proposer d'organiser entr'elles un corps-de-garde nationale, auquel ces différentes municipalités s'engagent de fournir des vivres : le général Sparre joindra à ce corps de la gendarmerie à cheval, et cette petite armée doit servir à protéger les villages entre Reims et Châlons, qui sont rançonnés par les hulans et la cavalerie légère, qui, dans l'état de détresse où ils se trouvent, risquent tout pour se procurer des subsistances. Nous avons fait tous les arrangements nécessaires pour la levée de ce corps, qui ne coûtera aucuns frais à la république, et qui aura le double avantage d'empêcher les hulans de venir piller nos campagnes, et de rançonner leurs habitants. Cette organisation a retardé notre départ de quelques heures. Nous nous sommes rendus le même soir à Fresne, où nous avons trouvé l'armée du général Dubouquet campée. Nous avons parcouru toute la ligne, et nous avons instruit les différents corps des décrets que la convention nationale a rendus : c'est avec une vive satisfaction que vos commissaires vous instruisent que les soldats de la patrie ont tous adhéré avec transport aux sages mesures adoptées par leurs représentants; les cris de *vive la république* ont retenti d'un bout de la ligne à l'autre. Nous ne pouvons vous dissimuler que l'habillement de presque toutes les troupes de ligne et des gardes nationales est dans un état de délabrement extrêmement affligeant, surtout dans la saison où nous allons entrer. Nous sollicitons de la convention nationale qu'elle décrète les fonds nécessaires pour donner une bonne capote à chacun de nos soldats, et des habits à ceux qui en manquent.

Nous avons été obligés de coucher au camp de Fresne, et le 30 septembre au matin nous sommes partis avec une escorte de gendarmerie pour nous rendre aux armées réunies. Nous ne pouvons encore vous donner aucun détail de l'armée de Kellermann, parce que, voulant nous rendre au camp du général Dumourier qui occupe la droite de l'armée, nous avons remis à notre retour à la visiter. Nous avons successivement passé en revue tous les corps.

Le général Dumourier annonçait aux soldats-ci-
toyens notre arrivée et les motifs de notre voyage,
et toute l'armée, par acclamation, a confirmé son
entière adhésion à tous ses décrets. Vos commissaires ont harangué les soldats avec énergie, et nous
leur avons dit que maintenant ils allaient combattre
pour leurs foyers, leurs femmes, leurs enfants; que
la convention nationale avait commencé ses opérations par donner à la nation la garantie à tous ses
travaux, en décrétant que la constitution qu'elle
allait faire, n'aurait son exécution que lorsque la
nation entière réunie en assemblées primaires, l'aurait ratifiée. Nous leur avons dit que depuis quatorze siècles la tyrannie pesait sur leurs têtes, et que
l'époque était arrivée où la nation française devait
donner un grand exemple à tous les peuples opprimés; qu'elle avait aboli la royauté et s'était consti-
tuée en république; que dorénavant l'égalité entre
tous les citoyens serait la base du gouvernement
que nous allions établir, et que la loi seule devait
commander. Nous leur avons dit qu'en détruisant
la royauté, nous avions juré une haine éternelle à
tous les tyrans; et, en leur montrant le camp du
roi de Prusse, situé à une lieue : *Voilà, braves citoyens, ces tyrans qui veulent vous opprimer;
nous comptons sur votre courage et sur votre
haine pour eux.* Les cris unanimes de toute l'armée ont annoncé aux ennemis les capitulations
qu'ils avaient à attendre d'une armée composée de

Français, et qui combattent pour leur liberté.

A notre arrivée à Sainte-Menehould, nous avons appris la nouvelle que le général Beurnonville venait d'intercepter un convoi considérable d'habillements et d'équipement; il a fait soixante-quatre prisonniers, parmi lesquels se trouvent quatre émigrés.

Nous ne pouvons vous donner en ce moment aucun détail des besoins de l'armée; mais vous ne pouvez, citoyens, trop hâter les approvisionnements en tout genre, tels que linge, chaussures, bottes, selles, caissons d'artillerie, munitions, capottes et habillement. Les ennemis sont dans une grande détresse, et la position des armées françaises, et l'augmentation progressive de nos forces rend notre situation très-rassurante.

Nous terminons ces détails, en vous assurant que nos généraux sont bons patriotes, et que leur armée a une entière confiance dans leur civisme.

Les commissaires de la convention nationale,
SILLERY, PRIEUR, CARRA.

P. S. Au moment où nous fermons notre lettre, nous apprenons que les Prussiens lèvent leur camp. Les généraux partent pour les dispositions ultérieures de leurs armées. Dans l'instant nous venons d'apprendre que cinquante prisonniers faits ce matin vont arriver à Sainte-Menehould. Vos commissaires attendent à Sainte-Menehould des nouvelles des généraux, et vous expédieront un secoud courrier pour vous rendre compte des événements ultérieurs.

Lettre du ministre des affaires étrangères au président de la convention nationale.

Citoyen Président,

J'ai annoncé à l'assemblée nationale que des ouvertures de négociations avaient été faites au nom du roi de Prusse au général Dumourier. J'ai fait connaître en même temps la décision du pouvoir exécutif qui ordonnait aux généraux de n'entendre aucune proposition, sans que préalablement les armées des despotes eussent délivré de leur présence la terre de la liberté.

Les propositions du roi de Prusse étaient cependant remarquables en ce qu'elles contenaient la reconnaissance clairement exprimée de l'autorité nationale et de la qualité de représentant de la nation, pour les relations extérieures qui avaient été attachées à l'existence politique du roi constitutionnel; un autre aveu non moins remarquable s'y trouvait également, c'est que l'ancien ordre de choses détruit par la volonté nationale depuis 1789, était contraire au bonheur du peuple.

Un rapprochement aussi imprévu, opéré de lui-même, sans négociation préalable, pouvait faire croire à une grande détresse des armées ennemies, ou à d'autres intérêts également pressants de songer

à la paix. Une espèce de trêve avait été convenue.
Le général Dumourier en profita pour rassembler et
disposer les différents corps qui devaient être réunis
à son armée. Il fit paisiblement et en silence tous
les mouvements nécessaires pour tirer avantage de
sa position, et gêner l'ennemi dans la sienne. Pendant qu'il préparait ainsi ses projets militaires, des
communications assez fréquentes qui ne pouvaient
tourner qu'à l'avantage de la liberté, s'établissaient
entre les deux armées.

Le général Dumourier saisit cette occasion pour
faire l'échange des prisonniers de guerre. Le cartel
convenu avec les généraux prussiens fut rédigé
d'après les lois décrétées par l'assemblée nationale,
et les prisonniers des émigrés n'y furent pas compris. M. de Brunswick ne mit même aucune insis-
tance à une réclamation qu'il avait faite en leur faveur. Il s'ouvrit, à cette occasion, une conférence
entre le duc de Brunswick, le comte de Luchesini,
ministre du roi de Prusse, et le lieutenant-colonel-
adjudant-général Thouvenot, chargé de l'échange
des prisonniers français : dans cette conférence M. le
duc de Brunswick s'exprime à peu près en ces
termes :

« Nos nations ne sont pas faites pour être ennemies ; n'y aurait-t-il pas quelques moyens de nous
accommoder à l'amiable ? Nous sommes dans votre
pays ; il est désolé par les malheurs inévitables de

la guerre. Nous savons que nous n'avons pas le droit d'empêcher une nation de se donner des lois, de tracer son régime intérieur; nous ne le voulons pas; le sort du roi seul nous occupe : que deviendra-t-il? Qu'on nous donne sur lui des assurances, qu'on lui assigne une place dans le nouvel ordre des choses, sous une dénomination quelconque, et S. M. le roi de Prusse rentrera dans ses états, et deviendra votre allié. »

De la part d'un homme qui a signé les manifestes déjà publiés, et dont le mépris de la nation française a fait justice, la modération de ce langage devait surprendre.

Le lieutenant-colonel Thouvenot y répondit que la volonté de la France républicaine ne saurait se plier à aucune influence étrangère, et que les représentants de la nation, à qui le dépôt précieux de son bonheur et de sa gloire est spécialement confié, persisteraient sans cesse dans des décrets qui ont obtenu la sanction de l'opinion générale.

La conférence fut terminée par l'annonce d'un mémoire que le duc de Brunswick devait incessamment adresser au général Dumourier. Ce mémoire est un troisième manifeste digne en tout des deux premiers. Le général Dumourier l'a reçu avec une indignation que nous avons partagée, et qui sera également ressentie par la convention nationale et par la France entière.

Il a sur-le-champ annoncé que la trêve était rompue; et ses lettres, écrites du ton qui convient à un homme honoré du précieux emploi de conduire des Français à la victoire, ont déterminé une réponse dans laquelle l'aide-de-camp du roi de Prusse, après avoir représenté que les intentions de ce roi et du duc de Brunswick ont été mal saisies, demande une nouvelle entrevue, et déclare que les armées impériales et royales ne rompront pas la trêve les premières. Le général Dumourier a refusé toutes conférences nouvelles et tous délais dans les opérations de la campagne, à moins que l'on ne commençât par annuler la nouvelle déclaration du duc de Brunswick. Tel est l'état actuel des choses.

Ce qui s'est passé dans cette circonstance, montrera la nation française sous le point de vue respectable qui lui convient. Toutes nos démarches ont été énergiques et franches. Nous avons abandonné la ruse et la faiblesse à nos ennemis; et l'Europe entière reconnaîtra dans notre conduite un peuple qui sait apprécier la paix, mais qui ne craint pas la guerre.

Signé, LEBRUN.

Déclaration du duc de Brunswick.

Lorsque leurs majestés l'empereur et le roi de Prusse, en me confiant le commandement des armées que ces deux souverains alliés ont fait marcher en France, me rendirent l'organe de leurs intentions déposées dans les deux déclarations des 25 et 27 juillet 1792, leurs majestés étaient bien éloignées de supposer la possibilité des scènes d'horreur qui ont précédé et amené l'emprisonnement de leurs majestés le roi et la reine de France et la famille royale.

De pareils attentats, dont l'histoire des nations les moins policées n'offre presque point d'exemple, n'étaient cependant pas le dernier terme que l'audace de quelques factieux parvenus à rendre le peuple de Paris l'instrument aveugle de leurs volontés, avait prescrit à sa coupable ambition.

La suppression du roi de toutes les fonctions qui lui avaient été réservées par cette même constitution qu'on a si long-temps prônée comme le vœu de la nation entière, a été le dernier crime de l'assemblée nationale, qui a attiré sur la France les deux terribles fléaux de la guerre et de l'anarchie. Il ne reste plus qu'un pas à faire pour les perpétuer; et l'esprit de vertige, funeste avant-coureur de la chute des empires, vient d'y précipiter ceux qui se qualifient du titre d'*envoyés par la nation pour assurer ses droits et son bonheur sur des bases plus solides.* Le premier décret que leur assemblée a porté a été l'abolition de la royauté en France, et l'acclamation non motivée d'un petit nombre d'individus, dont plusieurs même sont des étrangers, s'est arrogé le droit de balancer l'opinion de quatorze générations, qui ont rempli les quatorze siècles d'existence de la monarchie française. Cette démarche, dont les seuls ennemis de la France devraient se réjouir, s'ils pouvaient supposer qu'elle eût un effet durable, est directement opposée à la ferme résolution que leurs majestés l'empereur et le roi de Prusse ont prise, et dont ces deux souverains alliés ne se départiront jamais, de rendre à sa majesté très-chrétienne sa liberté, sa sûreté, et sa dignité royale, ou de tirer une juste et éclatante vengeance de ceux qui oseraient y attenter plus long-temps.

A ces causes, le soussigné déclare à la nation française, en général, et à chaque individu en particulier, que leurs majestés l'empereur et le roi de Prusse, invariablement attachées au principe de ne point s'immiscer dans le gouvernement intérieur de la France, persistent également à exiger que sa majesté très-chrétienne, ainsi que toute la famille royale, soient immédiatement remises en liberté, par ceux qui se permettent de les tenir emprisonnées. Leurs majestés insistent de même pour que la dignité royale en France soit rétablie sans délai dans la personne de Louis XVI, et de ses successeurs, et qu'il soit pourvu à ce que cette dignité se trouve désormais à l'abri des avanies auxquelles elle a été maintenant exposée. Si la nation française n'a pas tout-à-fait perdu de vue ses vrais intérêts, et si, libre dans ses résolutions, elle désire de faire cesser promptement les calamités d'une guerre qui expose

tant de provinces à tous les maux qui marchent à
la suite des armées, elle ne tardera pas un instant
à déclarer son opinion en faveur des demandes pé-
remptoires que je lui adresse au nom de leurs majestés l'empereur et le roi de Prusse, et qui, en cas
de refus, attireront immanquablement, sur ce
royaume, naguère florissant, de nouveaux et plus
terribles malheurs.

Le parti que la nation française va prendre à la
suite de cette déclaration, ou étendra et perpétuera
les funestes effets d'une guerre malheureuse, en
ôtant par la suppression de la royauté le moyen de
rétablir et d'entretenir les anciens rapports entre la
France et les souverains de l'Europe; ou pourra ouvrir la voie à des négociations pour le rétablissement de la paix, de l'ordre et de la tranquillité,
que ceux qui se qualifient du titre de dépositaires
de la volonté de la nation sont les plus intéressés
à rendre aussi promptes qu'il est nécessaire à ce
royaume.

CHARLES-F., DUC DE BRUNSWICK-LUNEBOURG.
*Au quartier-général de Hans, le 28
septembre 1792.*

Les citoyens de Metz aux citoyens et à la garnison de Thionville.

FRÈRES ET AMIS,

Au moment où des cohortes impures attaquent vos propriétés et votre liberté, où nous n'apprenons de vos nouvelles que par l'éclat du bronze qui tonne de vos remparts sur la tête de nos ennemis communs, permettez que les représentants de la ville de Metz rendent à votre intrépidité le juste-tribut d'éloges que bientôt la patrie sauvée s'empressera de vous offrir elle-même.

Si nous n'avions à applaudir dans votre résistance, qu'à ce sentiment généreux que l'honneur commande et que l'exemple fortifie, sans doute notre reconnaissance envers vous serait moins grande; mais vous avez su demeurer fermes quand des villes fortes se dévouant au parjure et à un opprobre éternel, ouvraient leurs portes, mettaient bas les armes, et appelaient de toutes parts les rois coalisés, pour leur donner de nouvelles chaînes.

C'est en vain que leurs phalanges nombreuses se sont présentées aux pieds de vos murailles; c'est en vain que pour vous intimider elles ont employé tout ce que la guerre a de plus affreux; vous vous êtes rappelé vos serments; vous vous êtes souvenus qu'une poignée d'hommes, amis de la liberté, avait autrefois arrêté aux Thermopiles les armées innom-

brables de Barbares descendus pour l'opprimer.
Vous les avez imités, ces fameux Grecs; comme
eux, vous avez résisté; comme eux, vous êtes demeurés libres; comme eux, vous vivrez à jamais
dans la mémoire de la postérité, et la qualité de citoyen de votre ville deviendra désormais un titre
dont les Français seront aussi jaloux que les différents peuples le furent autrefois de celui de citoyen
de Rome.

Recevez donc, frères et amis, nos sincères féli-
citations; continuez vos efforts, et bientôt ils seront
pleinement couronnés. L'heure de la destruction
entière de la tyrannie est sonnée. Les amis de la
liberté se répandent comme un torrent dans les
plaines de Châlons; ils se rappèlent qu'Attila et
toutes ses cohortes barbares y trouvèrent un vaste
tombeau : bientôt, n'en doutons pas, il ouvrira son
sein à de nouvelles victimes. Jusqu'à ce moment
demeurez inébranlables au milieu de vos remparts;
si vous éprouvez quelques besoins, adressez-vous à
nous; les bras, les jours, les fortunes, les ressources
des citoyens de Metz, tout est à votre disposition.
En attendant ce moment, recevez un gage de notre
dévouement à vos intérêts dans cette adresse, l'expression de nos cœurs, l'hommage pur et libre de
notre admiration pour vos vertus, pour celui de votre
brave commandant, et pour le courage de toute votre
garnison; assurez-les tous que trois cents bouches à
feu, beaucoup plus éloquentes que les nôtres, sont

en ce moment placées sur nos remparts, pour apprendre à nos ennemis communs et à la France entière, qu'à Metz on saura imiter les exemples d'héroïsme et de patriotisme, que Thionville a su si bien donner.

Fait et arrêté en séance des représentants de la commune, à Metz, le 19 septembre.

Sedan, 27 septembre.

La trahison ayant rendu faciles les premiers succès des ennemis de la France, ils parvinrent aisément à nous couper d'abord toute communication avec la ci-devant Lorraine et la rivière d'Aisne. Bientôt les approvisionnements devinrent impossibles, et la disette se fit sentir. Le pain est aujourd'hui à un prix très-haut, et l'ouvrier vit de légumes. — Témoin et affligé de cette détresse, le général Myaczynsky avait ordonné une sortie, pour enlever un magasin immense dans une ferme de l'abbaye d'Orval. Cinq cents hommes de la garde nationale, et environ autant des bataillons d'Isle-et-Vilaine, de la Seine-inférieure, de la Moselle et du Cher, furent commandés pour cette expédition. Mais arrivée à Carignan, cette troupe s'abandonna à des excès de vin, et, oubliant le but de son expédition, se mit à piller indignement les habitants de ces contrées. — La proclamation suivante du brave commandant a rétabli le calme.

Du quartier-général de Sedan, le 25 septembre.

Profondément affligé du pillage et de la dévastation abominable dont plusieurs volontaires nationaux n'ont pas craint de se souiller hier à Carignan, je ne peux dans ma douleur dissimuler mon
indignation; je le dis donc ici, je vais le répéter au
conseil de guerre; je vais en écrire à la convention
nationale, je vais le publier à toute la terre. Comment des hommes armés pour la patrie, des hommes
qui se disent Français, des hommes enfin qui se
disent libres, qui veulent demeurer libres, ont-ils
pu, au mépris de l'honneur, de l'humanité, au
mépris du droit sacré des gens, au mépris même
du bon exemple qui leur était donné par la garde
nationale de Sedan et par les troupes de ligne qui
les accompagnaient; comment, dis-je, ont-ils pu
violer aussi indignement les propriétés? Vit-on
jamais tant de bassesse et de cupidité! Il faut que
tous ces attentats finissent, ou la liberté et l'égalité
finiront. Ces biens, chers et précieux, ces biens,
acquis au prix de tant de sacrifices, n'auraient donc
fait que passer sur ce bel empire! Non, ils y brille-
ront éternellement. Je l'ai juré, je le jure encore;
fidèle à mes serments, je lutterai toujours contre les
ennemis du dedans et du dehors; non, ce ne sera
pas en vain que j'aurai promis au brave Dumourier
de faire respecter les personnes et les propriétés;

il vient de faire un exemple terrible des lâches qui ont fui devant nos ennemis : comme lui, *je ne crains point les motions;* comme lui, *j'enverrai les motionnaires à nos augustes représentants,* qui sauront purger la société de ces traîtres à la patrie; en effet, c'est la trahir que d'outrager les lois; et outrager les lois, c'est vouloir effacer de la liste des peuples civilisés, le premier peuple du monde.

Le général commandant l'arrondissement des Ardennes, MYACZYNSKY.

Lettre de M. Servan, ministre de la guerre, au président de la convention nationale.

CITOYEN PRÉSIDENT,

Le théâtre de la guerre s'étant considérablement étendu depuis que les hostilités sont commencées, le bien du service exige qu'on étende proportionnellement les premières mesures qui avaient été prises. Il est facile à tout militaire de sentir que la même armée ne peut défendre le Nord et les Ardennes; que la même armée ne peut défendre le Haut et le Bas-Rhin; que la même armée ne peut défendre les Alpes et les Pyrénées. En effet, l'indépendance des opérations a déjà été établie par le fait, et la nécessité de ces divisions est déjà marquée du sceau de l'expérience. Dans ces circonstances, je vous prie de mettre sous les yeux de l'assemblée la demande que je lui fais que le conseil exécutif soit autorisé à diviser la force armée de la manière suivante; savoir : les armées 1° du Nord, 2° des Ardennes, 3° de la Moselle, 4° du Rhin, 5° des Vosges, 6° des Alpes, 7° des Pyrénées, 8° de l'intérieur : un commandement particulier sur les côtes. Je crois devoir, citoyen président, représenter à la convention nationale qu'il est urgent qu'elle veuille bien prendre un parti à cet égard.

Signé, SERVAN.

La proposition du ministre, convertie en motion, est décrétée.

Lettre des commissaires envoyés au camp de Chálons.

Sainte-Menehould, le 30 septembre, à neuf heures du soir, l'an 1er de la république française.

Dans la dernière lettre que vous avez reçue de nous, nous avons rendu compte de notre arrivée à l'armée du général Dumourier, et de l'effet qu'a produit sur elle la notification des sages décrets que vous avez déjà prononcés; nous vous annoncions, au moment où nous fermions notre lettre, que nous venions d'apprendre que le roi de Prusse avait levé le camp qu'il occupait à une petite lieue de nous;

La position où il se trouvait avait fait prévoir au
général Dumourier que les ennemis ne pouvaient
garder plus long-temps leur position isolée au milieu des plaines désertes de la Champagne, et ne
pouvaient recevoir leurs convois que par le seul côté
de Grand-Pré.

Depuis quelques jours, le général Dumourier
avait détaché le général Beurnonville avec un corps
de douze mille hommes pour intercepter cette communication qui restait: ce général, plein d'activité,
de zèle, et d'intelligence, avait réussi à s'emparer
de plusieurs convois considérables, et il a fait plus
de cent prisonniers qui sont arrivés successivement
dans la journée.

Tous les rapports s'accordaient à nous certifier
l'état de détresse dans lequel se trouvaient les armées ennemies; et le général Dumourier avait parfaitement jugé leur position en vous mandant qu'ils
ne pouvaient plus la conserver.

On aura sans doute de la peine à croire que des
généraux expérimentés se fussent enfoncés dans les
déserts de la Champagne, s'ils n'avaient la frivole
espérance qu'ils seraient secondés dans leurs manœuvres par des intelligences criminelles avec les
malveillants. Mais la mémorable journée du 20 leur
a démontré que les Français, combattant pour leur
liberté, périraient tous avant de consentir à aucune
capitulation. Le général Dumourier, informé chaque
jour de tous les détails qui prouvaient leur détresse,

a parfaitement jugé qu'en conservant sa position, il paralyserait tous les moyens qu'ils oseraient tenter. Cette armée si formidable est réduite presqu'à moitié par les malades, qu'ils ont été obligés d'évacuer par Grand-Pré. On sait que dans cette ville il y a un hôpital général, où ils en ont un dépôt de plus de huit mille. Si le général Dumourier avait abandonné sa position pour se porter du côté de Châlons ou de Reims, ils auraient infailliblement profité de son mouvement, non pour venir l'attaquer, mais pour se jeter dans le pertuis et s'y cantonner pour passer l'hyver dans un des pays les plus abondants. Sa constante persévérance les a obligés à faire, la nuit dernière, le mouvement rétrograde que le général Dumourier avait calculé. Ils ont quitté leur poste, et la communication entre Châlons et Sainte-Menehould est maintenant rétablie; ce qui donne à l'armée française au moins quinze heures pour l'arrivée des convois et des subsistances. Le général a fait toutes les dispositions nécessaires. L'ardeur et le contentement règnent parmi nos troupes, et jamais notre position n'a été aussi avantageuse que dans le moment actuel. La première marche que les ennemis viènent de faire, indique qu'ils cherchent à se retirer par la trouée de Grand-Pré, seul passage qui leur reste.

Nous n'entrerons dans aucun détail sur les projets ultérieurs du général Dumourier; mais nous avons cru devoir vous certifier que la confiance la plus entière doit lui être accordée, que Paris doit être sans inquiétudes : nous espérons, dans notre première dépêche, vous donner des nouvelles encore plus satisfaisantes. On ne doit jamais se flatter sur des succès que le hasard de la guerre peut arrêter; mais il nous est en ce moment permis de vous donner les espérances qui peuvent résulter de la détresse certaine où sont les ennemis, et des maladies qui les affaiblissent, du bon état de nos troupes, de l'ardeur qu'elles ont pour combattre les tyrans qui veulent leur donner des lois, et de la confiance qu'elles ont dans leurs généraux.

Signés, *les citoyens commissaires de la convention nationale*,

CARRA, SILLERY, PRIEUR.

P. S. C'est par erreur que la dernière lettre que nous avons écrite était datée du 30; la vraie date c'est du 29, sept heures du matin.

Au moment où nous fermons notre dépêche, une lettre du général Beurnonville, annonce que depuis hier, il a fait deux cents prisonniers, vingt-quatre chariots chargés d'habillements de troupes, quatre-vingts chevaux et cinq émigrés, de la maison du roi : une seconde ordonnance apprend qu'il vient de tuer vingt-sept hussards, avec le commandant prussien. La convention nationale apprendra ces détails avec satisfaction.

Un député extraordinaire de la commune de Lille, admis à la barre de la convention nationale, s'exprime en ces termes :

Représentants de la nation française, je suis parti samedi de la ville de Lille. — Peut-être dans ce moment cette ville est la proie des flammes ; mais les habitants et les corps administratifs resteront à leur poste plutôt que de consentir à livrer la place. Vous avez vu la réponse de la municipalité à la sommation de rendre la ville. Je suis chargé de vous annoncer de la part de tous les membres de la commune, que leurs derniers battements de cœur seront des vœux pour la liberté. — Aussitôt après la levée du camp de Maulde, les ennemis se sont répandus dans les campagnes, et rendent la communication des subsistances difficile. Je suis chargé de solliciter un décret d'où dépend le salut d'une ville assiégée. Les subsistances de la ville sont modiques. Cent mille livres lui ont déjà été accordées. Mais cette somme est insuffisante : il faudrait une somme de 400,000 liv.

J'observe encore que le nombre des pauvres est extraordinaire, puisque, sur une population de soixante mille hommes, on compte vingt-huit mille pauvres. L'hôpital n'offre plus de ressources ; il faut y suppléer. Je demande donc qu'il soit accordé à la commune de Lille une somme au moins de 60,000 liv.

Enfin, je suis chargé de vous demander encore

qu'il soit remis à la disposition de la municipalité de Lille, sous sa responsabilité, une somme pour payer les arrérages dus à ses rentiers.

Cette proposition appuyée est décrétée.

Lettre du général Dumourier au ministre de la guerre.

De Sainte-Menehould, le 1ᵉʳ octobre.

Enfin, mon cher Servan, ce que j'ai calculé, arrangé et prédit dans mes lettres, est arrivé. Les Prussiens sont en pleine retraite. Le brave Beurnonville, qu'on a baptisé l'Ajax français, leur a pris, depuis deux jours, plus de quatre cents hommes, plus de cinquante chariots, et plus de deux cents chevaux. D'après tous les rapports des prisonniers et des déserteurs, cette armée est épuisée par la famine, la fatigue et le flux de sang. L'ennemi décampe toutes les nuits, ne fait qu'une ou deux lieues dans le jour, pour couvrir ses bagages et sa grosse artillerie. Je viens de renforcer Beurnonville, qui a plus de vingt mille hommes, et qui ne les lâchera pas qu'il n'ait achevé de les exterminer. Dès aujourd'hui, je me joins à lui de ma personne, pour achever cette affaire. Je vous envoie quelques exemplaires de ma négociation; je l'ai fait imprimer, parce que le général d'une armée d'hommes libres ne doit point laisser de soupçon sur sa correspondance avec les ennemis. J'espère que cette aventure-ci nous délivrera du fléau de la guerre; et, comme je crois vous l'avoir mandé, j'espère, si on a confiance en moi, prendre mon quartier-général à Bruxelles. Ainsi, assurez l'auguste assemblée du peuple souverain, que je ne demanderai à me reposer que lorsque les tyrans seront entièrement hors de portée de nous faire du mal. Je vous embrasse.

Le général en chef de l'armée du Nord,
DUMOURIER.

On lit ensuite la lettre adressée par le général Dumourier au roi de Prusse. Dans ce mémoire, le général français annonce d'abord que les manifestes du duc de Brunswick ont été couverts du plus profond mépris de la nation entière, et que ce n'est pas avec des mots qu'on peut combattre un peuple libre. Il fait ensuite entrevoir au roi des Prussiens tous les avantages qui résulteraient pour les deux peuples, d'une alliance dont ils sont dignes l'un et l'autre. Il le presse, au nom de sa gloire, de son intérêt, de celui de son armée, d'abandonner la cause méprisable des Autrichiens et des émigrés.

Les commissaires envoyés à Châlons, à la convention nationale.

A Sainte-Menehould, le 2 octobre 1792, l'an 1ᵉʳ de la république française.

CITOYENS,

Les ennemis se retirent à grands pas, et bientôt il n'y aura plus que des hommes libres sur notre territoire. Leur retraite leur coûtera aussi cher qu'une bataille perdue. Depuis deux jours, on a amené ici près de quatre cents prisonniers, et une grande quantité de chariots chargés d'approvisionnements et d'équipements. La route par où ils se retirent est jalonnée de cadavres et de chevaux; le camp qu'ils ont quitté, et que l'on a été visiter, ressemblait à un vaste cimetière; il y avait plus de trois cents chevaux morts et à moitié mangés. Tous les rapports des déserteurs et des prisonniers s'accordent à dire qu'il y avait près de cinquante malades par compagnie, et souvent ils ont été cinq à six jours sans pain. Nous avons été hier visiter l'avant-garde commandée par le général Beurnonville. Nous ne pouvons faire trop d'éloges de l'activité et de l'intelligence de cet officier; il est bravement secondé par les généraux et les officiers qui sont sous ses ordres. C'est avec une satisfaction bien vive que nous n'avons aucune plainte majeure à vous porter;

officiers, soldats, sont parfaitement d'accord, et tous brûlent de se signaler. Le général s'est plaint de quelques désordres dans les nouveaux bataillons qui lui sont arrivés ; mais les malveillants qui s'y étaient glissés dans l'intention de jeter le trouble dans l'armée, n'ont pas tardé à s'apercevoir que les vrais soldats de la liberté devaient obéir aux officiers choisis par eux.

A notre retour de la tournée que nous avons faite, nous avons trouvé à Sainte-Menehould le respectable George, notre ancien collègue à l'assemblée constituante. Ce bon vieillard, jeté par ordre de nos ennemis dans les cachots de Verdun, vient d'être échangé avec le secrétaire du roi de Prusse, qui avait été fait prisonnier. Le récit naïf de la manière cruelle dont il a été arrêté, de la misère qu'il a éprouvée dans sa maison, de la fermeté qu'il a mise dans ses réponses, et peut-être encore le costume attendrissant dans lequel il a paru au milieu de nous, ont arraché des larmes de tous les spectateurs : nous l'avons consolé en le serrant dans nos bras, et en l'assurant que la convention nationale approuverait la conduite mâle et énergique qu'il a tenue : Sur les neuf heures du soir, on a amené au quartier-général quatre émigrés, parmi lesquels se trouvent deux anciens capitaines du régiment d'Angoulême.

Le général Dumourier, par les savantes manœuvres qu'il a faites et les positions qu'il a prises, fait une campagne qui fera époque dans les annales de la France.

On aura peine à croire qu'il ait osé faire une retraite avec une armée de dix-sept mille hommes, contre une de quatre-vingt mille, prendre une position assez avantageuse pour les tenir en échec, opérer sa jonction avec les différents corps qui venaient le secourir; et se plaçant directement entre l'armée prussienne campée à Thiron, et la Lune, faire tête à celle-ci, et tenir en échec vingt mille Hessois ou Autrichiens campés à Clermont, par le camp de Bienne dont il s'est emparé: harcelant sans cesse les ennemis, leur coupant leurs convois, il a su les maintenir dans le pays de France peut-être le plus aride, et les obliger enfin de se retirer honteusement du pays avec une armée diminuée au moins d'un tiers, par les maladies et les prisonniers. Nous allons partir pour visiter le camp de Bienne.

Demain matin nous nous rendrons au camp du général Kellermann, qui se porte en avant sur l'arrière-garde des ennemis.

Nous irons ensuite au camp d'Auberive, commandé par le général d'Harville; de là à Reims. Nous nous rendrons enfin au camp de l'Epine, commandé par le général Sparre, et de là à Châlons.

Si la convention nationale avait quelque nouveaux ordres à nous donner, nous la prions de nous les adresser dans cette ville. Si nous jugions notre présence nécessaire, nous différerions notre retour; mais l'entière confiance que méritent les généraux de la république, l'ardeur et le courage de nos braves soldats citoyens, tout nous annonce que bientôt les esclaves disparaîtront de dessus la terre de la liberté.

Nous terminerons cette lettre en vous parlant de deux seules héroïnes qui sont ici, les citoyennes Ferning; ces deux jeunes enfants, aussi modestes que courageuses, sont sans cesse aux avant-gardes, et dans les postes les plus périlleux. Au milieu de l'armée, composée de jeunes citoyens, elles y sont respectées et honorées; c'est toujours le prix de la vertu. Il n'échappera pas à la convention nationale que sous le règne de Charles VII, une fille célèbre contribua à replacer ce roi sur le trône. Nous en avons maintenant deux qui combattent pour nous délivrer des tyrans qui nous ont opprimés tant de siècles. Les Autrichiens ont eu la basse vengeance de raser la maison de ces jeunes enfants, située à Mortagne; il ne leur reste plus rien que leur courage: elles ne sont point inquiètes de leur sort, elles savent que la nation française est aussi généreuse que brave, et nous réclamerons votre justice à notre retour.

Les citoyens commissaires de la convention nationale, CARRA, SILLERY, PRIEUR.

P. S. Les nouvelles de la nuit annoncent que

les ennemis décampent de Clermont. Le général Dillon a attaqué leurs postes, et leur a tué une trentaine d'hommes.

Le général Dumourier dicte en ce moment l'ordre pour aller à la poursuite des ennemis.

J'espère que dans vingt jours d'ici il n'y aura plus d'ennemis sur notre territoire.

Qu'il nous soit permis de dire à nos concitoyens que nous ne devons suspendre aucune mesure de précaution; que non-seulement il faut chasser loin de nous les tyrans qui ont voulu nous assujettir, mais qu'il faut encore les punir de leur audace.

Lettre du ministre de la guerre au président de la convention nationale.

CITOYEN PRÉSIDENT,

Je transmets à la convention des extraits des différentes dépêches que j'ai reçues des généraux.

Je vous prie de lui annoncer que je prends toutes les mesures nécessaires pour faire parvenir avec la plus grande promptitude au général Beurnonville tout ce dont il a besoin pour éloigner l'ennemi de Lille.

Signé, SERVAN.

Dépêche du général Dumourier au ministre de la guerre.

Sainte-Menehould, 1er octobre.

Je vous ai écrit un mot ce matin, mon cher Servan; vous n'en aurez pas beaucoup davantage ce soir. L'ennemi est en pleine retraite; il a passé la Lourbe, et se retire sur Vaux-le-Mouron: on prétend qu'il a jeté ses pontons sur la paroisse de Mouron. Nous continuons à leur faire force prisonniers; j'espère que nous pourrons vexer leur arrière-garde et ramasser les traîneurs. Tous ces malheureux prisonniers ont le flux de sang, et sont exténués par la faim. Verdun est rempli de plus de cinq mille malades; il y en a plus de huit à Grand-Pré.

J'ai envoyé visiter le camp de la Lune et de Thiron, que tenaient les Prussiens; on y a trouvé plus de trois cents chevaux morts et à moitié mangés, beaucoup d'effets abandonnés, et une quantité de bois considérable. On a poussé l'examen jusqu'aux fosses de leurs latrines, qu'on a trouvées pleines de sang. Ils ont enterré beaucoup de morts; toute leur route est jalonnée de chevaux morts; et c'est cependant du milieu de ce cimetière que le duc de Brunswick envoyait le plus insolent des manifestes. Je ne néglige point mes autres voisins de Clermont. J'ai envoyé ce matin le général Dillon avec trois mille hommes d'infanterie et de cavalerie, pour tâter du côté de Rarecourt.

Vous pouvez conclure de ces détails que l'armée prussienne est ruinée, qu'elle ne peut pas hiverner dans les districts de Verdun et Longwy, parce qu'ils sont mangés, qu'elle ne peut pas entreprendre d'assiéger Mézières, Sedan, ni Montmédi, devant une armée victorieuse ; qu'elle n'a d'autre ressource que de se retirer tristement ou par le Luxembourg, ce qu'elle ne voudra pas, ou en allant gagner le duché de Deux-Ponts, pour hiverner et recevoir ses renforts. Mais je doute que le roi de Prusse veuille continuer une guerre dont le début est si maladroit et si funeste pour lui. Je crois que de sa personne il cherchera à regagner Postdam, et que ceci refroidira prodigieusement son amour pour la maison d'Autriche. *Signé*, DUMOURIER.

Extrait d'une lettre du général Wimpfen au général Kellermann.

Thionville, le 29 septembre 1792, l'an 1er de la république.

Vous pouvez assurer les généraux d'armées que le siége de Thionville est comme levé ; que depuis mes deux dernières sorties, l'ennemi est plus sur la défensive que sur l'offensive. Il fait partout des retranchements, dans la crainte que je ne l'attaque ; il a retiré ses canons et ses mortiers de ses deux batteries de la hauteur de la Grange. Mes volontaires n'y ont plus trouvé que quelques munitions, et des outils qu'ils ont apportés à l'arsenal.

Je suis aujourd'hui plus tranquille qu'on ne l'est à Paris; les coups de canon que vous entendez de temps à autre, ne sont que pour éloigner les curieux ou les patrouilles un peu fortes, ou bien pour soutenir de petits enlèvements de bois ou de fourrages, que je fais de temps à autre à Beauregard. Cet après-midi, par exemple, j'ai eu un homme tué et trois blessés, parce qu'ils s'étaient imprudemment éloignés de leur poste où ils avaient été placés, pour soutenir un transport de bois.

Extrait d'une lettre du général Biron au ministre de la guerre.

Strasbourg, le 30 septembre 1792, l'an 1er de la république.

Le Haut-Rhin ne nous donne plus d'inquiétude, les ennemis étant redescendus, ce dont j'ai informé le lieutenant-général Custine, pour qu'il prît ses précautions en conséquence; il est parti le 23 au soir; il a eu depuis un beau temps; il parviendra, j'espère, à la destination que vous désiriez lui donner, après avoir fait des choses utiles. Je vous ferai parvenir, par un courrier extraordinaire, les premières nouvelles intéressantes que j'en recevrai.

Le général de l'armée du Rhin, BIRON.

Lettre du général Montesquiou au ministre de la guerre.

Chambéry, le 28 septembre 1792,
l'an 4 de la liberté et 1ᵉʳ de l'égalité.

Je vais vous rendre compte de ma position actuelle et de mes dispositions ultérieures : dans le tumulte des premiers jours passés à Chambéry, le temps m'a manqué pour entrer dans les détails que je vous devais. Je vous ai instruit que j'avais envoyé M. Rossy occuper les débouchés des Bauges dans la Maurienne et dans la Tarantaise, en se portant sur Miolans et sur Conflans : il y est en force.

Pendant que M. de Rossy s'avance par la vallée de Montmelian, j'ai fait entrer dans les Bauges M. de Cazabianca avec mon avant-garde. J'ai reçu de ses nouvelles de Chatelard, c'est-à-dire du fond des Bauges : elles sont totalement évacuées; il n'y reste que les magasins, auxquels on n'a pas eu le temps de toucher, et des canons et autres effets de tout genre abandonnés : on en dresse l'inventaire, que je vous enverrai incessamment; il grossit tous les jours, et vous en serez étonné vous-même. J'ai deux pièces de canon de plus : le nombre de celles qui ont été prises monte à présent à dix; elles feront ce soir leur entrée à Chambéry, au moment où on y plantera l'arbre de la liberté. La quantité de poudre et de blés dont nous nous sommes emparés, est bien considérable. S'il eût été possible de suivre avec rapidité l'ennemi dans un pays où les difficultés sont incroyables, la déroute était telle que tout aurait été pris; mais elle a été si rapide, qu'il n'y a pas eu moyen de le joindre. Les Piémontais ont tous passé le pont de Conflans, et l'ont coupé. J'attends des nouvelles de M. Rossy. Je joins ici l'itinéraire de la fuite des Piémontais : elle a été la même dans tous les points, même les plus éloignés de leurs frontières. Cet itinéraire ne parle que de ce qui a passé dans les Bauges; c'est le tiers de ce qu'il y avait en Savoie. M. Cazabianca achève aujourd'hui de balayer les Bauges; il en sortira ce soir ou demain par Saint-Pierre-d'Albigny, où il joindra M. Rossy, pour le seconder dans le reste de ses opérations.

J'ai l'honneur de vous envoyer par ce même courrier cent exemplaires de mon manifeste, comme général de l'armée du Midi.

Signé, MONTESQUIOU.

Proclamation du général Montesquiou.

Au camp de Barraux, le 21 septembre.

Au nom de la nation française, liberté, égalité.

Le général de l'armée française, obéissant à la **volonté souveraine** de la nation, chargé par elle de

venger les injures que le roi de Sardaigne, au mépris des traités, a faites à la France dans la personne de ses ambassadeurs, et les mauvais traitements qu'il a permis que des citoyens français éprou-
vassent dans ses états, veut faire connaître à l'Europe, et particulièrement aux peuples de la domination sarde, les justes motifs qui ont déterminé la
nation française à agir envers leur roi comme envers
un violateur de la foi publique et du droit des gens.

Le peuple français, usant du droit imprescrip-
tible de changer la forme de son gouvernement,
déclara qu'il voulait respecter la paix dont jouissait
l'Europe, la paix si précieuse aux hommes, et qui
n'a jamais été troublée, et ne peut l'être que par
les passions des rois et de leurs cours. Il en donna
pour premier gage la renonciation à toute conquête ;
mais il résolut aussi de défendre l'intégrité de l'empire, de faire respecter sa souveraineté, et de venger les outrages qui seraient faits aux citoyens français. Ce peuple généreux s'était adressé aux nations ;
il reconnut bientôt que l'Europe ne comptait que
des rois. Dans la déclaration des droits de l'homme,
il voulut établir les bases éternelles et sacrées d'une
constitution libre; la conscience des tyrans s'en
effraya : bientôt ils conjurèrent entr'eux la destruction de ce monument élevé à la félicité du genre
humain, et vers lequel ils craignirent que leurs sujets ne tournassent des regards impatients et des
vœux héroïques.

La nation française, forte de son énergie, de sa puissance, de la sainteté de sa cause, eut long-temps la magnanimité de croire à la sagesse, à la justice des princes étrangers, à leur respect pour l'exercice du plus sacré des droits; mais leur ligue qu'avait formée la haine de la liberté, grossissait chaque jour. L'empereur et l'empire, contre la foi et le texte des traités, accueillirent, protégèrent, souffrirent même en rassemblements armés quelques milliers de Français rebelles et réfractaires aux lois de leur pays. La nation ne dut plus voir qu'un ennemi dans le roi de Hongrie, à la fortune duquel on avait sacrifié les armées, les trésors et les véritables liens politiques de la France : elle lui déclara la guerre.

Aucune provocation, aucun sujet de discussion entre la France et le roi de Sardaigne, n'avait pu inquiéter ce roi. Cependant il a assemblé des troupes et de l'artillerie dans le comté de Nice, dans la Savoie, où, malgré la teneur des traités, il a relevé les remparts de Montmélian. L'ambassadeur de France à Turin étant rappelé, le roi de Sardaigne refusa de recevoir son successeur. Ce n'était plus, à la vérité, le favori d'un roi, mais le représentant d'un peuple souverain. La nation française, fidèle à ses alliances, veut bien ouvrir des voies de conciliation pour le maintien de l'harmonie et de la paix entre les deux états. Elle annonce un autre ministre: celui-ci se rend à Grenoble; il y attend un passeport pour arriver à la cour de Turin; mais on ne souffre pas qu'il entre dans les états du roi de Sardaigne. Cette conduite est, chez tous les peuples, une déclaration de guerre. La France se contente de garnir ses frontières, et d'en imposer, par sa contenance ferme, aux projets dont ce roi semblait la menacer.

Enhardi par la modération de la France dans cette affaire, pour laquelle des rois auraient fait couler des flots de sang, le roi de Sardaigne fait insulter les troupes françaises auprès d'Entrevaux. A Chaparillan, deux citoyens soldats ont l'indiscrétion de passer les limites inconnues pour eux, ils sont saisis; et leurs pieds, qui naguère marchaient fièrement sur la terre de la liberté, sont chargés de fers au moment où ils entrent sur le territoire d'un prince qui se dit l'allié de la France. Sur les bords du Rhône, une voix perfide appèle des volontaires nationaux; ils étaient sans armes; ils croient entendre une voix hospitalière, ils s'avancent, la mort est le prix de leur bonne foi. Les soldats des deux nations accourent; et si le canon de Pierre-Châtel n'eût fait fuir ceux du roi de Sardaigne, si un sage respect des troupes françaises pour un territoire étranger n'eût encore arrêté leur courage, les champs de la Savoie auraient été dès ce jour abreuvés de sang. `

La cour de Turin a cru faire illusion à la bonne foi des Français par la mesure d'une neutralité armée; mais cette neutralité mensongère est une véritable hostilité ; elle nous a obligés également à prendre l'attitude de guerre, et à tenir sur cette frontière des troupes dont le courage se serait déjà précipité sur les soldats du roi de Hongrie, et de son allié. L'Europe sait d'ailleurs que cette politique insidieuse fut toujours celle de la cour de Turin, qui espère saisir un moment d'abattement chez les Français, pour les assaillir avec avantage. Déjà même, à l'abri de sa prétendue neutralité, elle faisait élever sous ses yeux une forteresse nouvelle : elle assurait ainsi l'exécution de ses dangereux desseins, s'ils n'eussent été sagement prévenus.

La nation française, trop convaincue des intentions ennemies de la cour de Turin, est lasse d'une modération inutile, et qui, plus long-temps prolongée, deviendrait funeste. Voulant enfin venger sa dignité outragée, son amitié repoussée, les traités violés, elle déclare la guerre au roi de Sardaigne et à ses troupes.

Peuples de la Savoie, c'est avec la sensibilité qui n'est connue que des hommes libres, c'est avec une douleur qui expie les maux de la guerre, que l'armée française s'avance sur votre terre soumise à l'esclavage, et frappée de l'infortune. Les rois ne font que des traités de parents ; ils dévouent à cet intérêt le sang, les subsistances de leurs sujets, et trafiquent même de leurs têtes. Un peuple libre vient vous offrir des sentiments d'union et d'ami-

tié. Partout il voit des hommes, ce sont ses semblables, il les traite comme des frères.

Séparez-vous de vos tyrans; ce sont eux seuls que
nous venons combattre. La chaumière du pauvre
sera l'asile de la paix, nous y verserons des consolations. L'armée française ne vient point dévaster vos
campagnes. Ce que ses besoins exigeront, le général vous le demandera avec confiance ; ce sera toujours l'argent à la main qu'il recevra vos secours.
En respectant vos personnes, vos demeures, vos
propriétés ; en vous offrant son amitié, le peuple
français veut vous faire partager avec lui le bien le
plus cher à l'homme, celui dont l'espoir ou le désir ne meurt jamais, même dans le cœur de l'esclave, la liberté. Puissiez-vous en jouir sans sa protection! ce sera le succès le plus glorieux pour nos
armes. *Le général* MONTESQUIOU.

Lettre du ministre des affaires étrangères au
président de la convention nationale.

CITOYEN PRÉSIDENT,

Les deux partis qui ont toujours divisé la ville et
la république de Genève se sont plus fortement prononcés depuis l'époque de notre révolution. L'un,
composé de la plus saine et de la plus nombreuse
partie des habitants, s'est montré l'ami de nos principes, et a toujours applaudi à nos efforts pour la

conquête de la liberté ; l'autre composé d'ambitieux et d'intrigants, et entièrement dévoué au roi de Sardaigne et à l'aristocratie de Berne, n'a manifesté que des intentions perfides contre la France.

En possession du gouvernement, il a abusé des droits dont l'exercice lui est confié. Après avoir accueilli les émigrés français, fait relever les murs de Genève du côté de la France ; fait construire des casernes pour les troupes dont il avait besoin pour l'exécution de son projet ; il vient enfin, sous le prétexte de la crainte que lui inspire l'invasion de la Savoie, de requérir les cantons de Berne et d'Ury de lui fournir une garnison de seize cents hommes.

Cette mesure est non-seulement injurieuse à la France par le prétexe qu'on lui donne, mais elle est contraire au texte formel des traités. Le conseil exécutif national a donc dû s'y opposer. Il a pris, en conséquence, un arrêté pour faire porter sur Genève un corps de troupes suffisant pour empêcher l'entrée des Suisses dans cette ville, ou pour les en expulser, s'ils y étaient déjà entrés. Le résident de France près la république de Genève a été chargé de lui notifier cette résolution du conseil exécutif, mais en même-temps de déclarer aux citoyens que les inquiétudes qu'on aurait voulu leur inspirer sur nos intentions, sont absolument dénuées de tout fondement ; que dans aucun cas nous ne porterons atteinte à leur liberté ni à leur sûreté individuelle, non plus qu'à l'indépendance de la république. Je joins ici copie de l'arrêté, ainsi que des pièces qui l'ont motivé.

Extrait du registre des délibérations du conseil exécutif national de France, le 28 septembre, l'an 1er de la république.

Le ministre des affaires étrangères a communiqué au conseil une dépêche du résident de France à Genève, de laquelle il résulte que le gouvernement génevois témoigne les dispositions les plus malveillantes à l'égard de la république française, et que, sous le prétexte de la crainte que lui inspire l'invasion de la Savoie, il vient de requérir le canton de Berne de lui fournir une garnison de seize cents hommes. Sur quoi, la matière mise en délibération, le conseil considérant 1° que le traité de neutralité conclu en 1782 entre la Sardaigne, la France, Genève et le canton de Berne, porte que la république de Genève sera encore réputée neutre, quand même les deux ou trois autres parties seraient en guerre entr'elles;

Considérant que la république de Genève forte des dispositions de ce traité qui la déclare neutre, plus forte encore de la confiance que lui témoignait le peuple Français, et de son respect pour l'indépendance des autres peuples, ne pouvait concevoir aucune inquiétude sur les dispositions de la France;

Considérant que l'art. 2 du même traité porte

que la république de Genève ne pourra introduire sur son territoire aucune troupe étrangère sans le consentement des trois parties; que la résolution manifestée par les magistrats de prendre à leurs ordres des troupes suisses, et surtout du canton de Berne, dont les dispositions envers la France sont les plus malveillantes, doit être considérée comme une accession au concert contre la France, etc.,

ARRÊTE qu'il sera donné ordre au général Montesquiou de faire marcher sur Genève un corps de troupes suffisant pour empêcher les troupes suisses d'y entrer, ou pour les en expulser, en cas qu'elles y eussent déjà pris garnison; charge le résident de France à Genève de donner l'assurance positive aux habitants, tant de la ville que de son territoire, que la nation française ne veut porter atteinte à la sûreté des personnes, ni à celle des propriétés, non plus qu'à la liberté et à l'indépendance de la république, mais qu'elle exigera la punition des magistrats traîtres à leur pays et à la foi des traités, qui ont fait cette réquisition; arrête en outre qu'il sera donné connaissance à la convention nationale du présent arrêté, ainsi que des actes sur lesquels il est motivé.

Lettre des administrateurs du département du Nord.

Douay, 3 octobre, à trois heures.

Représentants de la nation,

Vous venez de voir, dans les deux premières lettres que nous vous avons adressées, le tableau trop fidèle des malheurs de la ville de Lille. Depuis trois jours cette cité malheureuse est inondée de boulets et de bombes; un grand nombre de maisons sont en feu, et déjà réduites en cendres. Les rues sont impraticables : les administrateurs sont à la veille d'être obligés de siéger dans la place publique. Voilà les funestes conséquences de la levée du camp de Maulde; voilà les désastres d'une guerre dont on n'a pas vu d'exemple chez les peuples les plus barbares. Mais les braves habitants du département du Nord ne se rebutent pas. Nos laboureurs offrent leurs bras pour défendre leurs foyers; ils s'arment de tous leurs instruments aratoires. Nous n'avons rien épargné pour seconder la garnison de Lille. Cependant dix-huit mille hommes tiènent en échec une ville capable de soutenir le siége de cinquante mille hommes. Une artillerie immense, réunie dans un seul point de notre département, tout le commerce du Nord semble être abandonné au pillage exercé par nos ennemis. Si vous ne venez promptement à notre secours, nous ne savons pas quel sera le terme de nos maux.

Lettre des trois citoyens composant le conseil du département du Nord.

Depuis l'heure du départ du courrier d'hier, l'ennemi a continué son feu; mais il a été plus vif, comme nous l'avions prévu. Il a changé ses batteries. Le côté de la ville, longeant l'esplanade, est le plus incommodé des boulets; mais les bombes n'atteignent que les maisons de la seconde ligne avoisinant les remparts. Il semble que l'hôpital et la maison commune soient l'objet de leur convoitise incendiaire.

L'incendie du quartier Saint-Sauveur continue, et l'on s'est occupé à couper les maisons pour arrêter le progrès des flammes. Il était impossible de s'y opposer. L'église de Saint-Sauveur brûle actuellement; l'hôpital de Saint-Sauveur est en grand danger, et ce serait un grand malheur s'il était brûlé. Le peuple supporte ses maux avec patience; et quand la ville sera réduite en cendre, il sera encore armé contre l'ennemi.

Autre lettre des mêmes administrateurs.

Depuis le départ du courrier, l'ennemi a jeté des bombes pendant toute la nuit; dix à douze maisons sont endommagées. La tranquillité règne dans la

ville. Cependant quelques excès ont été commis :
on a pillé quelques maisons ; mais les coupables
ont été arrêtés. En attendant les secours dont nous
avons besoin, nous tiendrons bon, et nous verrons
qui exprimera l'envie et le désir de se rendre.

Lettre du conseil du district de Lille au conseil du département du Nord.

Lille, 1er octobre, l'an 1er de la république.

Depuis le départ des gendarmes nationaux que
nous vous avons dépêchés hier, l'ennemi a fait un
feu considérable sur la ville. Il a tiré des boulets
froids, des boulets rouges et des bombes, qui ont
détruit et incendié une quantité de maisons, no-
tamment dans la paroisse de Saint-Sauveur. Tous
les secours possibles y sont successivement portés.
Nous voudrions tenir ici les calominiateurs du
peuple, pour leur faire voir celui de Lille. Avec
quel calme, quelle tranquillité, quelle constance il
supporte les malheurs inévitables de la position où
nous sommes. Ici c'est un père qui a perdu son fils
ou sa fille, un mari qui a perdu sa femme, et qui
paie sans murmurer le tribut à la nature souffrante,
en disant : *Les scélérats n'auront point la ville
pour cela.* Là ce sont des hommes et des femmes,
emportant avec eux ce qu'ils ont pu arracher aux
flammes. Il faut avouer que les ennemis font une

guerre de scélérats; il se servent des habitants des campagnes; ils les font travailler à leurs fortifications à coups de sabres et de bâtons. S'ils se sauvent, ils les arrêtent à coups de fusils. Quand serons-nous donc vengés de ces monstres? Il est dix heures, le feu se ralentit. La nuit sera terrible, l'ennemi change ses batteries. Mais comptez sur nous, nous ne broncherons jamais. Deux cents maisons sont brûlées, et deux mille sont plus ou moins endommagées.

Lille, 3 octobre, l'an 1er de la république.

Citoyen Président,

Nous vous prions d'informer la convention nationale que l'ennemi ne discontinue point, depuis le 29 septembre dernier, de lancer sur cette ville une grêle de bombes et de boulets rouges qui ont détruit une grande partie de nos plus beaux édifices : rien ne serait plus capable d'inspirer de l'énergie aux plus timides, que de voir avec quelle constance nos concitoyens, qui se trouvent sans fortune ni demeure, supportent leurs malheurs. L'amour de la patrie soutient leur courage et leur résignation. Nous savons que la convention nationale, secondée par le pouvoir exécutif, fera tout ce qui dépendra d'elle pour nous secourir.

Les particuliers nous aident de leurs bourses et de leurs fortunes : mais bientôt ces moyens seront épuisés. Hâtez-vous de nous secourir. Nous nous ensevelirons plutôt sous les ruines de nos murailles que de nous rendre.

Lettre du général Custine au général Biron.

Au quartier-général de Spire, le 30 septembre 1792, l'an 1er de la république française.

Mon général,

Vous saviez que conformément au plan que vous aviez adopté, je devais attaquer Spire, où il se trouvait plus de quatre mille Autrichiens ou Mayençais, et des magasins qui passaient pour être de quelque conséquence; j'aurais voulu exécuter ce plan dès l'instant que l'armée que je commande a été organisée. Contrarié par le temps, j'avais profité du premier instant où il devenait possible de marcher, pour rassembler mon armée sur Landau; mais les chemins dégradés par les pluies ont rendu ma marche bien plus pénible, surtout celle du corps que je conduisais, et qui était destiné à couper la retraite de leur armée sur Worms. M'étant mis en marche le 29 à neuf heures du soir, il était deux heures après-midi lorsque je suis arrivé au débouché des chemins qui conduisent de Spire à Worms et à Manheim; j'ai trouvé les Autrichiens en bataille en avant de Spire, leur droite à un escarpement qui se trouve au-dessus de la porte qui mène à Worms, un ravin devant eux, la gauche prolongée vers des jardins entourés de fortes haies.

Je n'ai pas hésité un instant de les attaquer dans cette position, et en dirigeant sur leur ligne un grand feu d'artillerie qui protégeait la formation de ma ligne, j'ai fait marcher en même temps sur leur droite quatre bataillons destinés à s'emparer d'une hauteur qui la dominait et la débordait. Ils se sont fort vite décidés à la retraite dans l'intérieur des murs de la ville. Ayant essayé un instant d'en forcer les portes à coups de canon, j'ai préféré, en voyant l'ardeur qui animait les troupes, les forcer à coups de haches. Ayant proposé ce moyen, il a été accueilli avec transport. Une première porte a été détruite, puis celle de la seconde enceinte, puis les Autrichiens repoussés de toutes parts; mais s'étant emparés des maisons qu'ils avaient fait créneler, quand les troupes que je commande ont été engagées dans les rues de Spire, nos ennemis ont commencé sur elles un feu effroyable; mais la précaution que j'avais prise de mettre à la tête des colonnes des obusiers et des canons de huit, m'a laissé la possibilité de rallier les troupes un peu étonnées dans le premier moment, et bientôt les Autrichiens ne pensèrent plus qu'à se retirer.

Le colonel Houchard, qu'une inondation très-forte avait empêché d'approcher du Rhin, a cependant pu exécuter une charge, avec le régiment qu'il commande, dans laquelle il a fait quatre cents pri-

sonniers. Je me suis décidé à poursuivre les ennemis dans leur retraite : les ayant acculés au Rhin,
ils ont mis bas les armes. Ils étaient dans Spire au
nombre de plus de quatre mille ; des drapeaux, des
étendards, du canon, des obusiers, et plus de trois
mille prisonniers ont été faits dans cette journée :
les Autrichiens y ont perdu un très-grand nombre
d'hommes. Les magasins qui se trouvent ici sont
immenses, et je n'en puis donner de détails ; je
finis, car je tombe et de faim et de lassitude, ayant
été vingt-deux heures à cheval, et les troupes vingt-
deux heures sous les armes. Je ne peux finir ces dépêches sans rendre hommage à la constance du soldat, à la patience avec laquelle il a soutenu les
fatigues d'une si terrible marche ; à la discipline
qu'il a observée, à la valeur qu'il a montrée. Mon
bonheur est extrême d'avoir vu triompher dans ce
jour la cause de la liberté ; mais ce qui l'a infiniment accru, c'est d'avoir pu diriger et calmer la fureur du soldat : quel bonheur pour moi de pouvoir
dire que, dans une ville emportée de vive force, et
fusillé dans toutes les rues, il ne s'est pas commis
une seule action dont il ait à rougir !

P. S. J'aurai l'honneur de vous adresser incessamment le détail de la prise de cette journée.

Quel bonheur pour moi, cher général, après avoir
trouvé l'occasion d'inspirer de la confiance aux troupes que je commande ; après avoir transporté les

magasins des ennemis, détruit leurs forces, de pouvoir me réunir avec vous pour sauver les départements du Rhin! Je ne puis assez me louer de la manière dont M. Newinger, maréchal-de-camp, s'est conduit : il a exécuté les dispositions de l'infanterie, dans cette journée, avec ce sang-froid, et cette tranquillité d'âme qui doivent toujours assurer les grands succès.

Signé, Custine.

Lettre du ministre de la guerre au président de la convention nationale.

Citoyen Président,

Je continue de vous annoncer des succès de toutes parts; je dis de toutes parts, malgré les détails affligeants de ce qu'ont eu à souffrir les habitants et la garnison de Lille, car le courage et le patriotisme que manifeste cette ville ne peuvent qu'ajouter à la gloire de la nation française, et le secours qui vient d'y entrer, ainsi que les mesures que prend le général Labourdonnaye, doivent tranquilliser la république sur le sort de cette place importante. La retraite des Prussiens qui paraît décidée, la division qui règne entr'eux et les émigrés, le succès obtenu sur les Hessois, l'utile et brillante expédition du général Custine, tels sont les détails contenus dans les extraits de lettres que je vous trans-

441

mets. L'assemblée y verra qu'il s'en faut bien peu qu'on ne puisse regarder comme entièrement assuré le triomphe de la liberté et de l'égalité.

Signé, SERVAN.

Lettre du maréchal-de-camp Ruault, commandant à Lille.

3 octobre.

Depuis le 29 septembre à deux heures et demie après-midi, les ennemis n'ont pas discontinué de tirer des bombes et des boulets rouges sur la ville. Le quart des maisons est incendié; mais je vous apprends avec plaisir que le courage et l'énergie des corps administratifs et des citoyens, non-seulement se soutiènent, mais s'accroissent par l'horreur qu'inspire la conduite atroce de ces brigands. Le cri général est que les maisons dussent-elles être toutes réduites en cendres, les boulevards n'en seront pas moins défendus avec l'énergie d'un peuple qui combat pour sa liberté. Le feu de la place ne discontinue point, et j'ai appris avec plaisir que nous avions déjà tué beaucoup de monde à nos tyrans. Le général Labourdonnaye assemble des forces avec lesquelles il pourra attaquer avec succès, et opérer une utile diversion. Le maréchal-de-camp Lamorliere vient d'arriver ici avec sept bataillons; ce qui soulagera la garnison qui est occupée jour et nuit, soit sur les remparts, soit à éteindre l'incendie.

Lettre du général Dumourier au ministre de la guerre.

Vienne-la-Ville, le 2 octobre,
l'an 1er de la république.

Le quartier-général des ennemis est encore à Antry pour cette nuit, à ce que l'on croit; mes postes en sont très-voisins, et il sera insulté ou chassé demain. Je m'en suis rapproché de ma personne, comme vous le voyez. Le général Valence est à ma gauche et cernera la droite des ennemis avec prudence et avec audace; nous allons en faire autant de notre côté. J'ai depuis ce matin dix bataillons dans Clermont, et quinze cents hommes dans Varennes. Le général Dillon, que j'avais envoyé avec deux ou trois mille hommes pour inquiéter les Hessois, en se portant sur Bassecour par Passavant, a eu contr'eux un succès qui prouve partout la même faiblesse de leur part. Le maréchal-de-camp Neuilly, qui a chargé la cavalerie hessoise, à la tête de ses dragons, a tué de sa main le premier Hessois, et a sauvé la vie à un lieutenant, nommé Lindaw, qu'il a fait prisonnier.

Je vous envoie la copie d'une pièce infiniment curieuse. J'espère faire un jour acquitter cette quittance de cent dix-sept moutons au roi de Prusse dans ses états de Clèves et de Gueldre, si son orgueil l'empêche de faire sa paix particulière. J'envoie

aux commissaires, pour transmettre à l'assemblée
nationale, une autre pièce très-curieuse, c'est le
livre d'ordre de l'armée des émigrés, dans lequel
on peut chercher les noms de ces chevaliers autant
méprisés dans l'armée prussienne, qu'abhorrés dans
l'armée française.

Ordre du roi de Prusse.

Le village de Hans, en Champagne, a livré pour
l'armée prussienne cent dix-sept moutons, dont sa
majesté le roi de France s'engage à payer la valeur,
lorsque sa personne sacrée sera libérée, et l'ordre
rétabli dans ses états.

En foi de quoi, je donne, sous la garantie spéciale de sa majesté le roi de Prusse, la présente
quittance, qui pourra être échangée contre la valeur
desdites denrées, en temps et lieu.

29 septembre.

Signé, le duc DE BRUNSWICK LUNEBOURG.

Châteauneuf-Randon, l'un des commissaires chargés de
se concerter avec le ministre de la guerre pour la défense
de Lille, lit une lettre de deux commissaires du pouvoir
exécutif, qui annonce que l'armée de vingt mille hommes,
requise dans le département du Nord, se lève avec la plus
grande célérité; qu'un bataillon de fédérés qui devait se
rendre à Bethune, est entré de son propre mouvement, à
Lille, comme au poste du danger; que le général Lanoue
ayant refusé de marcher, a été suspendu, ainsi que le général Duhoux, agitateur secret des ennemis.

Sur la demande du ministre de la guerre, la convention décrète à l'unanimité qu'il y a lieu à accusation contre ces deux officiers.

A l'armée française, par le général Dumourier.

Voici, mes compagnons d'armes, les propositions raisonnables que j'ai faites aux Prussiens, après avoir reçu d'eux des messages pour une pacification. Le duc de Brunswick m'a envoyé pour réponse un manifeste insolent qui irritera la nation entière, et augmentera le nombre de ses soldats. Plus de trêve, mes amis; attaquons ces tyrans, et faisons-les repentir d'être venus souiller une terre libre.

Mémoire au roi de Prusse.

La nation française a décidé immuablement son sort. Les puissances étrangères ne peuvent se réfuser à cette assertion vraie. Ce n'est plus l'assemblée nationale dont les pouvoirs étaient restreints, dont les actes devaient être ou confirmés ou abrogés pour avoir force de loi; qui n'avait qu'un pouvoir contesté, qui pouvait passer pour usurpatrice, et qui a eu la sagesse d'appeler toute la nation, et de demander elle-même aux quatre-vingt-trois départements la cessation de son existence, et son remplacement par une représentation revêtue de tous les pouvoirs et de la souveraineté entière du peuple français, autorisée par la constitution même, sous le nom de *convention nationale*.

Cette assemblée, dès sa première séance, entraî-
née par un mouvement spontané, qui est le même
dans toutes les parties de l'empire, a décrété l'abolition de la royauté. Le décret est reçu partout avec
allégresse; partout on l'attendait avec la plus grande
impatience; partout enfin il accroît l'énergie, et il
serait actuellement impossible de ramener la nation
à relever un trône que les crimes qui l'entouraient
ont renversé.

Il faut donc nécessairement regarder la France
comme une république, puisque la nation entière
a déclaré l'abolition de la monarchie : cette république, il faut ou la reconnaître, ou la combattre.

Les puissances armées contre la France n'avaient
aucun droit de s'immiscer dans les débats de la nation assemblée, sur la forme de son gouvernement.
Aucune puissance n'a le droit d'imposer des lois à
une aussi grande nation. Aussi ont-elles pris le parti
de déployer le droit du plus fort. Mais, qu'en est-il
résulté? La nation ne fait que s'irriter davantage;
elle oppose la force à la force, et certainement les
avantages qu'ont obtenus les nombreuses troupes
du roi de Prusse et de ses alliés sont très-peu con-
séquents. La résistance qu'il rencontre, et qui se
multiplie, à mesure qu'il avance, est trop grande
pour ne pas lui prouver que la conquête de la France,
qu'on lui a présentée comme très-aisée, est absolument impossible. Quelle que soit la différence des
principes entre le monarque respectable, dont on

a égaré l'opinion, et le peuple français, lui et ses généraux ne peuvent plus regarder ce peuple ni les armées qui lui résistent comme un amas de rebelles.

Les rebelles sont ces nobles insensés, qui, après avoir opprimé si long-temps le peuple sous le nom des monarques, dont ils ont eux-mêmes ébranlé le trône, ont achevé les disgrâces de Louis XVI, en prenant les armes contre leur propre patrie, en remplissant l'Europe de leurs mensonges et de leurs calomnies, et en devenant par leur conduite, aussi folle que coupable, les ennemis les plus dangereux de Louis XVI et de leur pays. J'ai moi-même entendu plusieurs fois Louis XVI gémir sur leurs crimes et sur leurs chimères.

Je fais juge le roi de Prusse et son armée entière de la conduite de ces dangereux rebelles. Sont-ils estimés ou méprisés ? je ne demande pas la réponse à cette question ; je la sais. Cependant, ce sont ces hommes qu'on tolère à l'armée prussienne, et qui en font l'avant-garde, avec un petit nombre d'Autrichiens aussi barbares qu'eux.

Venons à ces Autrichiens. Depuis le funeste traité de 1756, la France, après avoir sacrifié ses alliances naturelles, était devenue la proie de l'avidité de la cour de Vienne ; tous nos trésors servaient à assouvir l'avarice des Autrichiens. Aussi, dès le commencement de notre révolution, dès l'ouverture des assemblées nationales sous le nom d'*états-gé-*

neraux, les intrigues de la cour de Vienne se mul-
tiplièrent pour égarer la nation sur ses vrais intérêts, pour tromper un roi malheureux et mal entouré, et enfin pour le rendre parjure.

C'est à la cour de Vienne que Louis XVI doit sa
déchéance. Qu'a fait cette cour dont la politique
tortueuse est trop subtile pour développer une conduite franche et courageuse? Elle a peint les Français comme des monstres, pendant qu'elle-même et
les coupables émigrés payaient des agitateurs, des
conspirateurs, et entretenaient, sous toutes les
formes possibles, la plus affreuse discorde.

Cette puissance, plus formidable à ses alliés qu'à
ses ennemis, nous a attiré une grande guerre contre
un roi que nous estimons, contre une nation que
nous aimons et qui nous aime : ce renversement de
tous les principes politiques et moraux ne peut pas
durer.

Le roi de Prusse connaîtra un jour tous les crimes
de l'Autriche, dont nous avons les preuves, et il
la livrera à notre vengeance. Je peux déclarer à
l'univers entier que les armées réunies contre les
forces qui nous envahissent, ne peuvent pas se ré-
soudre à regarder les Prussiens comme leurs ennemis, ni le roi de Prusse comme l'instrument de la
perfidie et de la vengeance des Autrichiens et des
émigrés. Ils ont une idée plus noble de cette courageuse nation, et d'un roi qu'ils se plaisent à croire
juste et honnête homme.

Le roi, dit-on, ne peut abandonner ses alliés : sont-ils dignes de lui? Un homme qui se serait associé avec des brigands, aurait-il le droit de dire qu'il ne peut pas rompre cette société? Il ne peut pas, dit-on, rompre son alliance : sur quoi est-elle fondée? sur des perfidies et des projets d'envahissement.

Tels sont les principes d'après lesquels le roi de Prusse et la nation française doivent raisonner pour s'entendre.

Les Prussiens aiment la royauté, parce que depuis le grand électeur ils ont eu de bons rois, et que celui qui les conduit, est sans doute digne de leur amour.

Les Français ont aboli la royauté, parce que depuis l'immortel Henri IV, ils n'ont cessé d'avoir des rois faibles et orgueilleux, ou lâches, ou gouvernés par des maîtresses, des confesseurs, des ministres insolents ou ignorants, des courtisans vils et brigands, qui ont affligé de toutes les calamités le plus bel empire de l'univers.

Le roi de Prusse a l'âme trop pure pour ne pas être frappé de ces vérités; je les lui présente pour l'intérêt de sa gloire, et surtout pour l'intérêt des deux nations magnanimes, dont il peut d'un mot assurer le bonheur ou le malheur; car bien certain de résister à ses armes; bien certain qu'aucune puissance ne peut venir à bout de conquérir la France, je frémis en pensant au malheur affreux de voir nos plaines jonchées de cadavres de deux nations estimables pour une vaine idée de point d'honneur dont un jour le roi lui-même rougirait en voyant son armée et son trésor sacrifiés à un système de perfidie et d'ambition qu'il ne partage pas, et dont il est la dupe.

Autant la nation française, devenue républicaine, est violente et capable de tous les efforts quelconques contre ses ennemis, autant elle est aimante et généreuse envers ses amis. Incapable de courber la tête devant des hommes armés, elle donnera tous ses secours, son sang même, pour un allié généreux; et, s'il fut une époque où l'on ait pu compter sur l'affection d'une nation, c'est celle où la volonté générale forme les principes invariables d'un gouvernement; c'est celle où les traités ne sont plus soumis à la politique astucieuse des ministres et des courtisans. Si le roi de Prusse consent à traiter avec la nation française, il se fera un allié généreux, puissant et invariable; si l'illusion du point d'honneur l'emporte sur ses vertus, sur son humanité, sur ses vrais intérêts, alors il trouvera des ennemis dignes de lui, qui le combattront avec regret, mais à outrance, et qui seront perpétuellement remplacés par des vengeurs, dont le nombre s'accroît chaque jour, et qu'aucun effort humain n'empêchera de vivre ou mourir libres.

Est-il possible que, contre toutes les règles de la vraie politique, de la justice éternelle et de l'huma nité, le roi de Prusse consente à être l'exécuteur des volontés de la perfide cour de Vienne ; sacrifie sa brave armée et ses trésors à l'ambition de cette cour, qui, dans une guerre qui lui est directe, a la finesse de compromettre ses alliés, et de ne fournir qu'un faible contingent, pendant qu'elle seule, si elle était généreuse et brave, devrait en supporter tout le poids ? Le roi de Prusse peut jouer en ce moment le plus beau rôle qu'aucun roi puisse jouer. Lui seul a eu des succès, il a pris deux villes ; mais il ne doit ce succès qu'à la trahison et à la lâcheté. Depuis lors, il a trouvé des hommes libres et courageux, à qui il n'a pu refuser son estime. Il en trouvera encore un plus grand nombre ; car l'armée qui arrête sa marche, grossit tous les jours. Elle est pure, animée d'un seul esprit ; elle est purgée des traîtres, des lâches qui ont pu faire croire que la conquête de la France était facile ; et bientôt, au lieu de se défendre, elle attaquera, si une négociation raisonnable ne met pas une distinction entre le roi et son armée que nous estimons, et les Autrichiens et les émigrés que nous méprisons. Il est temps qu'une explication franche et pure termine nos discussions, ou les confirme, et nous fasse connaître nos vrais ennemis. Nous les combattrons avec courage, nous sommes sur notre sol, nous avons à venger les excès commis dans nos campagnes, et il faut bien se persuader que la guerre contre des républicains, fiers de leur liberté, est une guerre sanglante, qui ne peut finir que par la destruction totale des oppresseurs ou des opprimés.

Cette terrible réflexion doit agiter le cœur d'un roi humain et juste : il doit juger que, bien loin de protéger par les armes le sort de Louis XVI et de sa famille, plus il restera notre ennemi, plus il agravera leurs calamités.

J'espère, en mon particulier, que le roi, dont je respecte les vertus, et qui m'a fait donner des marques d'estime qui m'honorent, voudra bien lire avec attention cette note que me dicte l'amour de l'humanité et de ma patrie. Il pardonnera la rapidité et l'incorrection du style de ces vérités à un vieux soldat, occupé plus essentiellement encore des opérations militaires qui doivent décider du sort de cette guerre.

Le général en chef de l'armée du Nord,
    Signé, DUMOURIER.

Lettre de M. Manstein, aide-de-camp général du roi de Prusse, au général Dumourier.

Au quartier-général de Hans,
le 1ᵉʳ septembre 1792.

MONSIEUR,

Je suis chargé de vous faire parvenir l'original de la déclaration ci-jointe, que S. A. S. Mᵍʳ· le duc régnant de Brunswick se trouve dans le cas d'adresser à la nation française, au nom de leurs majestés

l'empereur et le roi de Prusse : l'importance et l'authenticité de cette pièce exigent, mon général, que
vous la portiez aussi promptement que possible à
la connaissance de la nation à laquelle elle est
adressée. Quelles que soient les voies et les personnes que vous choisirez pour qu'elle soit bientôt
connue, elle le sera de notre côté par la voie de
l'impression, et l'on avertira la nation française que
l'original de cette déclaration vous a été adressé
aujourd'hui par moi.

Je suis fâché, Monsieur, que les motifs que j'indiquai à l'aide-de-camp que vous m'avez envoyé
hier, m'empêchent de vous apporter moi-même
cette déclaration, et de suivre les discussions dont
nous avons été occupés les jours passés; mais rien
ne m'empêchera de conserver le souvenir de l'accueil amical que vous m'avez fait, mon général,
et de chercher l'occasion de vous convaincre de la
considération distinguée avec laquelle j'ai l'honneur
d'être, etc.   *Signé,* MANSTEIN.

*Réponse du général Dumourier, à l'aide-de-
camp général du roi de Prusse, M. Manstein.*

A Sainte-Menehould, le 28 septembre 1792,
l'an 4 de la liberté, 1er de la république.

Je suis affligé, vertueux Manstein, de recevoir
pour unique réponse à des raisonnements que m'ins-

piraient l'humanité et la raison, une déclaration qui
ne peut qu'irriter un peuple libre. Dès ce moment
toute trêve doit cesser entre les deux armées, et
nous ne devons plus penser qu'à combattre, puisque nous n'avons plus de bases pour négocier : je
ferai avertir demain matin tous mes avant-postes de
la cessation de la trêve; faites-en de même de votre
côté.

Je regrète votre amitié, je plains deux braves
nations soumises au caprice de quelques personnes;
mais vous trouverez les Français dignes de la liberté
qu'ils ont conquise, et prêts à faire repentir ceux
qui veulent la leur arracher. Je vais faire passer
l'écrit du duc de Brunswick à la convention nationale; je vais le faire lire dans mon camp; et partout
il sera reçu avec le même sentiment d'indignation :
ce n'est pas ainsi qu'on traite avec une grande nation libre, et qu'on dicte des lois à un peuple souverain.

Le général en chef de l'armée du Nord,
Signé, DUMOURIER.

Lettre de M. Manstein au général Dumourier.

Au quartier-général de Hans,
le 29 septembre 1792.

MONSIEUR ,

La lettre que je viens de recevoir de votre part
par le lieutenant Qualtini, me surprend : il me pâ-

raît que vous n'avez pas voulu entrer, mon général, dans le sens de la déclaration, ni saisir le véritable esprit qui l'a dictée, et que vous préludez sur le parti que la nation pourrait prendre sur ce qui en fait l'objet principal. Je regretterais infiniment que, faute de nous être parlé, l'on précipitât des démarches que l'on pourrait peut-être éviter, si nous pouvions nous revoir encore une fois. Cette réflexion et l'amour de l'humanité me prescrivent le devoir de vous proposer un entretien pour demain vers midi aux avant-postes de nos deux armées ; la nôtre ne sera pas la première à rompre la trêve.

J'attends votre réponse, et quel que soit l'effet de notre entrevue, j'en tirerai toujours l'avantage de vous réitérer de bouche les assurances de la considération avec laquelle j'ai l'honneur d'être, etc.

Signé, MANSTEIN.

Certifié conforme à l'original ;

Le général en chef de l'armée du Nord,
Signé, DUMOURIER.

Réponse à la lettre de M. Manstein, du 29 septembre 1772, l'an 4 de la liberté et le 1er de la république.

Il m'est impossible, Monsieur, de continuer ni trêve, ni négociation, si on prend pour base le manifeste du duc de Brunswick ; je l'ai envoyé hier par un courrier extraordinaire à la convention nationale.

J'ai fait moi-même imprimer cette pièce, selon le

désir que vous m'en avez témoigné, et d'après l'annoncé que vous m'avez faite que vous la feriez imprimer vous-même.

L'armée de Kellermann et la mienne la connaissent déjà, et je ne peux à présent qu'attendre les ordres de mon souverain, qui est le peuple français, rassemblé en convention nationale par ses représentants : il me devient même impossible d'avoir la satisfaction de vous voir tant que cette pièce subsistera. Ce que j'ai écrit est un mémoire particulier ; ce qu'a écrit le duc de Brunswick est un manifeste.

Ce manifeste porte avec lui la menace et la guerre ; ainsi il a rompu tout le fil de la négociation.

Il n'entre nullement dans le sens de tout ce qui a été dit entre nous depuis quatre jours ; il le détruit même complètement ; il est même contradictoire avec la conversation dont M. le duc de Brunswick a honoré l'adjudant-général Thouvenot.

Jugez vous-même, Monsieur, avec impartialité ; oubliez un moment que vous êtes Prussien, soyez neutre : que penseriez-vous d'une nation qui, sans avoir été vaincue, se plierait devant un manifeste, et traiterait sous les conditions d'esclavage, lorsqu'elle s'est déclarée républicaine ? Je prévois des malheurs pour tout le monde, et j'en gémis ; mon opinion sur votre honnête homme de roi, sur votre estimable nation et sur vous-même, me font voir avec le plus grand regret que la négociation ne peut pas se faire avec des manifestes.

Je n'en estimerai pas moins toute ma vie le plaisir de vous avoir connu, et de vous aimer et estimer.

Le général en chef de l'armée du Nord,
              Signé, Dumourier.

Lettre des commissaires envoyés à Châlons par
la convention nationale.

Sainte-Menehould, le 2 octobre,
l'an 1ᵉʳ de la république française.

Citoyens,

Nous nous sommes rendus hier au camp de
Bienne, et ayant appris que les ennemis avaient
évacué Clermont, nous avons été jusqu'à cette ville,
pour juger par nous-mêmes de l'état où elle se
trouve au départ des ennemis : les Hessois se sont
conduits fort sagement, et, à l'exception de quelques
maisons aux environs de la ville, qu'ils ont démolies pour l'établissement de leur grand'garde, ils
ont respecté les propriétés des habitants. Nous
avons requis le maire de dénoncer ceux qui ont eu
la bassesse d'arborer la cocarde blanche à l'arrivée
des ennemis. Il est temps de connaître les traîtres
et tous les lâches. Le camp de Bienne évacuait à
Clermont, et déjà il y avait douze cents hommes de
campés sur le terrain occupé cinq heures avant par
les Hessois.

Ce camp est sous les ordres du général Dillon,

qui est à la poursuite des ennemis, et qui déjà a attaqué plusieurs de leurs postes avec succès.

Tous nos généraux sont pleins d'ardeur et parfaitement secondés par nos braves soldats; jamais guerre ne s'est faite avec plus de gaîté et d'activité que celle-ci. En passant au retranchement de Bienne, nous avons été entourés de plus de quatre mille soldats ou volontaires : le citoyen Prieur les a harangués, et les cris de *vive la république*, *vive la convention nationale*, ont récompensé vos commissaires de leur zèle. Nous comptons partir demain à la pointe du jour pour le camp du général Kellermann. Qu'il est heureux pour nous de n'avoir que des éloges à donner aux deux généraux!

Kellermann, par la journée glorieuse du 20 du mois dernier, a préparé la campagne, et Dumourier, par ses sages combinaisons, en assurera le succès.

Malgré l'intelligence qui règne entre tous les généraux de l'armée, nous ne pouvons vous cacher qu'il est de la dernière importance de fixer le commandement général à l'ancien des deux généraux réunis. L'ensemble d'un plan aussi vaste exige une ponctuelle exactitude dans les mouvements, et les ordres ne peuvent être donnés que par un seul.

Du 3 octobre. — Nous sommes partis de Sainte-Menehould à deux heures du matin pour nous rendre à Suippe, où était campée l'armée de Kel-

lermann. Nous avons trouvé sur les terrains récem-
ment abandonnés par les émigrés et les Prussiens
un nombre considérable de chevaux morts et laissés
sur la place. Les gens du pays assurent même que
ces chevaux couvrent des fosses dans lesquelles ils
ont enterré leurs morts. Nous sommes arrivés dans
le village de Somme-Tourtu : il offre le spectacle le
plus hideux de dévastation, de pillage et de destruction ; un grand nombre d'habitants est épars
dans les villages voisins, où il est obligé d'aller
chercher du pain ; les autres, encore consternés de
la présence des émigrés, songeaient à peine à se
procurer les choses nécessaires à leur existence :
nous avons fait appeler le maire, et sur le compte
qu'il nous a rendu, nous avons cru devoir, après
nous être concertés à cet effet avec l'administrateur des subsistances, faire déposer dans ce village,
trois cents rations de pain destinées à la nourriture
de l'armée, mais qui n'étaient pas nécessaires pour
l'instant.

Le même spectacle s'est renouvelé dans les villages de la Croix, Somme-Suippe, la Chapelle, et
dans beaucoup d'autres que nous n'avons pu visiter :
Suippe même a beaucoup souffert ; mais un excès
d'atrocité qui nous a révoltés, c'est qu'en fuyant
cette terre qu'ils venaient de ravager, les émigrés
en ont empoisonné les eaux, en jetant exprès dans
les puits, les fontaines et les ruisseaux, les cadavres
de leurs chevaux. Toute leur conduite, au surplus,

prouve bien qu'ils se regardent comme justement proscrits de la terre de la liberté, puisque leur rage, au moment où le roi de Prusse leur a donné l'ordre de rétrograder, a été portée au point de ne laisser subsister dans les lieux qu'ils abandonnaient, ni grains pour ensemencer les terres, ni chevaux pour les cultiver, ni bestiaux pour fournir à la nourriture des habitants. Nous avons trouvé divers récépissés des provisions de toute espèce exigées des habitants : ils portaient qu'elles étaient fournies à *l'armée royale.*

Il nous a paru encore, d'après les renseignements pris, que les frères du ci-devant roi, accompagnés du nommé Castries, ci-devant maréchal de France, étaient les chefs de la colonne des émigrés : on les avait reconnus à leur fureur; ils y ont mis le comble, en cherchant, par une infâme et basse hypocrisie, à mêler la religion pour quelque chose dans leur atroce querelle.

Nous croyons qu'il serait de la sagesse de la convention nationale de remettre à la disposition du ministre de l'intérieur une somme destinée à réparer une partie des maux de la guerre, et surtout à procurer aux habitants des campagnes les moyens de reprendre sur-le-champ la culture et l'ensemencement de leurs terres.

Nous avons vu à Suippe le général Kellermann; nous avons trouvé son armée dans le meilleur ordre possible. La discipline y règne. Le soldat est plein

d'ardeur et de courage; nous n'avons entendu aucune plainte de la part du général ou des soldats,
qui ont entr'eux une égale confiance.

Les subsistances arrivent abondamment; et, tandis
que nous voyons la terre jonchée des cadavres des
chevaux ennemis, les nôtres sont pleins de vigueur
et de force.

Nous ne saurions trop rappeler à la convention
la nécessité de s'occuper de l'habillement de nos
braves défenseurs. La saison est déjà rigoureuse, les
nuits sont très-froides, les pluies fréquentes, et vos
commissaires peuvent vous attester par expérience,
qu'il faut aux soldats beaucoup de patience pour se
contenter du vêtement qu'ils ont, etc.

Signés, CARRA, SILLERY, PRIEUR.

*Lettre du général Montesquiou au président de
la convention nationale.*

Chambéry, le 30 septembre,
l'an 1er de la république.

CITOYEN PRÉSIDENT,

Je ne connais encore que par les papiers publics
le décret qui a prononcé ma destitution; j'ai reçu
officiellement celui qui en suspend l'effet. Je respecte, comme je le dois, les décrets des représentants du peuple français; ils ont dû rejeter des services qu'ils ont crus suspects, du moment qu'ils

ont accordé assez de confiance à mes dénonciateurs
pour regarder leurs assertions comme des preuves.
Si la vérité eût pu se faire entendre, la convention
nationale aurait su que tout ce qui lui a été dit,
n'était qu'un recueil d'impostures; elle aurait su
que je n'ai jamais donné de pétition ni d'adhésion
à aucune pétition; que l'état présenté par moi à
l'assemblée législative, des forces du roi de Sardaigne, est parfaitement exact; que c'est le conseil
exécutif qui avait défendu l'attaque de la Savoie, et
que ce sont mes représentations instantes, l'expo-
sition réitérée de mon plan, et ma promesse du
succès, qui ont décidé le conseil à me donner la
liberté d'agir; elle aurait su que les fables répétées
par plusieurs journalistes sur l'insalubrité des camps
que j'ai choisis, sont autant de mensonges; elle
aurait su, enfin, que la plus honorable confiance
de mon armée est le dédommagement de toutes mes
peines.

J'ai eu le bonheur de rendre un service à mon
pays et à l'humanité, en introduisant les drapeaux
de la liberté chez un bon peuple, qui me paraît
digne de ce grand bienfait. Aucun sacrifice n'a empoisonné ce bonheur. Les satellites du despotisme
ont fui de toutes parts devant une armée de citoyens.
La Savoie est aussi française que nos quatre-vingt-
trois départements; et l'attachement qu'elle a pour
la nation a déjà rejailli sur le général qui, le premier des Français, a planté l'arbre de la liberté sur

une bastille étrangère. Ma carrière est remplie, et je ne pourrais plus espérer d'être utile. Un général que des soupçons ont une fois environné; sur lequel la convention nationale a une fois imprimé le cachet de la méfiance publique, n'agirait plus avec la liberté d'esprit nécessaire, avec ce sentiment intime et partagé d'intentions toujours pures et loyales. Les intrigants qui m'ont poursuivi une fois, ne me pardonneront pas d'avoir conquis la Savoie, le jour qu'ils me dénonçaient comme un traître. Chacune de mes opérations serait entravée, chaque piége présenté à l'ennemi serait dénoncé comme une trahison; le secret, âme du succès, cacherait toujours quelques intentions suspectes. Je demande, citoyen président, et je demande avec instance, par amour pour mon pays, par attachement et par reconnaissance pour une armée à qui j'en dois beaucoup, qu'un autre général soit nommé à ma place. Rien ne peut effacer le décret du 23 septembre; et il faut que le citoyen qui commande une armée française soit non-seulement pur, mais exempt de soupçon. Je ne sollicite qu'une grâce; c'est la permission de rentrer dans mes foyers, d'y jouir de mes droits de citoyen, et d'y prouver, par l'obscurité de ma vie, que si jamais j'ai eu quelque ambition, c'était celle de servir ma patrie.

Lettre du ministre de la guerre à la convention nationale.

Paris, 6 octobre.

CITOYEN PRÉSIDENT,

L'assemblée verra, sans doute avec plaisir, par les copies et extraits des lettres du général Custine, les détails de son utile et glorieuse expédition ; mais elle n'apprendra pas sans douleur que la belle conduite des troupes ait été souillée un moment, par des agitateurs mêlés parmi les braves défenseurs de la patrie, et qui ont tenté, avec un succès momentané, d'introduire parmi eux le système de pillage, de désorganisation, qui paraît être la dernière ressource, ou plutôt la dernière convention des ennemis de la liberté et de l'égalité. J'espère que l'assemblée approuvera la conduite rigoureuse, mais nécessaire du général Custine. Il a pensé qu'il devait à la gloire de la république française le grand exemple de sévérité dont il a fait usage.

Le général Dumourier me mande dans une lettre de détails militaires, qu'à compter de demain il dirige sur le département du Nord des forces suffisantes pour en chasser l'ennemi.

Je reçois aussi dans le moment la nouvelle que, sur la proposition du général Lamorliere, faite d'accord avec la municipalité d'Amiens, quatre à cinq cents hommes d'élite de la garde nationale de cette

ville ont dû partir pour Lille le 3 ou le 4 de ce
mois.

*Le ministre des affaires étrangères, ministre
de la guerre* par intérim.

Signé, Lebrun.

*Lettre du général Custine au ministre de la
guerre.*

Spire, 2 octobre 1792.

Citoyen Ministre,

Qu'il m'est douloureux de vous rendre compte
que j'ai été forcé aujourd'hui au plus cruel exemple
de sévérité, pour arrêter la dévastation de la ville
infortunée, dont j'avais été assez heureux pour arrêter le pillage, à l'instant et le jour même de sa
prise, quoiqu'enlevée de vive force, et ayant été
forcé d'en chasser les ennemis de rue en rue ! Sans
doute assez heureux pour posséder la confiance du
soldat, pour l'avoir convaincu, par l'ordre que j'a-
vais donné, avant mon entrée dans l'Empire, et le
discours que je lui prononçai à l'instant de ma
revue et de mon serment, et dont je vous ai envoyé
copie, citoyen, je me félicitais du succès de mes
soins.

Hier, 1er du courant, tout fut dans le calme jusqu'à huit heures du matin; à cette époque, quelques mauvais sujets commencèrent à piller des maisons de chanoines; aussitôt je fis battre la générale
et camper l'armée entière, que j'avais laissé occuper

la ville après l'action. Dans la soirée d'hier, trois bataillons, que j'y avais établis pour garnison, recommencèrent le pillage : à force de soins et de persuasion je l'arrêtai encore; mais aujourd'hui 2, à six heures du matin, le désordre était au comble; un bataillon de grenadiers, et de volontaires nationaux surtout, se portait aux derniers excès; une compagnie de ce bataillon, conduite par son capitaine et deux sous-officiers, brisaient les armoires, emportaient meubles, argenterie, en annonçant que ce pillage était légitime. Il allait être général; il fallait un terrible exemple. Ces scélérats, chargés d'un riche butin, arrêtés, ont été accusés d'avoir été les moteurs du désordre, et dénoncés par leurs propres compagnons d'armes, par le bataillon entier : à l'instant même ils ont été fusillés. L'ordre s'est rétabli, le pillage arrêté, et les effets pillés rapportés. Il n'était point d'autre moyen d'arrêter ce désordre, de sauver l'honneur du nom français. Ce terrible exemple a eu l'approbation de l'armée entière; car les désordres n'étaient causés que par quelques scélérats qui conduisaient des hommes faciles.

Je m'empresse, citoyen, de vous rendre compte de cet événement: il fallait qu'ils fussent bien coupables; car, au premier geste d'indignation de ma part, les grenadiers se sont empressés à exécuter ce terrible exemple. Mon âme en est déchirée; mais je l'ai dû à la gloire du nom français, et je saurai mourir, plutôt que de la voir flétrir.

Je vous prie, citoyen, de faire part de cet événement à la convention nationale. Je ne crains pas
de mettre mes actions au grand jour ; qu'on lise dans
mon cœur, qu'on juge mes motifs.

Lettre du général Custine au général Biron.

Je vous ai promis des détails, et je me serais
acquitté plus tôt de cette promesse si les désordres
qui ont eu lieu hier et ce matin dans Spire, n'y
avaient mis obstacle ; le pillage de cette malheureuse
ville allait s'en suivre, et il a fallu pour l'éviter, et surtout la récidive de semblables événements, me porter à des exemples, et faire usage de toute la rigueur
des lois. Vous verrez incessamment arriver deux
mille neuf cents et quelques prisonniers ; je vais de
suite envoyer à l'assemblée nationale cinq drapeaux.
Près de quatre cents ennemis se sont noyés dans le
Rhin, en voulant le passer ; trois pièces de canon
y ont été perdues, ainsi que deux étendards de la
division des dragons de Toscane. Huit cents hommes
sont tombés sous nos coups ; toutes leurs blessures
étaient terribles, puisqu'elles étaient de canon tiré
à boulets, de très-près. Un pli de terrain avait permis de placer nos batteries de manière à découvrir
parfaitement la ligne de nos ennemis, sans laisser
d'action à leurs canons. C'est à l'abri de ce parapet
naturel qu'étaient placées nos batteries ; la colonne
destinée à les déborder était couverte heureusement

par un pli de terrain : aussi n'avons-nous perdu que très-peu de monde ; vingt hommes tués, trente de blessés, sont sûrement la perte unique de cette journée ; deux officiers sont de ce nombre. Quant aux magasins, je n'ai pu en obtenir l'état ; quatre cents voitures sont parties aujourd'hui pour Landau ; il ne paraît pas encore que les fonds des magasins diminuent.   CUSTINE.

L'aide-de-camp Champeaux est admis à la barre de la convention nationale avec cinq drapeaux pris sur les ennemis : il s'y exprime en ces termes :

REPRÉSENTANTS DE LA NATION,

Le général Custine vient de vous prouver par des victoires son dévoûment à la cause de la liberté : vous devez attendre de son courage et de son expérience qu'il ne se bornera pas là ; il a juré avec nous d'exterminer les despotes qui nous ont forcés à déclarer la guerre, ou de leur prouver qu'il nous est plus facile de tomber sous les coups de la mort, que sous les fers de l'esclavage.

Autre lettre du général Custine, en date du 3 octobre.

CITOYEN PRÉSIDENT,

J'ai l'honneur de rendre compte à la convention nationale d'une disposition que j'ai cru devoir

prendre relativement aux officiers des troupes autrichiennes et de l'Empire, qui ont mis bas les armes
dans la journée du 30 septembre. Après avoir rempli à leur égard les formalités d'usage, et leur avoir
fait signer un procès-verbal qui les lie à ne pas servir jusqu'à leur échange, je leur ai fait passer le Rhin
pour deux motifs ; 1° pour qu'ils puissent publier
dans l'Empire la manière nerveuse dont ils ont été
attaqués par les troupes françaises ; 2° à cause de
la facilité que nous laissera leur absence de nous
faire de leurs soldats des frères et des amis. Dès
leur entrée en France, la réception qu'ils ont reçue
aura sans doute fait changer, dans l'esprit de ces
soldats, les impressions fâcheuses qu'on leur avait
données contre nous. Ces impressions étaient
telles, qu'en entrant à Landau, ils ont refusé les
rafraîchissements qu'on s'était empressé de leur
apporter. Permettez que je saisisse cette occasion
d'assurer la convention nationale que mon respect
pour les lois et les représentants du peuple, égale
le zèle et la fermeté avec lesquels je défendrai la
liberté.

P. S. Je vous envoie, citoyen président, quelques-unes des lettres trouvées sur les officiers faits
prisonniers ; je crois qu'elles seront utiles au comité
de surveillance : l'une surtout qui me paraît être du
duc de Bourbon d'autrefois, est d'un style énigma-
tique qui peut servir de pièce de comparaison pour
d'autres du même genre.

Lettre du citoyen Carra, commissaire de la convention nationale au camp de Châlons, adressée à un de ses amis.

Sainte-Menehould, le 2 octobre 1792.

Hier dans la matinée, nous avons parcouru à cheval une partie du camp abandonné par les Prussiens : il était jalonné de plus de quatre cents chevaux morts et d'un grand nombre de cadavres d'hommes sur la route de leur retraite, qui est bien, comme je vous l'ai dit, mon cher ami, une fuite honteuse. De là nous avons été visiter notre avant-garde qui s'avance de poste en poste à la poursuite de l'ennemi, et qui est sous les ordres du brave Beurnonville, l'Ajax de l'armée, dont je vous conterai les merveilleuses expéditions qui nous comblent de joie à chaque demi-heure, parce qu'à chaque demi-heure, depuis le 30 septembre dernier, il nous envoie des prisonniers, des chevaux, des émigrés, des voitures chargées de pain, d'eau-de-vie, d'armes, d'habillements qu'il prend de toutes parts, avec des billets d'une gaîté et d'une finesse d'esprit charmantes. Voilà, depuis le 30 septembre au matin jusqu'à hier au soir à minuit, près de six cents prisonniers prussiens, autrichiens, émigrés, quatre-vingts voitures, douze cents moutons et plus de cent bœufs, qu'Ajax Beurnonville nous adresse en détail au quartier-général. Hier au soir, nous avons fait paraître devant nous quelques-uns de ces misérables émigrés; ils demandaient grâce avec une bassesse digne d'eux. Dumourier leur a répondu que c'était à la nation à décider de leur sort.

Revenons à la fuite des Prussiens. Ils filent tout doucement par colonnes vers la trouée de Grand-Pré pour repasser la Meuse, et se retirer hors de nos frontières. Il n'y a nul doute à cela, car tous les rapports des prisonniers, des déserteurs et des espions ne cessent de nous le dire, et nous apprènent à chaque instant qu'un grand nombre de malades meurent en chemin, et que l'ordre de la retraite continue tous les matins depuis cinq heures jusqu'à midi; mais c'est à la trouée de Grand-Pré qu'Agamemnon Dumourier, Ajax Beurnonville et Diomède Duval iront leur faire nos adieux. Beurnonville, avec vingt mille hommes, marche déjà en ce moment pour commencer le grand bal d'opéra, que le roi de Prusse désirait si fort voir à Paris. On ne peut pas se figurer, mon ami, la joie de nos soldats, lorsqu'ils ont appris qu'ils allaient poursuivre l'ennemi. Tous nos camps des environs de Sainte-Menehould, qui forment près de cent vingt mille hommes, s'ébranleront demain pour se trouver à ce grand bal; j'y serai aussi, j'espère, avec mes collègues, non pour nous battre, mais pour voir la danse, dont nous sommes fort curieux tous les trois.

Il faut être avec Dumourier en ce moment pour
voir jusqu'où son génie, son civisme et son activité
peuvent aller. Il compte, dit-il dans une lettre
qu'il vient d'écrire à Servan, être à Bruxelles pour
les Rois, et je suis de moitié avec lui pour cette
gageure. Ses dispositions ultérieures qu'il nous a
communiquées sont admirables ; nous ne pouvons
en parler pour le moment à personne, pas même
dans notre correspondance avec l'assemblée con-
ventionnelle.

Lille , 2 octobre.

*Proclamation du conseil de guerre, tenu à Lille
le 1er octobre 1792, l'an 1er de la république
française.*

Vous le voyez ! un ennemi atroce ne veut pas
vous gouverner, il veut vous exterminer : courage !
redoublez de zèle contre les incendies : envoyez
dans les campagnes libres vos tendres épouses, vos
chers enfants : défendez vos habitations des flammes :
soyez assurés, soyez absolument certains que la république, riche de ses vastes domaines et des propriétés des infâmes émigrés, fera rebâtir vos maisons, vous indemnisera de toutes vos pertes ! Le
conseil de guerre en prend de rechef l'engagement
au nom de la nation entière, libre enfin de ses tyrans.

Par ordre du conseil de guerre.

Signé, POISSONNIER, *secrétaire greffier.*

Depuis samedi 29 septembre, à trois heures de l'après-midi, l'ennemi le plus barbare nous assiége. Les bombes et les boulets rouges pleuvent sur cette ville.

Ce qu'il y a d'admirable dans cette calamité, c'est que toutes haines particulières, inévitables dans une population nombreuse, ont été oubliées, pour se réunir et ne composer qu'une seule famille. Partout où la bombe éclate, où le boulet rouge pénètre, les secours les mieux ordonnés et les plus actifs préviènent les malheurs qui pourraient en résulter.

Le quartier de Fives est celui qui a le plus souffert. Nos batteries du rempart ont extrêmement maltraité l'ennemi. S'il faut en croire un des piqueurs désertés, qui conduisait les ouvrages de leurs retranchements, trente-deux voitures chargées de morts, tirées à quatre chevaux, avaient déjà été conduites dès samedi au soir à Tournay.

Hier dans l'après-midi, malgré les maux qui nous affligent, la joie et les cris de *vive la nation* se sont fait entendre de toute part, à l'arrivée de trois à quatre mille hommes. Depuis deux jours on nous annonce M. de Labourdonnaye, avec quinze mille hommes, et enfin on nous fait encore espérer d'autres secours.

Du 5. — Les meurtriers mercenaires qui nous assiégent à boulets rouges et à coups de bombes depuis samedi dernier, ont redoublé leur fureur pendant la nuit qui vient de s'écouler. Cette rage destructive qui change en bêtes féroces des hommes nés pour vivre en frères, ces déprédations atroces, ces cruautés qui font de la terre un séjour de brigandage, un horrible et vaste tombeau, tout enfin a été employé avec cet acharnement délicieux pour le cœur du féroce tyran.

Plus ce fléau épouvantable rassemble de calamités, plus grande sera notre reconnaissance envers ces braves compatriotes qui ont péri et qui périront pour nous. Dix mille boulets rouges et bombes ont été jetés sur notre cité. Ils ont causé un incendie que de prompts secours ont arrêté heureusement. Hier, deux nouveaux bataillons sont entrés dans nos murs. Insensiblement nos forces se réuniront pour aller chasser ces brigands de notre territoire. Le courrier de Paris n'était pas encore arrivé au soir. Ils sont tous retardés, excepté celui de Dunkerque.

Lettre du ministre de la guerre au président de la convention nationale.

Citoyen Président,

Je n'ai reçu de nouvelles ce matin, ni du général Dumourier, ni de la ville de Lille.

Le général Kellermann annonce qu'il marche toujours à la suite de l'ennemi; il rend compte en même temps des mesures qu'il a concertées avec le général Dumourier, pour assurer de plus en plus le triomphe des armes de la république.

On attendait avec impatience des nouvelles du général Anselme, chargé d'une de ces expéditions si bien combinées sous le ministère du patriote Servan; le succès répond à celui que nous avons en Savoie et à Spire. J'envoie à la convention copie de la dépêche que j'en ai reçue, elle nous apprend la prise de Nice et de Montalban.

Le ministre de la guerre, par interim,

LEBRUN.

Le général Anselme au ministre de la guerre.

29 septembre, l'an 1er de la république.

CITOYEN,

Dans l'incertitude où je suis de la partie de la Savoie, où peut se trouver le citoyen Montesquiou, je crois devoir vous rendre compte directement que le 28 du courant, étant occupé des dispositions pour le passage du Var, j'ai reçu différents avis qui m'ont appris que les troupes du roi de Sardaigne se disposaient à se retirer vers Sospello, route de Coni.

J'ai donné ordre sur-le-champ à tous les grenadiers de l'armée, soutenus de deux brigades, de se disposer à passer le Var.

Je me suis mis à la tête de cette colonne, avec laquelle j'ai passé cette rivière, et me suis porté avec

rapidité sur la ville de Nice, où je suis entré sans
résistance : après m'être posté militairement dans
la ville, mon premier soin a été d'envoyer un corps
de troupes devant la forteresse de Montalban; j'en
ai fait sommer le gouverneur, en le menaçant de
l'escalade que je préparais ; il s'est rendu prisonnier
de guerre avec sa garnison, composée de troupes
suisses, où j'ai trouvé une artillerie en bon état.

Nos grenadiers occupent actuellement ce poste,
d'autant plus important, qu'on m'assure de pouvoir
me maintenir dans la ville de Nice si j'y étais attaqué par des forces très-supérieures, et qu'il me
donne de très-grands avantages pour m'emparer du
château et de Ville-Franche, que j'espère prendre
demain d'une manière ou d'autre : il y a cinq pièces
de canon.

J'ai trouvé depuis le Var jusqu'à Nice, une assez
grande quantité de pièces de canon, dont plusieurs
ont été enclouées si fort à la hâte, qu'il sera, je
crois, facile de les remettre en état et de nous en
servir au premier moment : ils n'ont pas eu le temps
d'en briser les armements, et d'emporter les munitions de cette artillerie; je suis déjà muni d'une
assez grande quantité de fusils, de munitions de
guerre et de bouche de toute espèce.

Je dois le plus grand des éloges à la bonne volonté des troupes que je n'ai pu encore renforcer
par d'autres brigades, ayant voulu accélérer la prise
de possession de Nice, avec la plus grande rapidité.

On m'assure que les ennemis sont au nombre de huit mille hommes de troupes réglées, dont quatre régiments suisses, et en outre, douze mille hommes de milice du pays, tous bien armés. Je suis à leur poursuite, mais ils gravissent les hautes montagnes.

Je compte faire planter demain l'arbre de la liberté dans la ville de Nice et dans la forteresse de Montalban, et après-demain dans la ville et forteresse de Ville-Franche. Je n'ai pu comprendre les raisons qui ont pu déterminer les troupes du roi de Sardaigne à abandonner aussi lâchement d'aussi grands moyens de défense, et des postes aussi importants; c'est une terreur panique dont je profite: ce qui m'empêche d'entrer dans de plus grands détails, mais j'y suppléerai incessamment.

Le lieutenant-général commandant l'armée du Var,   ANSELME.

FIN DU TOME SECOND.

TABLE

Des Proclamations, Adresses, Lettres, Bulletins et Rapports qui sont contenus dans ce second volume, rangés selon l'ordre alphabétique de leurs auteurs.

A

AREMBURE (*d'*) *lieutenant-général.*

B

BAUDIN, *membre de la convention nationale, et commissaire à l'armée du général Lafayette.*

BAZIRE, *membre de l'assemblée nationale.*

BRUNSWICK-LÙNEBOURG. (*le duc de*)

C

CADIGNAN, (Cu.) *aide-de-camp du général Lafayelle.*

CARNOT,(L.) *membre de l'assemblée nationale, et commissaire de l'armée du Rhin.*

CARRA, *membre de la convention nationale, et commissaire envoyé à Châlons.*

CUSTINE. (*le lieutenant-général*)

D

DAGRAIN, (Phil. C.) *aide-de-camp du gén. Lafayette.*

DANTON, *ministre de la justice.*

DARBLAY, (Al.) *maréchal-de-camp.*

DEBRY, (Jean) *membre de l'assemblée nationale, et commissaire dans le département de Seine-et-Marne et départements voisins.*

DELAUNAY d'Angers, *membre de l'assemblée nationale.*

484

DUROURE, *maréchal-de-camp.*

E

ELECTEURS DU DEPARTEMENT DU NORD.

F

FRÉDÉRIC-GUILLAUME, *roi de Prusse.*

G

GALBAUD, *lieutenant-général.*

Γ

K

KELLERMANN. (*le général*)

L

LACOLOMBE, *aide-de-camp du général Lafayette.*

LACOMBE-SAINT-MICHEL, (J. P.) *membre de l'assemblée nationale, et commissaire envoyé au camp de Soissons.*

LAFAYETTE. *(le général)*

LIGNIVILLE , *maréchal-de-camp*.

MASSON (A.) *aide-de-camp du général Lafayette.*

MAUBEUGE.

MERLIN (de Thionville), *membre de l'assemblée natio-nale, et commissaire dans le département de Seine-et-Marne, et départements voisins.*

METZ.

MONGE, (Gaspard) *ministre de la marine.*

MONTESQUIOU, *général en chef de l'armée du Midi.*

PRIEUR, (C. A.) *membre de l'assemblée nationale,
et commissaire à l'armée du Rhin.*

PRIEUR, *commissaire ordonnateur de l'armée du Rhin.*

Q

QUINETTE, *membre de l'assemblée nationale, et commissaire à l'armée du général Lafayette.*

RUAULT, *maréchal-de-camp, commandant à Lille pendant le siége.*

S

SALENGROS, *membre de la convention nationale.*

SERVAN, *ministre de la guerre.*

T

V

496

N. B. Le nom de toutes les personnes mentionnées dans l'ouvrage
sera imprimé à la fin du dernier volume.

FIN DE LA TABLE DU SECOND VOLUME.

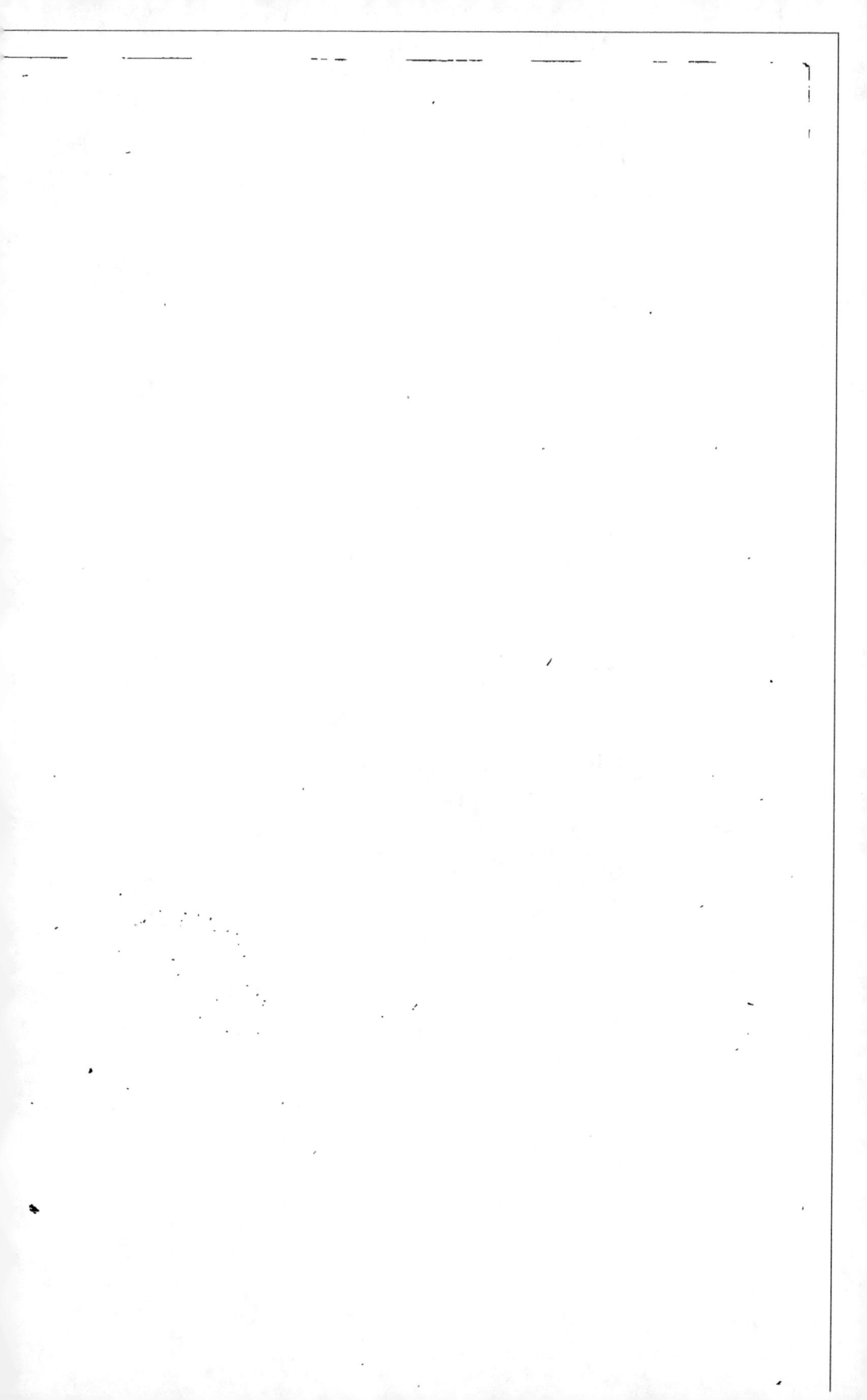

www.ingramcontent.com/pod-product-compliance
Lightning Source LLC
Chambersburg PA
CBHW050546270326
41926CB00012B/1941